MAXIME LE CONFESSEUR
MÉDIATEUR ENTRE L'ORIENT ET L'OCCIDENT

DU MÊME AUTEUR

Thérapeutique des maladies spirituelles, Paris-Suresnes, Éd. de l'Ancre, 1991 ; 2ᵉ éd., 1993 ; 3ᵉ éd., Paris, Éd. du Cerf, 1997.

Théologie de la maladie, Paris, Éd. du Cerf, 1991 ; 2ᵉ éd., 1994.

Thérapeutique des maladies mentales. L'expérience de l'Orient chrétien des premiers siècles, Paris, Éd. du Cerf, 1992.

Introduction à Maxime le Confesseur, *Questions à Thalassios*, Paris-Suresnes, Éd. de l'Ancre, 1992.

Introduction à Maxime le Confesseur, *Ambigua*, Paris-Suresnes, Éd. de l'Ancre, 1994.

Introduction à Grégoire Palamas, *Traités apodictiques sur la procession du Saint-Esprit*, Paris-Suresnes, Éd. de l'Ancre, 1995.

Ceci est mon corps. Le sens chrétien du corps selon les Pères de l'Église, Genève, Éd. La Joie de Lire, 1996.

La divinisation de l'homme selon saint Maxime le Confesseur, Paris, Éd. du Cerf, 1996.

Lo spazio nell'arte rinascimentale e nell'iconografia ortodossa, dans *In un'altra forma. Percorsi di iniziazione all'icona*, Sotto il Monte et Schio, Éd. Servitium et Interlogos, 1996.

Introduction à Maxime le Confesseur, *Lettres*, Paris, Éd. du Cerf, 1998.

Introduction à Maxime le Confesseur, *Opuscules théologiques et polémiques*, Paris, Éd. du Cerf, 1998.

JEAN-CLAUDE LARCHET

MAXIME LE CONFESSEUR
MÉDIATEUR
ENTRE L'ORIENT ET L'OCCIDENT

LES ÉDITIONS DU CERF
PARIS

1998

© *Les Éditions du Cerf*, 1998
(29, boulevard Latour-Maubourg
75340 Paris Cedex 07)

ISBN 2-204-05949-8
ISSN 0587-6036

AVANT-PROPOS

Les trois études présentées ici sont très différentes l'une de l'autre, mais ont un point commun : celui de se rapporter à des sujets qui, dans les domaines de la théologie, de la spiritualité et de l'ecclésiologie, ont été des sources de divergence, puis de division et de séparation entre l'Orient et l'Occident chrétiens, et restent, aujourd'hui encore, à des degrés divers, des obstacles à une réunion des Églises.

La question du *Filioque* a suscité un vif débat à partir surtout du IXᵉ siècle, mais nous verrons qu'elle était déjà un sujet de discussions au VIIᵉ siècle. La très grande majorité des orthodoxes considèrent qu'elle reste aujourd'hui le principal point de divergence sur le plan théologique.

La question de l'hérédité adamique peut paraître secondaire, mais elle fut, à partir de la controverse pélagienne, l'objet de vives discussions qui atteignirent un point culminant au Vᵉ siècle, mais n'ont cessé de se poursuivre, à des degrés divers, dans les siècles ultérieurs et jusqu'à nos jours. Cette question, en effet, implique directement d'autres questions importantes comme celles des rapports de la nature et de la grâce, du rôle de la volonté humaine dans la vie spirituelle, et plus généralement du statut de la liberté et de la responsabilité humaines, et de la nature du salut.

La question de la primauté du pape de Rome a aussi fait l'objet de discussions dès les premiers siècles, mais c'est surtout à partir des VIIIᵉ-IXᵉ siècles qu'elle est devenue la marque principale de deux ecclésiologies divergentes, une cause de séparation entre l'Orient et l'Occident, et même, peut-on dire, la raison la plus apparente du schisme du XIe siècle. Elle est considérée aujourd'hui encore comme l'un des principaux obstacles à la réunion des Églises.

Sur ces trois points, les discussions où saint Maxime le Confesseur (580-662) fut engagé et les positions qu'il y a prises peuvent être d'un grand apport pour le dialogue œcuménique. Les parties qui participent à ce dialogue en ont généralement conscience, puisque le nom de Maxime et des références à son œuvre sont régulièrement cités dans leurs débats, et on peut noter qu'ils l'étaient déjà dans les discussions anciennes, que ce soit au IXe siècle à l'occasion de l'affaire dite «photienne», ou au XVe siècle, lors du concile d'union de Florence. C'est dire que la pensée du Confesseur constitue sur ces sujets une référence incontournable.

Maxime en effet, outre qu'il est l'un des plus grands théologiens byzantins, dont la pensée est remarquablement profonde et perspicace, possède parmi les Pères grecs une caractéristique qui rend la connaissance de ses positions particulièrement précieuse sur ces «questions disputées» : Oriental de naissance et de formation, il dut, après avoir vécu dans la région de Constantinople, s'exiler (alors qu'il était âgé d'environ cinquante ans) dans la région de Carthage (où il eut probablement une connaissance directe de la tradition de pensée issue de Cyprien et d'Augustin), tout en entretenant des relations avec les plus hautes autorités ecclésiastiques orientales de son temps ; et surtout, à l'occasion des controverses monoénergiste et monothélite, au sein desquelles il devint en Orient, après la mort de Sophrone (qui fut son compagnon d'exil avant de devenir patriarche de Jérusalem), le principal défenseur de l'orthodoxie, il entretint des relations étroites avec le pape, les évêques et les théologiens de l'Église de Rome qui le soutenaient dans son combat tandis que tous les patriarcats orientaux avaient sombré dans l'hérésie. Ces relations furent encore plus étroites lorsqu'il se rendit à Rome et y séjourna pendant près de sept ans, jouant un rôle de premier plan lors du concile du Latran en 649.

Maxime a donc comme caractéristiques et comme intérêt d'être bien informé des positions théologiques tant de l'Occident que de l'Orient chrétiens, d'être particulièrement apte à comprendre des mentalités et des façons de s'exprimer qui, à son époque, manifestaient déjà un certain *estrangement*, et enfin d'être singulièrement ouvert.

Un autre point intéressant pour nous est qu'à l'époque de Maxime les questions débattues que nous allons aborder n'avaient pas encore connu les développements qui allaient en faire des sources de rupture et de séparation. Même si sur ces questions l'Orient et l'Occident se distinguaient parfois, leurs points de vue n'étaient pas encore devenus inconciliables, mais restaient, moyennant explicitation, justification ou précision, mutuellement acceptables.

À quelques exceptions près, les Pères grecs et les Pères latins, au-delà de formes d'expression différentes qui pouvaient être (et restent dans leur interprétation) des sources de malentendus, confessaient fondamentalement la même foi de l'Église une, catholique et apostolique.

La pensée de Maxime, vaste, ouverte, compréhensive, mais aussi indépendante et originale, réussit à témoigner de cette unité profonde et constitue sans aucun doute aujourd'hui un lieu privilégié de dialogue voire de ré-union, dans la perspective de ce que le Père Georges Florovsky appelait un «œcuménisme dans le temps», et par rapport à l'objectif souvent fixé dans le dialogue œcuménique de «revenir à la situation qui était celle du premier millénaire».

Pour aborder ces points de la pensée de Maxime, nous avons suivi une méthode historique, philologique et critique identique à celle que nous avons adoptée dans notre vaste étude sur la divinisation de l'homme, et qui se veut aussi neutre, indépendante et objective que possible.

Ces points, avant nous, ont été souvent mais rapidement et superficiellement abordés. Nous en proposons ici une étude approfondie. Nous avions originellement l'intention de les analyser dans le cadre d'une étude plus vaste et déjà commencée, consacrée à des points difficiles de la pensée de Maxime (en quelque sorte des *Ambigua* sur son œuvre !). Les données du *corpus* maximien sur ces différents points sont en effet lacunaires et éparses, et Maxime n'y a pas consacré de traités, ni même de développements systématiques. Rassemblant et mettant ces données en perspective, nous pensons contribuer à une meilleure connaissance de la pensée de Maxime et, par là même, à un meilleur dialogue.

Le premier chapitre constitue une contribution importante à la connaissance de la triadologie maximienne, jusqu'à présent peu étudiée sous cet aspect.

Le deuxième chapitre présente une dimension de la pensée anthropologique et spirituelle du Confesseur qui n'avait pas encore été mise en évidence et qui apparaît d'une grande originalité au sein de la tradition patristique orientale.

Le troisième chapitre est un apport essentiel à la connaissance de l'ecclésiologie de Maxime, laquelle jusqu'à présent a surtout été étudiée sous son aspect mystagogique.

Avant de commencer cette série d'études, il nous paraît indispensable de prévenir le lecteur d'un risque qui s'est d'abord présenté à nous comme un «obstacle épistémologique» que nous avons dû surmonter : celui de mettre sous les notions de *Filioque*, de «péché originel» ou de «primauté» des sens qui n'étaient pas les leurs à l'époque de Maxime et qui se sont formés dans les siècles ultérieurs. Il y a donc, autrement dit, dans l'usage de ces notions, un risque permanent d'anachronisme et de confusion. Il serait absurde par exemple de dire que Maxime accepte ou rejette le *Filioque* ou la primauté du pape en ayant comme référence la façon dont on conçoit actuellement le *Filioque* ou la primauté. Il faut, en cours de lecture, rester conscient du fait qu'il y a plusieurs représentations du *Filioque*, du péché originel et de la primauté, et savoir dans chaque cas de quelle représentation précise il s'agit en la situant dans son contexte. C'est à ce titre seulement que l'on pourra mieux comprendre à la fois la pensée de Maxime et la réalité actuelle.

CHAPITRE PREMIER

LA QUESTION DU «FILIOQUE»

L'Opuscule théologique et polémique X (PG 91, 133A-137C) de saint Maxime le Confesseur, qui est la copie de l'une de ses lettres à Marinos, prêtre à Chypre, écrite à Carthage en 645-646[1], présente la particularité de traiter en son milieu (133D-136C) de la question de la procession du Saint-Esprit, en réponse à des théologiens de Constantinople qui avaient critiqué la position prise à ce sujet par le pape de Rome[2], lequel, dans ses Lettres synodiques[3], avait écrit que «l'Esprit Saint proc[édait] aussi du Fils». L'intérêt de la réponse de saint Maxime est de témoigner que cette

---

1. Cf. P. SHERWOOD, *An Annotated Date-List of the Works of Maximus the Confessor*, Rome, 1952, p. 53-55.

2. Ce pape est mal identifié. Selon P. SHERWOOD (*op. cit.*, p. 54) et P. DESEILLE, «Saint Augustin et le *Filioque*», *Messager de l'exarchat du Patriarche russe en Europe occidentale*, 109-112, 1982, p. 68, il s'agit de Théodore Ier (642-649) — dont les Lettres synodiques restent à ce jour inconnues. Selon B. BOLOTOV («Thèses sur le *Filioque*», Thèse 22, trad. française, *Istina*, 17, 1972, p. 288) et selon l'«Instruction pastorale de l'épiscopat catholique en Grèce» (*Les Quatre Fleuves*, 9, 1979, p. 77), il s'agit de Martin Ier (649-655). Mais cette dernière hypothèse supposerait que saint Maxime fût retourné en Afrique (d'où il a écrit cette lettre) en 649, ce qui est improbable. Nous sommes donc portés à considérer qu'il s'agit bien de Théodore Ier qui fut, comme Martin Ier, un défenseur de l'orthodoxie face aux monoénergistes et aux monothélites.

3. Lettres qu'un pape ou un patriarche envoyait à ses pairs lors de son accession au trône et où il témoignait de sa foi.

dernière affirmation n'a pas toujours été rejetée en Orient, et a même pu être considérée, étant entendue dans un certain sens, comme acceptable par l'un des plus grands docteurs et confesseurs de la foi orthodoxe. Ce texte de saint Maxime est assez connu : il est régulièrement évoqué dans les études qui traitent de la question du *Filioque*, mais il a été aussi mis en avant dans les principaux débats que l'Église orthodoxe et l'Église latine ont eus dans le passé sur cette question épineuse (notamment à l'époque du patriarche Photius, et lors du concile de Florence [1438-1439] où il a semblé aux deux parties qu'il pouvait servir de base pour un accord[4]). Son enjeu restant considérable dans le cadre du dialogue œcuménique, il nous semble utile de revenir sur ce texte et de lui consacrer une analyse approfondie.

I. LE TEXTE DE L'OPUSCULE
THÉOLOGIQUE ET POLÉMIQUE X

Le passage en question est celui-ci (nous le citons intégralement, y compris la partie concernant le péché ancestral, car nous verrons qu'elle est utile pour bien comprendre les considérations linguistiques qui terminent cet extrait) :

«Assurément, ceux de la reine des villes [Constantinople] n'ont pas trouvé à redire sur autant de chapitres des Lettres synodiques de l'actuel et très saint pape que vous me l'avez écrit, mais sur deux seulement. L'un concerne la théologie ; ils lui reprochent de dire que "l'Esprit Saint procède aussi du Fils (ἐκπορεύεσθαι κἀκ τοῦ Υἱοῦ τὸ Πνεῦμα τὸ ἅγιον)". L'autre concerne la divine Incarnation ; ils

---

4. Tout récemment encore, il a été cité dans la *Clarification du conseil pontifical pour la promotion de l'unité des chrétiens* intitulée «Les Traditions grecque et latine concernant la procession du Saint-Esprit» (texte français dans *La Documentation catholique*, 2125, 5 novembre 1995).

lui reprochent d'avoir écrit que "le Seigneur est exempt du péché ancestral en tant qu'homme". Sur le premier point, [ceux de Rome] ont présenté les usages concordants des Pères romains, et encore ceux de saint Cyrille d'Alexandrie, extraits de l'étude sacrée qu'il a réalisée sur saint Jean l'Évangéliste, à partir desquels ils ont montré qu'eux-mêmes n'ont pas fait du Fils la cause du Saint-Esprit — car ils savaient le Père cause unique de Celui-là selon la génération et de Celui-ci selon la procession (κατὰ τὴν ἐκπόρευσιν) —, mais qu'ils ont voulu manifester le fait [pour l'Esprit] de sortir par Lui [le Fils] (τὸ δι'αὐτοῦ προϊέναι), et établir par là la connexion et la non-différence de l'essence (τὸ συναφὲς τῆς οὐσίας καὶ ἀπαράλλακτον). Pour le second point, ils n'ont nul besoin qu'on les défende. Car quelle incertitude y a-t-il dans cette affirmation, même si les chercheurs de prétextes le pensent à cause de leur caractère intraitable ? Il suffit en effet qu'ils disent "que [le Seigneur] n'a pas eu dans l'esprit le péché dont Adam a paru souffrir le premier, ni dans le corps l'action et l'opération du mal qui vient de celui-ci". Voilà donc ce qu'ont répondu [ceux de Rome] au sujet des choses dont on les accuse sans raison valable. En revanche, c'est à juste titre que [ceux de Constantinople] ont été accusés pour ce dont ils n'ont présenté jusqu'à maintenant aucune défense, alors qu'ils n'ont pas rejeté ce qu'eux-mêmes ont introduit frauduleusement. Cependant, suivant ta requête, j'ai prié les Romains de traduire les [formules] qui leur sont propres afin d'éviter les obscurités des points qui s'y rattachent. Mais la coutume de rédiger et d'envoyer ainsi [les Lettres synodiques] ayant été suivie, je me demande si jamais ils y accéderont. Par ailleurs il y a le fait de ne pouvoir exprimer sa pensée dans d'autres mots et en une autre langue comme dans les siens, difficulté que nous rencontrons nous aussi. En tout cas, ayant fait l'expérience d'être accusés, ils viendront à s'en soucier.»

II. PROBLÈMES D'AUTHENTICITÉ

Il convient tout d'abord de considérer que l'authenticité de ce passage a été parfois mise en cause[5] et l'est encore[6].

---

5. Voir la note de F. COMBEFIS, PG 91, col. 139-142. Cf. P. SHERWOOD, *op. cit.*, p. 55.

On peut remarquer en effet qu'il apparaît dans le cours de la lettre de façon abrupte, en rupture avec ce qui précède. P. Sherwood explique cela en affirmant que l'Opuscule X est constitué d'extraits de la lettre originale. On peut noter cependant que le passage en question n'apparaît pas dans tous les manuscrits, et que la lecture du texte où il figure donne nettement l'impression d'une interpolation, à tel point que l'éditeur du texte de la *Patrologie grecque*, F. Combefis, fait précéder ce passage de la formule *«paucisque interjectis»* (133D). Une solution définitive à ce problème ne peut être attendue que d'une édition critique. En attendant, on en est réduit à se tourner vers la critique interne.

Aux arguments précédents, qui suscitent le doute, V. Karayiannis ajoute d'autres arguments, théoriques et historiques : «La question du *Filioque* comme elle est trai-

---

6. Cf. V. KARAYIANNIS, *Maxime le Confesseur. Essence et énergies de Dieu*, Paris, 1993, p. 88-90 (n. 142). Cet auteur donne l'impression d'une réticence, du côté orthodoxe, à reconnaître l'authenticité de ce texte. Il faut pourtant remarquer que les auteurs orthodoxes qui ont lutté contre la doctrine latine du *Filioque* ont généralement considéré ce texte comme authentique et l'ont même utilisé comme argument contre la position latine. Tel est le cas notamment de NIL CABASILAS (*De proc. Spir. Sancti*, V, 5-7 ; 11-15 [numérotation de l'édition critique préparée par P. Kislas]) et de MARC D'ÉPHÈSE (*Cap. syll.*, 10, PO 17, p. 381 ; *Conf. fid.*, PO 17, p. 436). Auparavant il avait déjà été cité et considéré comme authentique par JEAN XI BEKKOS (*De pace*, PG 141, 928B-D ; *De depos.*, II, 7, PG 141, 980) et par GEORGES MÉTOCHITÈS (*De proc. Spir. Sancti*, PG 141, 1408). Au concile de Florence ce sont plutôt les Latins qui ont douté de son authenticité (cf. J. ROMANIDIS, *Franks, Romans, Feudalism and Doctrine*, Brookline, 1981, p. 61-62), avant qu'ils n'admettent la proposition des Grecs de l'utiliser comme base d'accord (cf. J. GILL, *The Council of Florence*, Cambridge, 1959, p. 231). Lors de ce concile, Marc d'Éphèse considérait ce texte comme une pierre de touche pour tester la nature des propositions latines, disant : «ce qui est en accord avec cette lettre, je l'accepte, ce qui est en désaccord, je le rejette» (p. 235). Mais par ailleurs les théologiens prolatins Manuel Calécas et Joseph de Méthone s'appuyaient sur ce texte pour prétendre que l'Église latine, au VIIᵉ siècle, récitait le symbole avec l'addition du *Filioque*. Il y a donc de part et d'autre un assez large consensus pour admettre l'authenticité de ce texte.

tée dans ce texte est prématurée pour l'époque de saint Maxime et ne constitue pas à ce moment un point de divergence entre les théologiens grecs et latins. On peut dire que saint Maxime n'a pas connu véritablement la théologie du *Filioque* telle que la lettre veut la présenter. Le texte provient certainement d'une main théologique orientale qui veut d'une part maintenir la position orientale sur la procession du Saint-Esprit, et d'autre part interpréter d'une façon "orthodoxe" le *Filioque* occidental. Il s'agit donc d'un théologien modéré qui cherche à concilier les deux positions théologiques, mais celui-ci n'est pas saint Maxime. Il serait assez curieux que saint Maxime, devant un tel problème théologique, ne parle qu'une seule fois dans une lettre d'importance mineure et n'inclue pas cette question cruciale dans sa triadologie. Mais, on le répète, saint Maxime ne s'est pas préoccupé de cette question car elle n'est pas de son époque, mais plus tardive[7].»

Ces derniers arguments nous paraissent cependant discutables.

En premier lieu, rien n'autorise à considérer *a priori* cette lettre comme étant d'importance mineure.

En deuxième lieu, il n'est pas étonnant que Maxime ne parle qu'une seule fois dans ses œuvres de cette question et ne l'inclue pas dans sa triadologie : il n'a consacré que peu de développements à la théologie trinitaire[8], et la question de la procession du Saint-Esprit en général n'est abordée dans toute son œuvre qu'en quelques phrases éparses, comme nous le verrons.

On peut objecter en troisième lieu qu'il y a incontestablement à l'époque de Maxime une théologie latine de la procession du Saint-Esprit du Père et du Fils. Elle était déjà

---

7. *Maxime le Confesseur. Essence et énergies de Dieu*, Paris, 1993, p. 89.

8. Maxime n'apparaît plus aujourd'hui comme l'auteur des *Dialogues sur la Sainte Trinité* (PG 28, 1116-1285) qui lui ont été autrefois attribués (voir M.-L. GATTI, *Massimo il Confessore. Saggio di bibliografia generale ragionata e contributi per una ricostruzione scientifica del suo pensiero metafisico e religioso*, Milan, 1987, p. 91-92).

présente dans la théologie espagnole antipriscillianiste de la fin du IVe siècle et du Ve siècle, et c'est du vivant même de Maxime, au IVe concile de Tolède, en 633, que le symbole de Constantinople semble de manière indubitable avoir pour la première fois été récité avec l'addition de l'expression *«et Filio[9]»*, le VIe concile de Tolède tenu en 638 portant quant à lui l'expression *«Filioque[10]»*, de même que le VIIIe concile de Tolède en 653. On en trouve avant cela la trace dans une confession de foi comme le *Symbole Quicumque*, improprement dit «d'Athanase[11]». On en trouve également des expressions chez plusieurs Pères latins majeurs[12] comme saint Hilaire de Poitiers (vers 315-367), saint Ambroise de Milan (340-397), saint Augustin (354-430), saint Léon le Grand (pape de 440 à 461), saint Grégoire le Grand (540-604) et chez des Pères latins mineurs[13]. Si certains de ces textes ont pu faire l'objet d'interpolations au plus fort de la querelle du *Filioque*[14], ce

---

9. Denzinger 485. Il est à noter que la profession de foi de ce concile dépend du *Symbole Quicumque* (voir *infra*). L'addition au symbole dans les conciles de Tolède qui ont précédé a souvent été affirmée mais paraît douteuse à beaucoup d'historiens. Voir notamment A. Palmieri, «Filioque», *Dictionnaire de théologie catholique*, t. V, 1913, col. 2310-2312. La formule *Filioque* est présentée comme ajoutée par Denzinger pour la définition du Ier concile de Tolède (400) [Denzinger 188], et pour celle du IIIe (589) [Denzinger 470].

10. Denzinger 490.

11. Élaboré entre 430 et 500, sans doute au Sud de la Gaule, dans la province d'Arles, dans un milieu nourri des œuvres d'Augustin, par un auteur inconnu, il comporte cette affirmation : *«Spiritus sanctus a Patre et Filio, non factus, nec creatus nec genitus, sed procedens»* (Denzinger 75).

12. Voir P. Deseille, «Saint Augustin et le *Filioque*», p. 65-67.

13. Comme le disciple de saint Ambroise, saint Victrice de Rouen, son contemporain saint Paulin de Nole (353-431), le disciple de celui-ci, saint Eucher de Lyon (évêque de 434 à 449), saint Fulgence de Ruspe (467-532), saint Avit de Vienne (évêque entre 494 et 518).

14. On sait qu'il y eut au Moyen Âge de véritables fabriques de faux. Il est aujourd'hui communément admis qu'un certain nombre de textes patristiques cités par Thomas d'Aquin dans son *Contra errores graecorum* étaient falsifiés (voir l'introduction à l'édition léonine de cette œuvre). Outre les doutes qui pèsent, comme nous l'avons vu, sur les confessions

soupçon ne peut raisonnablement être porté sur l'ensemble de ceux-ci. Il n'en reste pas moins vrai que cette théologie reste marginale[15], peu élaborée, revêt des formes diverses et, il faut le souligner, est sans commune mesure avec celle qui s'est développée par la suite (et s'est durcie dès le règne de Charlemagne, mais bien plus encore dans les systématisations de la scolastique) et que défendirent les Latins au concile de Lyon puis à celui de Florence, à tel point que, lors de ce dernier, ceux-ci ne reconnurent pas leurs positions dans la présentation qu'en faisait Maxime (affirmant que leur *Filioque* était le seul qui eût jamais été en Occident) et pour cela refusèrent dans un premier temps le texte de Maxime comme base d'union[16]. On peut réserver à cette dernière théologie qui a été formalisée et est devenue la doctrine officielle de l'Église latine l'appellation de théologie ou de doctrine latine du *Filioque* (c'est ce que nous ferons dans la suite de cette étude) ; on ne peut exclure pour autant que l'expression *«Filioque»* ou des expressions analogues comme *«et Filio»* aient pu être utilisées auparavant et en dehors de ce contexte. *Tout le problème est celui du sens qui leur est donné*, et le texte de l'Opuscule X indique que diverses façons de comprendre

---

de foi des anciens conciles de Tolède, on reconnaît aujourd'hui que la *Confession de foi de Damase* (Denzinger 71), qui contient la formule *«Credimus [...] Spiritum sanctum de Patre et Filio procedentem»* n'est pas l'œuvre de saint Damase Ier mais est née à la fin du Ve siècle dans le sud de la Gaule, et que le *«et Filio»* qui y figure correspond à une adjonction tardive (voir A. A. BURNS, An *Introduction to the Creeds and to the Te Deum*, Londres, 1899, p. 245) ; de même, la *Confession de foi* attribuée à saint Grégoire le Grand où on lit : *«Spiritum Sanctum [...] de Patre et Filio procedentem»*, est issue des documents de la théologie espagnole antipriscillianiste du Ve siècle. La *Lettre à Turribius d'Astorga* du pape LÉON Ier LE GRAND (datée de 447), qui affirme que le Saint-Esprit *«de utroque procedit»* (Denzinger 284) paraît aujourd'hui avoir été composée par un faussaire après le concile de Braga (563) (voir A. KÜSTLE, *Antipriscilliana*, Fribourg, 1905, p. 126).

15. C'est entre le VIIe et le XIe siècle que l'addition du mot *Filioque* dans la version latine du symbole de Constantinople se généralisa.

16. Cf. J. ROMANIDIS, *Franks, Romans, Feudalism and Doctrine*, p. 61-62.

ces expressions non seulement coexistaient, mais se trouvaient en conflit à l'époque de Maxime.

III. LE CONTEXTE HISTORIQUE

Une autre considération à prendre en compte et qui pourrait atténuer la valeur et la portée de la position de Maxime est le contexte historique dans lequel sa lettre a été écrite.

Maxime veut visiblement apaiser les esprits de ses compatriotes ; il note qu'ils cherchent des prétextes à disputes et leur reproche leur caractère intraitable. On remarque en revanche la tolérance et même la générosité dont il fait preuve dans sa façon d'interpréter la formule papale et de comprendre ses présupposés, en ce qui concerne tant la question de la procession du Saint-Esprit que celle du péché ancestral. Cette critique de l'attitude des théologiens byzantins impliqués, d'une part, et cette tolérance et cette générosité vis-à-vis des positions romaines, d'autre part, s'expliquent en partie par la situation où se trouve Maxime par rapport à l'un et à l'autre parti : dans le cadre de la controverse monoénergiste et monothélite qui bat son plein, le pape et les théologiens romains sont quasiment les seuls à le soutenir, tandis que les théologiens de Constantinople qui critiquent ces derniers sont les défenseurs de l'hérésie qui poursuivent sans aucun doute le but d'affaiblir l'autorité de Rome pour priver Maxime de ce qui est alors son principal appui[17].

L'examen attentif de la pensée de Maxime, de ses présupposés et de ses implications amène cependant à dépasser cette explication justifiée mais insuffisante.

---

17. Cette hypothèse est évoquée à propos du premier sujet de controverse (le *Filioque*) par P. DESEILLE, «Saint Augustin et le *Filioque*», p. 69.

IV. ANALYSE DE LA POSITION DE SAINT MAXIME

Maxime se propose de montrer que l'affirmation, que l'on trouve dans les Lettres synodiques auxquelles il fait référence, que «l'Esprit Saint procède aussi du Fils (ἐκπορεύεσθαι κἀκ τοῦ Υἱοῦ τὸ Πνεῦμα τὸ ἅγιον)», est comprise par le pape qui l'a formulée et par les théologiens de son entourage dans un sens orthodoxe et conforme aux enseignements non seulement des Pères latins, mais encore de saint Cyrille d'Alexandrie.

La première partie de l'explication donnée par Maxime est sans ambiguïté : ce pape et ces théologiens qui affirment que «l'Esprit Saint procède aussi du Fils» n'entendent pas par là que le Fils soit la cause du Saint-Esprit et savent que le Père est la cause unique du Saint-Esprit[18]. C'est là pour Maxime le critère de l'orthodoxie de la foi concernant la procession du Saint-Esprit. Si ce pape avait considéré le Fils comme cause du Saint-Esprit (que le Fils soit une deuxième cause, ou qu'Il soit avec le Père une cause unique), Maxime n'eût pas considéré sa position comme acceptable[19].

---

18. L'utilisation de la catégorie de causalité rapportée au Père est classique dans la triadologie des Pères grecs, en particulier des Cappadociens. Voir notamment GRÉGOIRE DE NAZIANZE, *Or.*, XXXI, 14, SC 250, p. 302-304. BASILE DE CÉSARÉE, *Adv. Eunom.*, I, 25, SC 299, p. 262. GRÉGOIRE DE NYSSE, chez BASILE DE CÉSARÉE, *Ep.*, XXXVIII , 4, éd. Courtonne p. 84 ; *Tres dei.*, GNO III, 1, p. 56. Jean Damascène, Photius, Grégoire de Chypre, Grégoire Palamas, Nil Cabasilas et Marc d'Éphèse en feront eux aussi un usage abondant.

19. Au concile de Florence, l'accord ne put se faire sur la base du texte de Maxime comme l'avaient proposé les Grecs parce que les Latins considéraient — ce qui était inacceptable pour les Grecs et incompatible avec le critère posé par Maxime — que le Fils, bien qu'Il ne fût pas la cause première du Saint-Esprit, était néanmoins Sa cause avec le Père (voir J. GILL, *The Council of Florence*, p. 245). On peut remarquer que la compréhension latine du *Filioque* telle qu'elle se manifeste dans la confession de foi finale du concile est aux antipodes de celle que Maxime

La deuxième partie de l'explication se décompose en deux parties.

Il apparaît en premier lieu à Maxime que l'affirmation papale que «l'Esprit procède aussi du Fils (ἐκπορεύεσθαι κἀκ τοῦ Υἱοῦ)» se ramène quant à son intention à l'affirmation que l'Esprit sort (du Père) par le Fils (τὸ δι'αὐτοῦ προϊέναι). La première formule est ambiguë ; les réactions critiques qu'elle a suscitées de la part des théologiens de Constantinople indiquent qu'elle n'est pas une formule intégrée par la théologie byzantine et qu'elle est susceptible de revêtir à ses yeux un sens dogmatiquement inacceptable ; il importe donc de situer précisément les intentions de celui qui l'utilise. Dans le cas présent, c'est-à-dire relativement aux intentions du pape Théodore et replacée dans le contexte de sa propre théologie, elle est considérée par Maxime comme équivalant, quant à son sens, à la seconde formule qui, elle, est en revanche assez courante parmi les Pères grecs[20], mais qui est, elle aussi, susceptible d'être comprise de diverses manières et doit donc également être explicitée.

L'intention du pape Théodore est en l'occurrence, selon Maxime, non pas de définir l'origine du Saint-Esprit et de dire qui est Sa cause, mais de souligner «la connexion et la non-différence de l'essence», autrement dit d'insister sur le fait que le Saint-Esprit est lié et identique quant à l'essence

---

reconnaît aux Latins de son époque : «nous définissons, avec l'approbation de ce saint concile universel de Florence, pour que tous les chrétiens croient et reçoivent et professent cette vérité de foi, que le Saint-Esprit est éternellement du Père et du Fils, qu'Il tient Son essence et Son être subsistant à la fois du Père et du Fils et qu'Il procède éternellement de l'un et de l'autre comme d'un seul principe et par une seule spiration ; nous déclarons que ce qu'ont dit les saints Docteurs et Pères : que le Saint-Esprit procède du Père par le Fils, vise à faire comprendre qu'on signifie par là que le Fils, tout comme le Père, est selon les Grecs la cause, selon les Latins le principe, de la subsistance du Saint-Esprit» (Denzinger 1300-1301).

20. Voir *infra*, p. 53. Les Pères paraissent cependant ne l'avoir adoptée qu'avec prudence pour la raison qu'Origène en fit usage dans sa conception subordinationniste de l'Esprit (voir G. L. PRESTIGE, *Dieu dans la pensée patristique*, Paris, 1955, p. 212-213).

non seulement au Père mais au Fils[21], et aussi sur le fait que le Fils est uni au Père et identique à Lui selon la même essence, la première position ayant été soutenue par plusieurs Pères contre les Pneumatomaques, la seconde contre les Ariens, comme nous le verrons ultérieurement.

V. LA POSITION DES PÈRES LATINS

Le pape Théodore et les théologiens de son entourage, selon Maxime, ont donné une justification de leur formule et des intentions qu'elle révèle en se référant à l'autorité de Pères latins et de saint Cyrille d'Alexandrie. Maxime ne précise cependant pas de quels Pères latins il s'agit ; on peut penser *a priori* qu'il s'agit des Pères latins majeurs qui ont traité de cette question : saint Hilaire de Poitiers, saint Ambroise de Milan, saint Augustin, saint Léon le Grand et saint Grégoire le Grand[22]. Il convient pour s'en assurer d'examiner précisément leur pensée à ce sujet pour voir si elle se prête à l'interprétation qu'en donne Maxime et correspond aux critères qu'il définit.

----

21. Il est à noter que B. BOLOTOV dans ses «Thèses sur le *Filioque*», Thèse 10, p. 287, reprend cette idée : «Il faut admettre qu'au stade le plus ancien, préaugustinien, le *theologoumenon* occidental devait seulement exprimer cette idée qu'éclaire également le δι' Υἱοῦ oriental, à savoir que le Saint-Esprit a la même essence que le Père et le Fils et que le *ex Patre et Filio* n'était initialement qu'une reproduction inexacte du ἐκ τοῦ Πατρὸς δι' Υἱοῦ.»

22. On doit exclure, nous semble-t-il, Tertullien. On sait que sa doctrine fut discréditée pour la raison qu'il sombra dans l'hérésie montaniste. Ce fut le cas notamment de sa doctrine trinitaire (quelle qu'ait pu être l'importance de l'influence exercée par son vocabulaire sur le développement ultérieur de la triadologie latine) d'autant plus que l'*Adversus Praxeam*, où elle est exposée, appartient précisément à la période montaniste. Intrinsèquement, cette doctrine présente de nombreuses déficiences et n'a jamais eu aux yeux des Pères (y compris de saint Augustin, avec la conception trinitaire duquel elle présente pourtant quelques points communs) une valeur normative.

1. Hilaire de Poitiers.

Hilaire de Poitiers a souvent été présenté par les défenseurs de la doctrine latine du *Filioque* comme l'un des Pères latins qui a affirmé que l'Esprit Saint procédait du Père et du Fils[23]. La formule souvent citée à cet égard est la suivante : *«[Spiritus Sanctus] Patre et Filio auctoribus, confidentus est*[24].» Cette formule ne nous paraît cependant pas signifier, comme le prétendent certains interprètes[25], que le Père et le Fils sont les «auteurs» du Saint-Esprit, mais plutôt, resituée dans son contexte où il s'agit d'attester l'existence du Saint-Esprit, que «si notre foi Le reconnaît, c'est sous l'autorité du Père et du Fils[26]».

Cet autre passage est parfois présenté comme étant en faveur de la doctrine latine du *Filioque*[27] :

«Pour le moment, je ne prends point en considération la liberté qui pousse certains à se demander si l'Esprit Paraclet vient du Père

---

23. Cf. A. PALMIERI, «Esprit-Saint», *Dictionnaire de théologie catholique*, t. V, 1913, col. 800-801.

24. *De Trin.*, II, 29, PL 10, 69A.

25. Cf. A. PALMIERI, «Esprit Saint», col. 800. B. DE MARGERIE, «Vers une relecture du concile de Florence grâce à la reconsidération de l'Écriture et des Pères grecs et latins», *Revue thomiste*, 86, 1986, p. 50.

26. Traduction de Mgr A. Martin dans HILAIRE DE POITIERS, *La Trinité*, t. I, Paris, 1981, p. 86. Th. CAMELOT comprend ce passage dans le même sens que ce dernier et critique l'interprétation de Palmieri («La tradition latine sur la procession du Saint-Esprit *a Filio* ou *ab utroque*», *Russie et chrétienté*, 3-4, 1950, p. 182). Le contexte fait d'ailleurs apparaître comme déplacée l'interprétation filioquiste : «Quant au Saint-Esprit, il ne sied pas de Le passer sous silence, bien qu'il ne devrait pas être nécessaire d'aborder ce sujet. Mais comme beaucoup L'ignorent, il est impossible de n'en rien dire. Et pourtant, il ne devrait pas être indispensable d'en parler, puisque si notre foi Le reconnaît, c'est sous la garantie du Père et du Fils ! À mon sens, on ne devrait même pas traiter de Son existence : Il existe, c'est un fait, Il est donné, reçu, possédé. Lié au Père et au Fils dans notre profession de foi, Il ne saurait en être séparé lorsque nous reconnaissons le Père et le Fils.»

27. Cf. A. PALMIERI, «Esprit Saint», col. 800-801.

ou s'Il vient du Fils. Le Seigneur en effet, ne nous a pas laissés dans le doute. À la suite des mots précédemment cités ["Lorsque viendra le Paraclet que Je vous enverrai d'auprès du Père, l'Esprit de vérité qui procède du Père, c'est Lui qui Me rendra témoignage" (Jn 15, 26)], Il déclare : "J'ai encore beaucoup de choses à vous dire, mais vous ne pouvez les porter actuellement. Lorsque viendra cet Esprit de vérité, Il vous guidera vers toute la vérité. Car Il ne parlera pas de Lui-même, mais Il dira tout ce qu'il aura entendu et vous annoncera les réalités à venir. C'est Lui qui Me rendra gloire, car Il recevra de Mon bien pour vous le communiquer" (Jn 16, 12-15). L'Esprit envoyé par le Fils reçoit donc également du Fils *(a Filio accipit)*, et Il procède du Père *(a Patre procedit)*. Et je te le demande : Serait-ce la même chose : recevoir du Fils et procéder du Père ? Si l'on voit une différence entre recevoir du Fils et procéder du Père, du moins on n'hésitera pas à croire que recevoir du Fils et recevoir du Père sont une seule et même chose. Le Seigneur Lui-même le précise : "Il recevra de Mon bien pour vous le communiquer. Tout ce qu'a le Père est à Moi. Voilà pourquoi j'ai dit : Il recevra de Mon bien pour vous le communiquer." Le Fils nous en donne ici l'assurance : c'est de Lui que l'Esprit reçoit ce qu'Il reçoit : puissance, vertu, science. Et plus haut Il nous avait laissé entendre que tout cela, Il l'avait reçu de Son Père. Aussi nous dit-Il que tout ce qu'a le Père est à Lui, et c'est pourquoi Il affirme que l'Esprit recevra de Son bien. Il nous enseigne en outre que ce qui est reçu de Son Père est reçu pourtant de Lui, car tout ce qu'a Son Père est Son bien. Aucune divergence dans cette unité : ce qui est donné par le Père n'est pas différent de ce qui est reçu du Fils, et doit être considéré comme donné par le Fils.»

La suite ajoute de précieuses indications sur la façon non seulement d'interpréter le passage précédent, mais également de comprendre la position d'Hilaire :

«"Il recevra de mon bien." Ce texte se réfère à un temps futur, et l'on nous indique qu'en ce temps-là, l'Esprit devra recevoir. Pour le moment le Christ souligne que si l'Esprit recevra de Lui, c'est parce que tout ce qu'a le Père est à Lui. Si tu t'en sens capable, mets en pièce l'unité de cette nature ! Introduis je ne sais quelle dissemblance nécessaire, selon laquelle le Fils ne serait pas dans l'unité de la nature divine. Car l'Esprit de vérité procède du Père, soit ! mais Il est envoyé du Père par le Fils *(a Patre enim procedit Spiritus veritatis, sed a Filio a Patre mittitur)*. Tout ce qu'a le Père est au Fils : c'est pourquoi l'Esprit qui doit être envoyé recevra tout du Fils, parce que tout ce qui est au Fils est au Père. La nature suit donc en toutes choses sa propre loi et, puisqu'Ils sont deux à être un, la même nature divine est exprimée comme existant dans l'un et l'autre par génération et par naissance : le Fils affirme que Lui a été donné par le Père tout ce que l'Esprit de vérité reçoit du Père. L'esprit tordu de l'hérétique n'a donc pas à prendre la liberté d'interpréter ce texte d'une manière hétérodoxe. Il n'a pas à prétendre qu'elle n'a rien à voir avec l'unité de la nature divine, cette parole du Seigneur où Il nous assure que l'Esprit de vérité recevra de Lui ; car s'il en est ainsi, c'est parce que tout ce qui est au Père Lui appartient[28].»

Il apparaît que ce texte constitue un net démenti de l'affirmation que l'Esprit procède du Fils au sens où le Fils aussi serait Sa cause.

Il est clair que pour Hilaire :

1) L'Esprit est envoyé par le Fils et reçoit du Fils, mais procède du Père.

2) Recevoir du Fils n'équivaut pas à procéder du Père.

3) En revanche recevoir du Père et recevoir du Fils sont une seule et même chose.

4) Ce que le Saint-Esprit reçoit du Fils est la même chose que ce qu'Il reçoit du Père : ce sont les biens qui s'attachent à la nature divine, qui nous sont communiqués par l'Esprit qui les reçoit du Fils qui Lui-même les a reçus du Père. Ces biens, que déjà à l'époque d'Hilaire certains Pères grecs appellent «énergies» et certains Pères latins «opérations» divines, sont plus couramment appelés, en tant qu'ils nous sont communiqués, «grâce», «charismes» ou «dons» de l'Esprit. Dans ce texte, Hilaire en donne comme exemple la puissance, la perfection, la science, mais quelques chapitres plus loin il les présente en détail en se référant à saint Paul (1 Co 12, 8-12) qui écrit : «Il y a diversité de dons, mais c'est le même Esprit [...], diversité d'opérations, mais c'est le même Dieu qui opère en tous» (1 Co 12, 4-7).

_____

28. *De Trin.*, VIII, 20, PL 10, 250C-252A. Cf. IX, 73, PL 10, 339C-340B.

5) Que l'Esprit reçoive de ce qui est au Fils qui Lui-même le tient du Père témoigne de l'unité de la nature divine (Hilaire insistant particulièrement sur la communauté de nature du Père et du Fils puisqu'il combat ici les ariens qui nient la divinité du Fils) : les biens que l'Esprit reçoit du Fils qui les a reçus du Père sont des biens possédés en commun par les trois personnes divines parce qu'ils appartiennent à leur nature commune.

6) Hilaire situe ici explicitement sa réflexion dans une perspective économique[29]. Il l'indique par exemple en écrivant que l'Esprit «est *envoyé* du Père par le Fils», ou en notant que la parole «Il recevra de mon bien» se réfère à un temps futur.

D'autres passages du *De Trinitate* montrent sans ambiguïté que pour Hilaire l'Esprit Saint procède du Père seul et est envoyé dans le monde par le Fils : «L'Esprit de vérité procède du Père, Il est envoyé par le Fils et Il reçoit du Fils[30]» ; «Le Paraclet viendra, le Fils L'enverra d'auprès du Père, et ce Paraclet, c'est l'Esprit de vérité qui procède du Père[31].»

Cette conception se retrouve dans la prière à Dieu qui clôt le *De Trinitate* : «Ton Saint-Esprit, issu de Toi, et envoyé par Lui [Ton Fils] *(ex te profecto et per eum misso[32])»* : le «par le Fils» est ici clairement conçu dans une perspective économique, celle de la mission ou de l'envoi de l'Esprit aux apôtres et aux saints. Un peu plus loin dans la même prière, la formulation est ambiguë et l'expression «par le Fils» peut sembler pouvoir être envisagée dans une perspective proprement théologique autant que dans une perspective économique : «De même je crois fermement

---

29. Ce que reconnaît volontiers Th. CAMELOT : «Assurément, c'est dans la perspective de la *mission* que parle Hilaire» («La Tradition latine sur la procession du Saint-Esprit *a Filio* ou *ab utroque»*, p. 183). Mais c'est abusivement que le même auteur pense pouvoir déduire de ce passage que «de la mission on remonte à la procession et qu'on ne peut envisager l'une sans penser l'autre» (*ibid.*, p. 184).

30. *De Trin.*, VIII, 26, PL 10, 255B.

31. *Ibid.*, 19, PL 10, 250B.

32. *Ibid.*, XII, 55, PL 10, 469A.

que Ton Esprit est de Toi [le Père] par Lui [le Fils] *(ex te per eum Spiritus tuus est)*, et même si je ne comprends pas ce mystère, j'en garde la conviction profonde[33].» La référence au mystère peut être une indication en faveur de la perspective théologique (bien que le mode de l'envoi de l'Esprit par le Fils dans le monde soit lui aussi inaccessible à l'intelligence humaine), mais la reprise de la même formule (utilisant le même verbe «être») dans une perspective explicitement économique où Hilaire demande que l'Esprit lui soit donné est sans conteste en faveur de la perspective économique : «Fais que j'obtienne Ton Esprit Saint qui est de Toi par Ton Fils unique *(qui ex te per eum unigenitum tuum est*[34]*)*.» Si l'expression «par le Fils» était envisagée dans une perspective théologique, elle ne ferait cependant que s'accorder avec la pensée des Pères grecs qui utilisent parfois cette expression. Hilaire en tout cas n'utilise pas l'expression *«Filioque»*, ni même l'expression *«et Filio»*. Pour cette raison il n'est sans doute pas à compter parmi les Pères latins que Maxime a en vue dans sa lettre, bien que la pensée de l'évêque de Poitiers réponde aux deux autres critères présentés par le Confesseur, puisque d'une part elle ne considère pas que le Fils soit la cause du Saint-Esprit, et que d'autre part elle insiste fortement sur l'unité de nature des trois personnes divines, particulièrement du Père et du Fils.

2. Ambroise de Milan.

C'est par une référence on ne peut plus explicite à l'unité de nature que saint Ambroise explique également la parole du Christ «Il recevra de ce qui est à moi» : «Ce que le Fils a reçu par l'unité de nature, par la même unité le Saint-Esprit le reçoit du Christ[35].» Mais on ne voit pas que ce commentaire soit en faveur de la doctrine latine du *Filioque*

---

33. *Ibid.*, 56, PL 10, 470A.
34. *Ibid.*, 57, PL 10, 472A.
35. *De Spir. Sancto*, II, 12, 134, PL 16, 803B.

comme le prétendent certains partisans de cette dernière[36]. D'autant que pour recevoir du Fils, l'Esprit doit déjà exister : le Fils ne saurait ici apparaître comme la cause de l'existence hypostatique de l'Esprit, ni même comme celui qui lui communique la nature divine, la communauté de nature étant ici présupposée tout autant que l'existence hypostatique. Absolument rien n'indique ici que ce que l'Esprit reçoit du Fils par l'unité de nature, ce soit son existence hypostatique, ni même la nature divine. Mais il s'agit, comme nous l'avons vu précédemment chez Hilaire, des biens qui s'attachent à la nature divine commune, des énergies ou opérations qui se communiquent du Père par le Fils au Saint-Esprit.

Cet autre texte d'Ambroise est souvent invoqué en faveur de la doctrine latine du *Filioque* :

«Apprends maintenant que, comme le Père est source de vie, le Fils se trouve aussi désigné comme source de vie, ainsi que l'ont remarqué la plupart des auteurs. Car il est écrit : "Auprès de Toi, Père tout-puissant, est Ton Fils source de vie", c'est-à-dire source de l'Esprit Saint ; car l'Esprit est vie, selon ces paroles du Seigneur : "Les paroles que Je vous ai dites sont esprit et vie" (Jn 6, 64), car où se trouve l'Esprit se trouve aussi la vie, et où se trouve la vie est aussi l'Esprit[37]. »

De l'affirmation de saint Ambroise que le Fils est la source de la vie du Saint-Esprit on ne peut cependant pas déduire qu'«Il est aussi la source (avec le Père) de son être[38]» ni que le Fils est «source — éternellement telle — de l'Esprit» Lui-même[39], ni qu'il s'agit ici de «l'origine éternelle de l'Esprit» Lui-même[40], ni *a fortiori* que «le saint

---

36. Dont A. PALMIERI, «Esprit Saint», col. 801.
37. *De Spir. Sancto*, I, 15, 152, PL 16, 769BC.
38. A. PALMIERI, «Esprit Saint», col. 801.
39. B. DE MARGERIE, «Vers une relecture du concile de Florence grâce à la reconsidération de l'Écriture et des Pères grecs et latins», p. 41.
40. Th. CAMELOT, «La Tradition latine sur la procession du Saint-Esprit *a Filio* ou *ab utroque*», p. 185. Celui-ci reconnaît pourtant que dans

docteur ne pouvait pas exprimer plus ouvertement la procession de l'Esprit hors du Fils[41]». Ambroise à cet endroit de son traité affirme que «de même que le Père est source de vie [...] le Fils est source de vie», soulignant de nouveau ici la communauté de nature du Père et du Fils, puisque la vie est un bien qui appartient à la nature commune, comme l'éternité ou la bonté. La vie ici correspond à la grâce divine, ou, comme le disent certains Pères grecs, à une énergie divine[42]. Ambroise évoque manifestement dans ce passage la communication de cette énergie (qui n'est pas comprise comme source de l'être ou principe de l'existence) du Fils (qui l'a reçue du Père) à l'Esprit Saint[43]. On notera qu'il dit ailleurs pour la bonté ce qu'il dit ici pour la vie[44].

----

ce passage «il s'agit au premier chef de la mission du Saint-Esprit qui est pour nous source de vie et de sainteté» (*ibid.*).

41. Note des Mauristes dans l'édition de la PL 16 (769D, n. 99).

42. Bien qu'Ambroise n'utilise pas ce terme, il n'est pas anachronique puisqu'il est notamment utilisé par ses contemporains saint Basile de Césarée et saint Grégoire de Nysse. La distinction de l'essence et des énergies divines que l'on trouve chez ces Pères grecs est présente aussi chez Ambroise avec une terminologie analogue. Voir par exemple *De Spir. Sancto*, I, 16, 160, PL 16, 771B, où il distingue l'unité de nature et l'unité de gloire et de clarté (ou de lumière). Cela montre une fois de plus que la distinction explicitée et systématisée par saint Grégoire Palamas entre l'essence et les énergies divines trouve un fondement traditionnel non seulement dans la théologie des Pères grecs antérieurs, mais aussi dans la théologie des Pères latins.

43. Cette conception se retrouve dans l'image, utilisée plus loin par Ambroise, de la source et du fleuve (rapportés respectivement au Fils et à l'Esprit), qu'il utilise pour souligner l'unité de nature et l'unité de gloire et de clarté (soit de grâce, de lumière ou d'énergie) de l'Esprit avec le Père et le Fils : «Représente-toi un fleuve, quel qu'il soit : il vient de sa source ; il a pourtant une seule et même nature avec elle, une seule splendeur et grâce. Parle de même du Saint-Esprit : il est d'une seule substance avec Dieu le Père et le Fils de Dieu, d'une seule gloire et clarté [...]. Ainsi donc le Saint-Esprit aussi est source de vie» (*De Spir. Sancto*, I, 16, 160, PL 16, 771BC).

44. «Comment [Dieu] ne serait-il pas bon, puisque la substance de bonté puisée dans le Père n'a pas dégénéré dans le Fils, n'ayant pas dégénéré dans l'Esprit ? [...] Si l'Esprit est bon, qui a reçu du Fils (Jn 16, 14), celui qui lui a transmis est bon aussi» (*In Luc.*, VIII, 66, SC 52, p. 129).

On pourrait supposer que selon l'évêque de Milan cette communication se fasse *in divinis* et éternellement, et dans ce contexte il serait alors justifié d'affirmer que l'Esprit, en tant que grâce ou énergie, procède du Père et du Fils. Mais le contexte de ce passage est manifestement économique, Ambroise ayant en vue la communication de cette grâce aux hommes. La citation de saint Jean qui figure dans cet extrait l'indique, de même qu'elle indique que ce n'est pas la personne même du Saint-Esprit qu'Ambroise a en vue (l'hypostase du Saint-Esprit ne saurait d'ailleurs être identifiée à la vie, ni à l'esprit dont il est également question) mais quelque chose de Lui, une grâce ou une énergie. La suite du texte confirme explicitement cette interprétation :

«Que l'on voie dans cette source le Père ou le Fils, nous comprenons de toute façon qu'elle est la source, non de l'eau d'ici-bas, qui est une créature, mais de la grâce divine, c'est-à-dire du Saint-Esprit *(divinae illius gratiae, hoc est, Spiritus Sancti)* ; car Il est l'eau vive[45].»

On trouve dans un autre passage encore l'affirmation que le Saint-Esprit «procède du Père et du Fils». Ce texte est cité en premier lieu par ceux qui voient en saint Ambroise un partisan de la doctrine latine du *Filioque*. Mais il suffit de replacer ce passage dans son contexte pour voir immédiatement que l'évêque de Milan situe cette affirmation dans une perspective économique :

«Le Saint-Esprit n'est pas envoyé comme à partir d'un lieu, ainsi que le Fils Lui-même ne l'est pas quand Il dit : "Je suis sorti du Père et venu dans le monde" (Jn 8, 42) [...]. Le Fils, ni quand Il sort du Père, ne S'éloigne d'un lieu ou ne Se sépare comme un corps se sépare d'un autre, ni, quand Il est avec le Père, n'est contenu par Lui comme un corps l'est par un autre. Le Saint-Esprit Lui aussi, quand

---

45. *De Spir. Sancto*, I, 15, 154, PL 16, 770A. On a ici un clair exemple de la façon dont les Pères appellent parfois Saint-Esprit la grâce ou les dons du Saint-Esprit, tout en distinguant cette grâce ou ces dons de Sa personne.

Il procède du Père et du Fils *(procedit a Patre et a Filio)* ne Se sépare pas du Père, ne Se sépare pas du Fils[46].»

Saint Ambroise veut évidemment montrer ici l'unité de nature des trois personnes divines ; plus précisément, il veut faire voir qu'en vertu de cette unité de nature, les trois personnes ne Se séparent pas l'une de l'autre quand le Fils sort du Père pour être envoyé dans le monde, ou quand l'Esprit Saint procède ou sort du Père et du Fils en étant envoyé par le Fils de la part du Père[47].

D'autres passages évoquent également cette unité de nature dans une perspective qui peut cependant sembler proprement théologique et non plus économique. Ainsi Ambroise écrit :

«Celui qui vient d'un autre est ou bien de sa substance ou bien de sa puissance : de sa substance comme le Fils qui dit : "De la bouche du Très-Haut Je suis sorti *(prodivi)*" (Si 24, 5), ou comme l'Esprit "qui procède *(procedit)* du Père" (Jn 15, 26), et dont le Fils dit : "Il me glorifiera parce qu'Il recevra de ce qui est Mien" (Jn 16, 14)[48].»

Il note encore que le Fils reçoit tout du Père «à travers leur unité de nature *(per unitatem naturae)*, et [que] ce tout, l'Esprit le reçoit du Fils à travers la même unité *(per eamdem unitatem)*, comme le Seigneur Jésus Lui-même le déclare au sujet de Son Esprit[49].» Et il écrit ailleurs : «Qu'y a-t-il donc de plus évident que cette unité ? Ce que le Père a est au Fils, ce que le Fils a, l'Esprit aussi le reçoit[50].»

---

46. *Ibid.*, 11, 120, PL 16, 762C-763A.

47. La signification «économique» de ce passage est honnêtement reconnue par Th. CAMELOT, «La Tradition latine sur la procession du Saint-Esprit *a Filio* ou *ab utroque*», p. 185.

48. *De Spir. Sancto*, II, 5, 42, PL 16, 782C-783A.

49. *Ibid.*, 12, 134, PL 16, 803B.

50. *De Spir. Sancto*, II, 11, 118, 800A.

On ne saurait pourtant considérer que ces textes sont en faveur de la doctrine latine du *Filioque*[51] au sens ou le Saint-Esprit recevrait du Fils (ou par le Fils) non seulement son existence personnelle, mais même sa nature divine. D'une part il est très clairement affirmé par Ambroise que l'Esprit procède du Père. D'autre part il s'agit manifestement dans tous ces textes de la communication du Père au Fils et du Fils à l'Esprit (ou du Père par le Fils à l'Esprit[52]) de tous les biens, de toutes les qualités ou encore de toutes les opérations ou énergies de la nature divine[53]. Ces biens, opérations ou énergies sont distincts de la nature (ou de la substance, ou de l'essence) elle-même, comme Ambroise lui-même le fait clairement apparaître ailleurs[54]. Alors que ceux-là sont reçus par l'Esprit du Père par le Fils (ou aussi du Fils), celle-ci est reçue par l'Esprit du Père seul, en même temps que Son existence personnelle ou hypostatique. On voit d'ailleurs ici que l'unité de nature est en quelque sorte présupposée à la communication, d'une personne à l'autre, des biens ou énergies qui sont attachés à cette nature (le Fils, dit Ambroise, reçoit *tout* du Père, et l'Esprit reçoit *tout* du Fils *à travers leur unité de nature*). Qu'il s'agisse des biens qui appartiennent à la nature et non de la nature elle-même est d'ailleurs confirmé par le fait qu'Ambroise dit : «ce que le Père *a* est au Fils, ce que le Fils *a*, l'Esprit aussi le reçoit», et non pas ce que le Père *est* et ce que le Fils *est*. On retrouve ici l'idée courante chez les Pères que «l'Esprit reçoit du Fils», en relation avec cette parole du Christ : «Il recevra de ce qui est mien» (Jn 16, 14),

---

51. Comme le voudrait B. DE MARGERIE, «Vers une relecture du concile de Florence grâce à la reconsidération de l'Écriture et des Pères grecs et latins», p. 41.

52. Dans ce sens, la formule «du Père et du Fils à l'Esprit» serait également acceptable.

53. Redisons ici que ce terme d'«énergie», loin d'être anachronique est déjà utilisé par Athanase et les Cappadociens et sera de plus en plus prisé par les Pères grecs ; quant à l'un de ses équivalents latins, «opération», il est utilisé par Ambroise lui-même (*De Trin.*, XI, PL 17, 551B).

54. *De Trin.*, XI, PL 17, 551B.

idée que les Pères commentent dans le sens que nous venons d'indiquer (et que nous avons aussi rencontré dans l'œuvre d'Hilaire), d'une communication des biens divins (ou des énergies, ou des opérations de la nature divine).

En raison de ces derniers textes et de leur signification, saint Ambroise semble bien être l'un des Pères latins auxquels Maxime se réfère pour témoigner d'un usage de l'affirmation que l'Esprit procède aussi du Fils dans le but de signifier que le Père et le Fils ont la même nature (saint Ambroise ayant pour dessein, comme Hilaire, de défendre la divinité du Christ niée par les Ariens). La théologie d'Ambroise correspond d'ailleurs au critère d'orthodoxie donné par Maxime : il est clair qu'Ambroise ne voit pas dans le Fils la cause ou le principe de l'Esprit, et qu'en ce qui concerne son existence personnelle, le Saint-Esprit pour lui procède du Père seul, comme en témoignent de nombreux passages de son œuvre[55]. Ainsi Ambroise écrit-il : «l'Esprit à la fois procède du Père et témoigne au sujet du Fils *(a Patre procedit Spiritus sanctus et testificatur de Filio*[56]*).*» Il note encore : «Sa procession est sans intermédiaire et elle vient de Celui qui n'a pas commencé — car le Père n'a pas eu de commencement — et parce qu'Il n'a pas eu de commencement, l'Esprit non plus n'en a pas eu, pour la raison qu'Il est en Lui et qu'Il est à Lui[57].» On peut encore citer cette remarque qui montre en outre que saint Ambroise ne comprend nullement l'expression scripturaire «Esprit du Fils» comme signifiant une procession de l'Esprit Saint à partir du Fils : «Si tu dis "l'Esprit", tu as tout ensemble nommé et Dieu le Père de qui procède l'Esprit, et le Fils parce que l'Esprit est aussi au Fils[58].» Ambroise fait lui-même apparaître la différence entre les expressions qui se rapportent à l'origine de l'existence du Saint-Esprit et celles qui veulent souligner l'unité de nature.

---

55. Voir l'excellente étude de L. MOTTE, «Ambroise et Augustin», dans P. RANSON (éd.), *Saint Augustin*, Lausanne, 1988, p. 233-235.

56. *De Spir. Sancto*, I, 1, 25, PL 16, 739B.

57. *De Trin.*, IV, PL 17, 541B.

58. *De Spir. Sancto*, I, 3, 44, PL 16, 743C.

Il note par exemple : le Saint-Esprit «procède du Père, et Il possède en commun avec le Père et le Fils la même déité, la même opération et la même substance *(procedentem ex Patre, et communem cum Patre et Filio deitatem, operationem et substantiam possidentem[59])*.» Il voit une telle distinction dans les paroles du Christ Lui-même : «Le Fils dit : "L'Esprit de vérité qui procède du Père" ; et cependant [l'Esprit] est envoyé par le Fils à cause de la communauté et de l'unité de nature *(propter societatem unitatemque naturae a Filio mittitur[60])*», la manifestation de l'unité de nature étant d'ailleurs ici envisagée dans une perspective clairement économique puisqu'elle est explicitement rattachée à la mission. On notera la proximité de ces dernières paroles d'Ambroise avec celles de saint Maxime : «ils ont voulu manifester le fait [pour l'Esprit] de sortir par [le Fils], et établir par là la connexion et la non-différence de l'essence», ce qui confirme d'une autre manière qu'Ambroise est bien l'un des Pères latins que Maxime a en vue dans sa lettre.

3. Léon le Grand.

La seule référence directe et explicite à une procession du Père et du Fils que l'on puisse trouver dans l'œuvre du pape saint Léon le Grand figure dans la *Lettre* 15, à Turribius d'Astroga, où il est écrit à propos du Saint-Esprit : *«de utroque processit[61]»*. Mais on sait aujourd'hui que cette pièce est apocryphe et a été fabriquée après le concile de Braga[62] (563).

Les affirmations que le Saint-Esprit est «commun au Père et au Fils[63]» ou qu'Il est l'Esprit du Père et du Fils[64], qui

---

59. *De Trin.*, XI, PL 17, 551B.
60. *Ibid.*, X, 549A.
61. *Ep.*, XV, PL 54, 681A. Denzinger 284.
62. Cf. K. KÜNSTLE, *Antipriscilliana*, p. 117-126. A. PALMIERI, «Esprit Saint», col. 805.
63. *Serm.*, 62 (LXXV), 3, SC 74, p. 146.

sont des affirmations courantes chez les Pères, en relation avec les expressions de saint Paul «Esprit du Père» et «Esprit du Fils», ne concernent pas l'origine de l'Esprit.

L'un des textes où l'on trouve cette dernière affirmation nous éclaire sur la conception de Léon et présente des considérations particulièrement éclairantes pour notre sujet. Parlant de la Pentecôte, le saint pape écrit :

«gardons-nous de penser que la substance divine ait apparu dans ce qui s'est alors montré à des yeux de chair. La nature divine invisible et commune au Père et au Fils a en effet montré, sous tel signe qu'elle a voulu, le caractère de son don et de son œuvre *(muneris atque operis sui)*, mais elle a gardé dans l'intime de sa divinité ce qui est propre à sa substance : car le regard de l'homme, pas plus qu'il ne peut atteindre le Père ou le Fils, ne peut davantage voir le Saint-Esprit. Dans la Trinité divine, rien, en effet, n'est dissemblable, rien n'est inégal ; tout ce qu'on peut imaginer de cette substance ne se distingue ni en puissance, ni en gloire, ni en éternité *(nec virtute, nec gloria, nec aeternitate)*. Encore que, dans les propriétés des personnes, autre soit le Père, autre le Fils, autre l'Esprit Saint, autre cependant n'est pas la divinité, ni diverse la nature. S'il est vrai que le Fils unique est du Père et que l'Esprit Saint est l'Esprit du Père et du Fils *(siquidem cum et de Patre sit Filius unigenitus, et Spiritus sanctus Patris Filiique sit spiritus)*, Il ne l'est pas à la manière d'une créature qui serait [créature] du Père et du Fils, mais Il l'est comme ayant vie et pouvoir avec l'un et avec l'autre, et comme subsistant éternellement à partir de ce qu'est le Père et le Fils *(sempiterne ex eo quod est Pater Filiusque subsistens)*. Aussi, lorsque le Seigneur, la veille de Sa Passion, promettait à Ses disciples l'avènement du Saint-Esprit, Il leur disait : "[...] Quand Il viendra, Lui, l'Esprit de vérité, Il vous conduira vers la vérité tout entière ; car Il ne parlera pas de Lui-même ; mais tout ce qu'Il entendra, Il le dira, et Il vous annoncera les choses à venir. Tout ce qu'a le Père est à Moi. Voilà pourquoi J'ai dit : c'est de Mon bien qu'Il prendra pour vous en faire part" (Jn 16, 13.15). Il n'est donc pas vrai qu'autres soient les biens du Père, autres ceux du Fils, autres ceux de l'Esprit Saint ; non, tout ce qu'a le Père, le Fils l'a pareillement, et pareillement l'Esprit Saint ; jamais dans cette Trinité, une telle communion n'a fait défaut, car là, avoir tout, c'est exister toujours *(semper existere).*

---

64. *Ibid.*, 63 (LXXVI), 2, SC 74, p. 150.

Gardons-nous donc d'imaginer là nul temps, nul degré, nulle différence ; et si personne ne peut expliquer de Dieu ce qu'Il est, que personne n'ose affirmer ce qu'Il n'est pas. Il est plus excusable, en effet, de ne pas parler dignement de l'ineffable nature que d'en définir ce qui lui est contraire. Aussi tout ce que les cœurs fervents peuvent concevoir de l'éternelle et immuable gloire du Père, qu'ils le comprennent en même temps inséparablement et indifféremment et du Fils et de l'Esprit Saint. Nous confessons en effet que cette bienheureuse Trinité est un seul Dieu, parce que dans ces trois personnes il n'y a aucune différence ni de substance, ni de puissance, ni de volonté, ni d'opération *(nec substantiae, nec potentiae, nec voluntatis, nec operationis est ulla diversitas[65]).*»

On peut remarquer, relativement à la question qui nous occupe, que dans ce passage :

1) Léon distingue très nettement le Saint-Esprit comme personne et le Saint-Esprit comme grâce ou don (ou opération, ou énergie[66]).

2) Cette grâce que le Saint-Esprit communique aux hommes est considérée comme appartenant à la nature commune aux trois personnes divines.

3) Léon distingue au début de ce texte la substance (ou l'essence) de la Divinité, qui est inconnaissable, inaccessible, incommunicable, et ce qui en est le «signe», la manifestation, et qui correspond, comme il dit, à Son don et à Son œuvre *(opus,* que l'on pourrait encore traduire par «acte» ou «activité»), ou encore à Sa «puissance *(virtus)*», à Sa «gloire», à Son «éternité», à ce que l'on pourrait encore appeler Ses opérations (mot utilisé par Léon lui-même) ou Ses énergies. On retrouve à la fin du texte la distinction entre la

---

65. *Serm.*, 62 (LXXV), 3, SC 74, p. 146-147.

66. Cette distinction se retrouve très nettement dans le sermon suivant où LÉON écrit : «le cinquantième jour après la résurrection du Seigneur, le dixième après Son ascension, le Saint-Esprit promis et espéré fut répandu sur les disciples du Christ. [...] Que les dons divins se répandent donc dans tous les cœurs» *(Serm.*, 63 (LXXVI), 1, SC 74, p. 149). Voir aussi *ibid.*, 4, p. 151 : «Les bienheureux apôtres eux-mêmes, avant la Passion du Seigneur, n'étaient pas privés du Saint-Esprit, pas plus que la puissance de cette vertu n'était absente des œuvres du Sauveur.»

substance et la puissance, la volonté et l'opération dont Léon affirme qu'elles sont les mêmes pour les trois personnes divines[67].

4) L'affirmation que «l'Esprit est l'Esprit du Père et du Fils» ne signifie nullement, comme l'ont prétendu certains interprètes, que le Père et le Fils soient la cause de l'Esprit, ou que l'Esprit tienne Son existence du Père et du Fils. Cette expression est très clairement mise en rapport avec ce que le Père, le Fils et le Saint-Esprit ont en commun, à savoir l'essence divine et les propriétés et énergies qui lui appartiennent et qui la manifestent : Léon dit que «l'Esprit est l'Esprit du Père et du Fils [...] comme ayant vie et pouvoir avec l'un et avec l'autre et comme subsistant éternellement à partir de ce qu'est *(ex eo quod est)* le Père et le Fils».

5) Cette expression «subsistant éternellement à partir de ce qu'est le Père et le Fils» n'indique pas l'origine du Saint-Esprit à partir d'une cause commune constituée par le Père et le Fils ensemble en tant que personnes[68], ni même à partir de leur nature commune, mais affirme que l'Esprit a éternellement la même nature et donc les mêmes propriétés, la même puissance et la même opération ou énergie que le Père et le Fils, ce que tout le contexte de ce passage indique de plusieurs façons[69].

On notera que subsister éternellement à partir de ce qu'est le Père et le Fils semble posé comme un équivalent d'avoir vie et pouvoir avec l'un et avec l'autre, c'est-à-dire

---

67. Voir aussi *Serm.*, 63 (LXXVI), 1, SC 74, p. 149 : «L'immuable divinité de cette bienheureuse Trinité est une dans Sa substance, indivisée dans Son action *(indivisa in opere)*, unanime dans Sa volonté, pareille dans Sa puissance, égale dans Sa gloire.» Cf. *ibid.*, 3, p. 151.

68. «*Ex eo quod*» indique très clairement l'essence ou ce qui s'y rapporte, et non pas les personnes comme voudrait le laisser supposer le traducteur de l'édition des *Sources chrétiennes*, dans l'intention probable de favoriser une interprétation filioquiste, en traduisant inexactement : «à partir de ce *qui* est le Père et le Fils» *(loc. cit.*, p. 146).

69. Il est particulièrement intéressant de remarquer que l'on a ici une distinction analogue entre celle que fera plus tard saint Grégoire de Chypre selon lequel le Saint-Esprit existe (ou subsiste) du Père et du Fils, mais reçoit (ou tient) Son existence du Père seul.

de posséder les mêmes biens divins attachés à la même nature divine commune. Cela est confirmé par l'assimilation qui est faite plus loin entre «exister toujours» et avoir tout, «tout» désignant les «biens» divins qui sont présentés comme étant les mêmes pour le Père, le Fils et le Saint-Esprit.

6) Léon rejette par avance l'interprétation filioquiste de l'affirmation du Christ : «Il prendra de ce qui est à Moi [ou : de Mon bien] pour vous en faire part», en soulignant que ce que le Christ désigne comme ce qui est à Lui appartient également non seulement au Père mais au Saint-Esprit, et correspond aux biens attachés à la nature divine commune qui sont manifestés comme énergies ou opérations et communiqués comme dons du Père, par le Fils dans le Saint-Esprit.

Il apparaît au total que Léon en affirmant que «l'Esprit Saint est l'Esprit du Père et du Fils *(Patris Filiique)*» en tant qu'«existant toujours de ce qu'est le Père et le Fils *(ex eo quod est Pater Filiusque subsistens)*» ne fait pas du Fils la cause de l'Esprit, mais souligne fortement que l'essence divine est pour les trois personnes divines une et non différente, et que sa triadologie répond ainsi également aux critères définis par Maxime dans sa lettre.

4. Grégoire le Grand.

Cette dernière remarque vaut pour les expressions semblables que l'on trouve chez le pape saint Grégoire le Grand (quasi contemporain de Maxime), par exemple lorsque celui-ci affirme que le Saint-Esprit est l'Esprit de l'un et de l'autre *(utrorum*[70]*)*. On trouve également chez Grégoire l'affirmation classique que l'Esprit procède du Père et reçoit du Fils *(de Patre procedens, et de eo quod est Filii accipiens*[71]*)*.

---

70. *Moral.*, XXX, 4, PL 76, 534A.
71. *Ibid.*, V, 65, PL 75, 715A.

Certaines affirmations qui évoquent une procession à partir du Fils se situent très clairement dans une perspective économique. Ainsi lorsque Grégoire note que Jésus-Christ répand dans le cœur de ses disciples le Saint-Esprit qui procède de lui *(qui a se procedit[72])*. Ou encore lorsqu'il écrit que «l'envoi du Saint-Esprit est une procession par laquelle il procède du Père et du Fils *(missio Spiritus Sancti processio est qua de Patre procedit et Filio[73])*». C'est dans une perspective économique également qu'il faut entendre l'affirmation célèbre qu'«il est certain que l'Esprit consolateur procède toujours du Père et du Fils *(Paraclitus Spiritus a Patre semper procedit et Filio[74])*» : le contexte est en effet celui de l'envoi du Saint-Esprit aux disciples après l'ascension du Christ. Dans la suite Grégoire montre d'ailleurs qu'il considère que ce qui est envoyé aux disciples par le Christ (et qui procède du Père et du Fils), ce n'est pas l'Esprit en tant que personne mais en tant qu'énergie, plus précisément en tant qu'amour : «[Le Christ] dit [à Ses disciples] : "Si Moi, je ne m'en vais pas, le Paraclet ne vient pas." C'est comme s'Il disait en clair : "Si je ne vous retire pas Mon corps, je ne vous montre pas ce qu'est l'amour de l'Esprit[75]."»

Une autre affirmation de Grégoire souvent invoquée est que le Saint-Esprit *«per substantiam profertur ex [Christo[76]]»*. Mais le verbe utilisé ici signifie dans son usage le plus commun : est produit au jour, manifesté ou révélé. Il ne signifie donc pas que le Fils soit la cause de l'Esprit en Son existence personnelle, mais signifie, dans une perspective économique, la manifestation de l'Esprit par le Fils dans le monde. Dans le passage en question, Grégoire explique que le Fils envoie et donne l'Esprit que par essence *(per substantiam)* Il a toujours présent en Lui en totalité (tandis que les saints ne Le reçoivent que par grâce et en

---

72. *Ibid.*, I, 22, PL 75, 541B.
73. *In evang.hom*, II, 26, 2, PL 76, 1198C.
74. *Dialog.*, II, XXXVIII, 4, SC 260, p. 248.
75. *Ibid.*
76. *Moral.*, II, 56, PL 75, 599A.

partie[77]). Nous retrouvons ici une expression que nous avons rencontrée chez d'autres Pères latins et qui est analogue à des formules utilisées par saint Cyrille d'Alexandrie[78]. Comme le dit Maxime dans sa lettre, une telle formule ne signifie pas que le Fils soit la cause de l'existence personnelle de l'Esprit, ni que l'Esprit en tant que personne procède de la substance du Fils, ni même reçoive du Fils la substance ou la nature divine, mais elle témoigne du fait que l'Esprit est au Fils dans le sens que nous avons rencontré précédemment, et exprime fortement l'unité de nature entre le Père, le Fils et le Saint Esprit. Ce qui est «proféré» à partir du Christ *per substantiam*, ce n'est pas la personne de l'Esprit, mais l'Esprit en tant que contenant en Lui la somme des biens, opérations ou énergies divines que le Fils a également en Lui, les ayant reçus du Père pour les manifester et les communiquer aux hommes.

Saint Grégoire le Grand semble donc lui aussi à ranger parmi les Pères latins que Maxime a en vue dans sa lettre.

VI. L'EXCEPTION AUGUSTINIENNE

L'historien orthodoxe A. Zoernikav rangeait saint Augustin parmi les adversaires du dogme latin du *Filioque*[79]. On trouve en effet dans l'œuvre de saint Augustin des passages où la procession du Saint-Esprit du Père et du Fils est affirmée dans un sens manifestement économique (celui de l'envoi du Saint-Esprit dans le monde et de la manifestation et du don de l'Esprit aux

---

77. «*Christus in cunctis eum et semper et continue habet praesentem, quia ex illo isdem Spiritus per substantiam profertur, quia [in sanctis] per gratiam manet ad aliquid, in illo autem per substantiam manet ad cuncta.*»

78. Voir *infra*, p. 44 s.

79. *Sur la procession du Saint-Esprit*, Saint-Pétersbourg, 1797, p. 367-375.

hommes). Ainsi l'évêque d'Hippone note-t-il : «l'Esprit Saint nous est envoyé par [le Fils] de la part du Père et de Sa propre part. L'Esprit du Père et du Fils est envoyé par les deux *(missus ab utroque*[80]*)*.» Il affirme que, en tant qu'Il est accordé aux apôtres comme un don de Dieu, le Saint-Esprit doit avoir pour origine le Père et le Fils[81]. Il note encore :

«Pourquoi ne devrions-nous pas croire que le Saint-Esprit procède du Fils, puisqu'Il est l'Esprit du Fils ? S'Il ne procédait pas de Lui, après Sa résurrection, Se présentant à Ses disciples, Il n'aurait pas soufflé sur eux leur disant : "Recevez l'Esprit Saint." Que signifie cette insufflation sinon que le Saint-Esprit procède de Lui [82]?»

Certaines expressions restent cependant ambiguës, comme celle-ci, qui semble concerner le don de la grâce aux hommes et la communication de cette grâce (singulièrement de la vie) du Père et du Fils à l'Esprit :

«Le Saint-Esprit ne procède pas du Père dans le Fils et du Fils pour sanctifier la créature, mais Il procède en même temps de l'un et de l'autre *(simul de utroque procedit)* : bien que le Père ait accordé au Fils que le Saint-Esprit procède de Lui comme Il procède de Lui-même. Car nous ne pouvons pas affirmer que le Saint-Esprit ne soit pas la vie, puisque le Père est la vie et que le Fils est la vie. Mais puisque le Père possède la vie en Lui-même, Il a aussi accordé au Fils d'avoir la vie en Lui-même ; ainsi Il Lui a donné que la vie procède de Lui, comme elle procède de Lui-même[83].»

Mais lors même qu'Augustin conçoit la procession de l'Esprit dans une perspective économique, celle de la mission, il considère que celle-ci correspond à la procession

---

80. *Serm.*, CCXII, 1, PL 38, 1059.

81. *De Trin.*, V, 15, 16, PL 42, 921. Voir aussi *ibid.*, IV, 20, 29, PL 42, 208 ; *Ep.*, CCXXXVIII, 15, PL 33, 1044.

82. *Tract. in Io.*, XCIX, 7, PL 35, 1889. Cf. *De Trin.*, XV, 26, 45, PL 42, 1093.

83. *Ibid.*, 9, PL 35, 1890 = *De Trin.*, XV, 27, 48, PL 42, 1095.

éternelle et la révèle[84]. De là vient l'impression que l'on éprouve à la lecture des textes d'Augustin qui concernent la procession du Saint-Esprit (le texte précédemment cité en est un parfait exemple) que les perspectives économiques et théologiques sont pour lui non seulement indistinctes mais mélangées et confondues.

Paraissent également confondues, au plan théologique, la procession éternelle de l'Esprit à partir du Fils avec Sa manifestation éternelle par le Fils. Semblent souvent confondues aussi les propriétés hypostatiques des personnes divines avec leurs propriétés naturelles. En témoigne notamment l'affirmation bien connue que l'Esprit constitue un lien d'amour entre le Père et le Fils, affirmation qui pourrait signifier (comme ce sera le cas plus tard chez saint Grégoire Palamas) la communication d'une énergie divine se faisant du Père par le Fils (ou du Père et du Fils) dans l'Esprit, mais qui chez saint Augustin — malgré une expression comme *«a Patre bono et Filio bono effusa bonitas*[85]*»* appliquée à l'Esprit et qui pourrait être interprétée dans le sens qui vient d'être évoqué — semble bien plutôt témoigner d'une réduction de la personne de l'Esprit au profit d'un principe impersonnel qui relève de l'essence commune, comme en témoigne le vocabulaire que l'évêque d'Hippone utilise le plus couramment dans ce contexte pour désigner l'Esprit : *«societas dilectionis*[86]*»*, *«unitas, caritas amborum*[87]*»*, *«communis caritas Patris et Filii*[88]*»*, *«societas Patri et Filii*[89]*»*.

On trouve par ailleurs une multitude d'expressions qui témoignent indubitablement d'une doctrine élaborée de la procession du Père et du Fils (Augustin utilise très souvent

---

84. Ainsi, pour Augustin, lorsque le Christ soufflait sur ses Apôtres en leur disant «Recevez l'Esprit Saint», «Il montrait ouvertement ce qu'Il donnait par Sa spiration dans le secret de la vie divine» (*Contra Max.*, XIV, 1, PL 42, 770).

85. *Serm.*, LXXI, 12, 18, PL 38, 454.

86. *De Trin.*, IV, 9, 12, PL 42, 896.

87. *Ibid.*, VI, 5, 7, PL 42, 928.

88. *Serm.*, LXXI, 12, 18, PL 38, 454.

89. *Ibid.*, 20, 33, PL 38, 463-464.

l'expression *«procedit ab utroque»*) très étroitement appa-
rentée avec ce qui sera plus tard la doctrine latine du
Filioque et qui en est sans aucun doute l'inspiratrice directe[90].

Parmi les textes les plus connus, on peut citer ceux-ci :

«Comme le Père a en Lui-même que de Lui procède le Saint-
Esprit, ainsi Il a donné au Fils que de Lui procède le même Saint-
Esprit sans référence au temps dans les deux cas. Et il est dit que le
Saint-Esprit procède du Père de telle manière que l'on comprenne que
s'Il procède aussi du Fils, cela le Fils le tient du Père. En effet, si le
Fils a quelque chose, Il le tient du Père ; Il tient donc du Père que de
Lui procède le Saint-Esprit [...]. Le Fils est né du Père ; et le Saint-
Esprit procède principiellement *(principaliter)* du Père et, par le don
intemporel de Celui-ci au Fils, du Père et du Fils en communion
(communiter[91]).»

«De Celui de qui le Fils reçoit d'être Dieu — Il est en effet Dieu
de Dieu — de Celui-là aussi Il reçoit que l'Esprit procède aussi de
Lui : c'est pourquoi l'Esprit reçoit par Celui-là de procéder aussi du
Fils comme Il procède du Père[92].»

«Le Fils est le Fils du seul Père ; le Père est le Père du seul Fils ;
le Saint-Esprit quant à Lui n'est pas l'Esprit d'un seul, mais de tous
les deux. Pourquoi donc ne croirions-nous pas que l'Esprit Saint
procède aussi du Fils, puisqu'Il est aussi l'Esprit du Fils[93]?»

«Le Fils provient du Père et le Saint-Esprit aussi ; mais Celui-là
est engendré tandis que Celui-ci procède. C'est pourquoi le Fils est
[le Fils] du Père de qui Il est engendré, l'Esprit est [l'Esprit] de l'un
et de l'autre parce qu'Il procède de l'un et de l'autre *(de utroque procedit)*. [...] Le Père est l'auteur de la procession du Saint-Esprit, parce
qu'Il a engendré un tel Fils, et en L'engendrant Il Lui a donné que de

---

90. Cf. J. ROMANIDIS, «Le *Filioque*», dans P. RANSON (éd.), *Saint-
Augustin*, p. 204-206. P. DESEILLE, «Saint Augustin et le *Filioque*»,
p. 62 ; 67.

91. *De Trin.*, XV, 26, 47, PL 42, 1094-1095 ; cf. XV, 17, 29, PL 42,
1081.

92. *Tract. in Io.*, XCIX, 8, PL 35, 1890.

93. *Ibid.*, 67, PL 35, 1888-1889.

Lui aussi procède le Saint-Esprit *(gignendo ei dedit ut etiam de ipso procederet Spiritus sanctus[94]).*»

Citons un dernier texte qui confirme les précédents, mais qui présente l'intérêt de montrer qu'Augustin considère que le Père et le Fils sont ensemble un seul principe de la procession de l'Esprit de la même manière qu'ils sont un seul principe de la venue à l'existence des créatures :

«Il faut confesser que le Père et le Fils sont un seul principe du Saint-Esprit et non pas deux principes. De même que le Père et le Fils sont un seul Dieu et par rapport aux créatures un seul créateur et un seul Seigneur, ainsi, par rapport au Saint-Esprit, Ils sont un seul principe ; par rapport à la créature, le Père, le Fils et le Saint-Esprit sont un seul principe et un seul créateur et un seul Seigneur[95].»

Il nous paraît ressortir de cet examen que l'on n'est pas autorisé à voir dans l'Opuscule théologique et polémique X une caution apportée par Maxime à la doctrine augusti-nienne de la Trinité[96], car celle-ci précisément ne répond pas au critère d'acceptabilité de la formule latine défini précédemment, à savoir que le Fils n'y soit pas considéré

---

94. *Contra Max.*, II, XIV, 1, PL 42, 770-771. La suite immédiate de ce passage évoque l'insufflation de l'Esprit par le Christ : «En effet, s'Il ne procédait pas aussi de Lui, Il ne dirait pas à Ses disciples : "Recevez l'Esprit Saint" (Jn 20, 22).» Dans ce chapitre, Augustin mélange une fois de plus perspective économique et perspective théologique.

95. *De Trin.*, V, 14, PL 42, 921.

96. Notons en passant, pour ce qui est de Maxime lui-même, que bien qu'il ait séjourné à Carthage puis à Rome, on ne trouve dans toute son œuvre aucune référence directe à saint Augustin ni même aucune trace po-sitive de la pensée augustinienne (voir B. ALTANER, «Augustinus in der griechischen Kirche bis auf Photius», *Historisches Jahrbuch*, 71, 1952, p. 67, repris dans *Kleine patristische Schriften*, Berlin, 1967, p. 88-89). L'affirmation de G. C. BERTHOLD que les deux sujets en cause dans l'Opuscule X se réfèrent à la doctrine augustinienne est présentée sans justification et nous paraît dépourvue de fondement, de même que la thèse d'une influence de la pensée augustinienne sur Maxime lors de son séjour à Carthage («Did Maximus the Confessor Know Augustine ?», *Studia Patristica*, XVII/1, 1982, p. 15).

comme cause conjointe de l'Esprit[97]. Il est d'ailleurs clair
que la justification donnée par le pape Théodore et par les
théologiens de son entourage (ou par Maxime se faisant
leur porte-parole) ne se situe pas sur le terrain de la théologie augustinienne[98]. Sur le plan de la forme, il n'est
d'ailleurs pas invraisemblable qu'aucune référence à saint
Augustin ne figure dans les Lettres synodiques du pape, car,
comme l'ont remarqué les spécialistes de la pensée augustinienne, celle-ci est en matière de triadologie en rupture
avec celle des Pères latins qui l'ont précédée. Ainsi le théologien catholique E. Hendriks note-t-il que «l'historien du
dogme qui, venant des écrits du IVe siècle, débouche sur
l'œuvre d'Augustin» constate que «la ligne de rupture dans
le développement synthétique de la doctrine trinitaire ne se
trouve pas entre Augustin et nous, mais entre lui et ses prédécesseurs immédiats[99]».

VII. LA POSITION DE CYRILLE D'ALEXANDRIE

En ce qui concerne Cyrille, aucune référence précise
n'est fournie par Maxime, sinon qu'il s'agit du
Commentaire de l'Évangile de saint Jean. On peut y trouver plusieurs formules allant dans le sens indiqué par
Maxime.

On peut supposer que ce dernier a notamment ce passage
en vue :

---

97. C'est ainsi que B. BOLOTOV note à juste titre que «le *ex Patre et
Filio* comme il était donné par Augustin n'est pas couvert par la doctrine
des Pères orientaux» (Thèse 11, p. 287). Voir aussi P. DESEILLE, «Saint
Augustin et le *Filioque*», p. 60-63.

98. Comme le fait remarquer P. DESEILLE, *ibid.*, p. 68-69.

99. Introduction à *Œuvres de saint Augustin*, 15, *La Trinité*, Paris,
1955, p. 22. Du côté orthodoxe cette rupture est soulignée de façon particulièrement vigoureuse par J. ROMANIDIS, *Franks, Romans, Feudalism
and Doctrine*, p. 60-98, partiellement traduit dans «Le *Filioque*», p. 197-
217.

«Pour que Ses disciples apprennent qu'ils ne recevraient pas la visite d'une puissance étrangère, mais qu'Il Se donnerait Lui-même d'une autre manière, [le Christ] appelle le Paraclet "Esprit de vérité", c'est-à-dire Son propre Esprit. En effet, l'Esprit Saint n'est pas connu comme étant étranger à l'essence du Fils unique, mais Il vient naturellement d'elle (πρόεισι φυσικῶς ἐξ αὐτῆς), n'existant absolument pas comme autre par rapport à Celui-ci [le Fils] en ce qui concerne l'identité de nature, même si justement Il [l'Esprit] est connu comme ayant Sa constitution propre[100].»

On voit que dans ce texte Cyrille veut fortement souligner l'unité de nature du Saint-Esprit avec le Fils. Mais on voit aussi, d'après les premières lignes, que le contexte est économique : il s'agit de l'envoi du Saint-Esprit aux disciples, et l'expression «Il vient naturellement [de l'essence du Fils unique]» signifie ici non pas que le Saint-Esprit en tant qu'hypostase procéderait de l'essence divine possédée par le Fils, mais que le Saint-Esprit est envoyé et donné en tant que grâce (ou énergie) attachée à l'essence qui est commune au Père et au Fils (et également à Lui-même), cette grâce, pour les hommes qui la reçoivent, venant du Fils qui la possède du fait de Sa communauté de nature avec le Père.

Quelques lignes plus haut dans le même passage, Cyrille notait : Jésus «avait d'abord dit qu'Il leur enverrait le Paraclet ; ici, Il Le nomme Esprit de vérité, c'est-à-dire Son propre Esprit, puisque Lui-même est la vérité[101]». On voit très clairement ici que Cyrille n'a pas en vue la personne même de l'Esprit, mais une qualité ou une énergie divines que l'Esprit manifeste et donne comme une grâce : la vérité, qualité ou énergie que, en vertu de leur unité et communauté d'essence ou de nature, le Père, le Fils et le Saint-Esprit possèdent également, et que le Fils donne à Ses disciples dans l'Esprit comme une grâce, qu'Il a reçue du Père et qui est aussi Son bien propre.

---

100. *In Io.*, X, PG 74, 444B.
101. *Ibid.*, 444C.

Cela apparaît plus clairement encore dans cet autre texte, très proche du précédent :

«Bien que le Saint-Esprit soit une hypostase propre, et qu'Il soit représenté par l'intelligence en tant qu'Il est Esprit et qu'Il n'est pas le Fils, cependant Il n'est pas étranger au Fils. Car Il S'appelle l'Esprit de vérité, or le Christ est la vérité et [l'Esprit] est répandu de Sa part aussi bien qu'à partir de Dieu le Père. En opérant des miracles, après la montée du Christ aux cieux, par les mains de Ses disciples, l'Esprit L'a glorifié. Car nous croyons que, puisqu'Il est Dieu par nature, Il a agi de nouveau par Son propre Esprit. C'est pourquoi Il a dit : "Il recevra de ce qui est à Moi et Il vous en fera part." Et nous ne disons absolument pas que c'est par participation que l'Esprit est sage et puissant. En effet il est plein de tous les biens et n'en a aucun manque. Puisqu'Il est l'Esprit de Celui qui est la vertu et la sagesse du Père, c'est-à-dire du Fils, l'Esprit Lui-même est la sagesse et la vertu[102].»

Cyrille montre que si l'Esprit est distinct et autre que le Fils selon l'hypostase ou en tant que personne ayant une existence propre, Il n'est pas étranger à Lui[103] selon les qualités qu'Il possède (Cyrille cite d'abord la vérité, puis la puissance, la sagesse et la vertu). Ces qualités, qui sont des qualités ou des énergies divines, sont communes aux trois personnes en tant qu'elles appartiennent à leur unique nature et sont communiquées du Père au Fils et du Fils à l'Esprit, l'Esprit les recevant donc du Père par le Fils, ou si l'on veut du Père et du Fils. Il est clair ici que ce n'est pas l'Esprit en tant qu'hypostase qui procède du Père et du Fils, mais l'Esprit en tant que porteur, manifestateur puis donateur des énergies divines (dans un contexte d'ailleurs très clairement économique).

C'est dans la même perspective qu'il faut lire un autre passage du *Commentaire sur l'évangile de Jean* où l'on trouve une affirmation semblable :

---

102. *Ep.*, XVII, PG 77, 117C-D.
103. Cyrille s'en prend ici à la conception de Nestorius. Voir *infra*, p. 50.

«Jésus appelle le Paraclet "Esprit de vérité", c'est-à-dire Son Esprit consolateur à Lui, et en même temps Il dit qu'Il procède du Père (παρὰ τοῦ πατρὸς ἐκπορεύεσθαι). Ainsi, de même que l'Esprit est naturellement le propre Esprit du Fils, qu'Il existe en Lui, qu'Il provient par Lui (δι' αὐτοῦ προϊὸν), Il est de même l'Esprit du Père[104].»

Dans ce passage, Cyrille insiste de même sur l'unité de nature de l'Esprit avec le Fils, ce que veulent marquer les expressions «Il est naturellement le propre Esprit du Fils», «Il existe en Lui», «Il provient par Lui». On notera que Cyrille ici distingue le fait que l'Esprit procède du Père et le fait qu'Il provient par le Fils : la première expression correspond à l'origine du Saint-Esprit considérée sur le plan théologique en tant qu'Il est causé éternellement par le Père ; la seconde correspond à Son origine considérée sur le plan économique, en tant qu'Il est envoyé par le Fils[105]. De même Cyrille distingue-t-il le fait que l'Esprit procède du Père et le fait qu'Il est l'Esprit du Père. L'Esprit est identiquement Esprit du Père et du Fils en vertu de l'unité de nature du Père et du Fils. C'est en vertu de cette même unité de nature que Cyrille dit qu'Il est l'Esprit propre du Fils, comme il pourrait dire qu'Il est l'Esprit propre du Père ; c'est pour cette même raison encore qu'il dit que l'Esprit existe dans le Fils comme il pourrait dire qu'il existe dans le Père[106]. En ce qui concerne la manifestation de l'Esprit (tant éternelle que temporelle), on peut insister aussi sur le fait que l'Esprit existe dans le Fils (on peut dire également, comme le font couramment les Pères, qu'Il repose dans le Fils) qui L'a reçu du Père. Mais l'Esprit quant à Son existence hypostatique ne procède pas identiquement du Père et du Fils : Il procède du Père seul en tant que le Père est Sa seule cause. Que l'Esprit soit

---

104. *In Io.*, X, PG 74, 417C.

105. On trouve la même distinction dans cet autre texte : «L'Esprit découle, c'est-à-dire procède de Dieu le Père, comme d'une Source, mais il est envoyé à la créature par le Fils» (*Ep.*, LV, PG 77, 316D).

106. En vertu de leur unité de nature, les trois personnes existent l'une dans l'autre. C'est la périchorèse trinitaire.

Esprit du Fils non parce qu'Il procède de Lui comme Il procède du Père mais parce que le Fils possède la même nature que le Père, et que l'Esprit désigne ici non la personne même de l'Esprit mais les énergies divines communes qu'Il manifeste en Lui-même et qui, ayant pour origine le Père, viennent, sortent, se manifestent (ou même, le verbe étant pris dans ce dernier sens : procèdent) par le Fils (ou du Fils), cela apparaît clairement dans cet autre passage du même traité :

«Il faut croire fermement que le Fils, ayant communication essentielle des biens naturels du Père, possède l'Esprit de la même manière qu'on Le conçoit dans le Père [...] comme chacun de nous contient son propre souffle et le répand au-dehors, du plus intime de ses entrailles. C'est pourquoi [Jésus] fit une insufflation corporelle, montrant que, comme le souffle sort corporellement d'une bouche humaine, ainsi est épanché (προχεῖται) de l'essence divine, par un mode divin, l'Esprit qui [vient] de Lui[107].»

Les biens naturels désignent ici les propriétés ou qualités de la nature divine commune qui sont manifestées et communiquées comme énergies ou opérations. Un autre texte de Cyrille montre qu'il a en vue les énergies ou opérations divines, qui, en vertu de la communauté de nature des trois personnes divines, se manifestent et s'accomplissent à partir du Père, par le Fils dans le Saint-Esprit ou dans le Fils par le Saint-Esprit, ou encore du Fils dans ou par le Saint-Esprit :

«Le Christ appelle doigt de Dieu le Saint-Esprit qui, en quelque sorte, bourgeonne de la nature divine et y demeure suspendu comme le doigt par rapport à la main humaine. Car les Écritures appellent le Fils bras et main de Dieu. Donc comme le bras est naturellement co-adapté à tout le corps, opérant tout ce qui plaît à la pensée, et qu'il a l'habitude d'ordre en se servant pour cela du doigt, ainsi nous concevons d'une part le Verbe de Dieu comme surgissant de Dieu et en Dieu, et pour ainsi dire bourgeonnant en Dieu, et d'autre part l'Esprit procédant naturellement et essentiellement du Père dans le Fils, qui opère par Lui toutes les onctions sanctifiantes. Par conséquent il est

---

107. *In Io.*, IX, PG 74, 257CD.

évident que le Saint-Esprit n'est pas étranger à la nature divine mais procède d'elle et demeure en elle naturellement ; puisque le doigt corporel est dans la main et de même nature qu'elle, et qu'à son tour la main est dans le corps, non comme une substance étrangère, mais comme se rapportant à lui[108].»

L'image du doigt rattaché à la main et au bras montre bien comment dans l'opération (ou énergie) se manifeste la continuité de cette opération et l'unité de nature qui lui est sous-jacente.

On peut encore présenter d'autres textes de Cyrille où il affirme que l'Esprit vient du Père et du Fils, ou encore qu'Il est essentiellement issu des deux, ou qu'Il vient essentiellement de la nature divine, et qui doivent s'entendre dans le même sens que les précédents. Donnons-en pour exemples ces quatre textes souvent cités, dont le contexte est manifestement économique, et qui témoignent de l'unité de nature avec le Père et le Fils de l'Esprit envoyé aux hommes :

«Lorsque l'Esprit Saint est envoyé en nous, Il nous rend conformes à Dieu, car Il vient du Père et du Fils (πρόεισι ἐκ Πατρὸς καὶ Υἱοῦ) : il est évident qu'Il est de l'essence divine (τῆς θείας ἐστὶν οὐσίας), provenant essentiellement en elle et d'elle (οὐσιωδῶς ἐν αὐτῇ καὶ ἐξ αὐτῆς προϊόν)[109].»

«Il est l'Esprit de Dieu le Père et en même temps l'Esprit du Fils, Celui qui est essentiellement des deux, c'est-à-dire épanché du Père par le Fils (τὸ οὐσιωδῶς ἐξ ἀμφοῖν, ἤγουν ἐκ Πατρός δι' Υἱοῦ προχεόμενον Πνεῦμα)[110].»

«Il faut nécessairement confesser que l'Esprit est de l'essence du Fils (τῆς οὐσίας τοῦ Υἱοῦ). Existant de Lui selon la nature (ἐξ αὐτοῦ κατὰ φύσιν ὑπάρχον), Il est insufflé par Lui à la créature pour accomplir son renouvellement[111].»

---

108. *Thes.*, XXXIV, PG 75, 576C-577A.
109. *Ibid.*, 585A.
110. *Ador.*, I, PG 68, 148A.
111. *Thes.*, XXXIV, PG 75, 608B.

«[Le Christ], déliant du péché celui qui s'attache à Lui, répand de Son propre Esprit qu'Il envoie Lui-même en tant que Verbe [issu] de Dieu et fait sourdre en nous de Sa propre nature, et selon l'expression de Jean, "Il ne donne pas l'Esprit avec mesure" [Jn 20, 22 ; cf. 3, 34], mais Il L'envoie de Lui-même, exactement comme fait le Père[112].»

On peut remarquer en premier lieu dans tous ces textes que c'est d'une manière proche de celle des Pères latins que Cyrille souligne la consubstantialité divine du Fils contre les objections christologiques des ariens, et celle de l'Esprit contre les négations des pneumatomaques. Amené plus tard à réfuter la théorie de Nestorius selon laquelle l'Esprit par lequel le Christ était glorifié et accomplissait des miracles aurait été une puissance étrangère qu'Il aurait reçue lors de Son baptême, il insiste sur le fait que l'Esprit est l'Esprit propre du Fils, et il va, nous l'avons vu, jusqu'à affirmer que ce dernier est issu de la nature indicible du Verbe[113]. Ces formules ambiguës que l'on peut même qualifier de maladroites ont suscité une violente critique de la part de Théodoret de Cyr[114], ce qui a amené Cyrille à nuancer l'expression de sa pensée sur ce point[115] et à donner des preuves supplémentaires de sa parfaite orthodoxie, en indiquant notamment qu'il concevait l'Esprit Saint non comme ayant l'existence à partir du Fils, ou par le Fils, mais comme procédant du Père[116]. Comme l'a remarqué A. de Halleux

---

112. *Inc. unig.*, SC 97, p. 276.
113. *Contr. Nest.*, IV, 3, ACO t. I, 1, 6, p. 81-82.
114. Voir A. DE HALLEUX, «Cyrille, Théodoret et le *Filioque*», *Revue d'histoire eclésiastique*, 74, 1979, p. 597-625.
115. En écrivant notamment que «l'Esprit du Dieu et Père, qui procède de Lui, n'est pas étranger au Fils sous le rapport de l'essence» (*Ep.*, XXXIX, ACO, t. I, 1, 4, p. 19), ou encore que «l'Esprit Saint procède bien du Dieu et Père, selon la parole du Sauveur, mais Il n'est pas étranger au Fils, car Celui-ci a tout en commun avec le Père» (*Apol. contra Theod.*, 9, ACO, t. I, 1, 6, p. 135).
116. Cf. A. DE HALLEUX, «Cyrille, Théodoret et le *Filioque*», p. 608-610. Après les explications de Cyrille, THÉODORET se montrera satisfait : «Maintenant, les épîtres de Cyrille se parent d'un sain raison-

qui a soigneusement examiné ce débat, il apparaît que dans tous les cas Cyrille s'exprime «dans une visée d'économie et non de théologie trinitaire, c'est-à-dire qu'il entend désigner ce que les scolastiques appellent les missions temporelles et non les processions éternelles[117]» ; «Cyrille ne théologise jamais sur l'Esprit Saint que dans un contexte sotériologique[118]», et c'est le «caractère "physique" de la sotériologie alexandrine qui explique le mieux l'étrange "essentialisme" de certaines désignations que Cyrille, prolongeant le souci athanasien de l'homoousie, aime appliquer à l'Esprit Saint, au point de paraître en confiner au second plan le caractère subsistant ou personnel[119]». Un éminent spécialiste de Cyrille, G. M. de Durand, note dans le même sens que, «au fond, la grande préoccupation de Cyrille est de mettre en relief le rattachement indéfectible de l'Esprit à l'essence divine», de montrer que l'Esprit est au même niveau que le Père et le Fils et ne peut être une créature, et que la plupart des textes du grand Alexandrin «visent à déterminer la nature de l'Esprit, non Ses relations exactes avec les autres personnes[120]».

On peut remarquer en second lieu qu'en aucun cas Cyrille n'affirme que le Saint-Esprit aurait dans le Fils ou dans l'essence divine commune au Père et au Fils l'origine de Son existence personnelle[121], autrement dit que le Fils

---

nement évangélique. Car selon lui, l'Esprit Saint ne tire pas son existence du Fils ou par le Fils, mais procède du Père et est appelé propre au Fils en raison de Sa consubstantialité» (*Ep.*, CLXVI, PG 83, 1484C).

117. A. DE HALLEUX, «Cyrille, Théodoret et le *Filioque*», p. 614 ; voir le détail de l'argumentation p. 614-617. Voir aussi J. MEYENDORFF, «La Procession du Saint-Esprit chez les Pères orientaux», *Russie et chrétienté*, 2, 1950, p. 164-165. Cyrille va jusqu'à comprendre l'ekporèse elle-même dans un sens économique (cf. A. DE HALLEUX, p. 615).

118. A. DE HALLEUX, *op. cit.*, p. 614. Cette interprétation confirme celle de J. MEYENDORFF, *op. cit.*, p. 164-165.

119. A. DE HALLEUX, *op. cit.*, p. 616.

120. Introduction à CYRILLE D'ALEXANDRIE, *Dialogues sur la Trinité*, t. 1, SC 231, p. 66.

121. C'est aussi ce que conclut A. DE HALLEUX : on ne peut, «en dernière analyse, [...] compter Cyrille parmi les patrons de la thèse filio-

serait, selon l'hypostase ou selon l'essence, la cause du Saint-Esprit.

VIII. LA QUESTION
DES DIFFÉRENCES LINGUISTIQUES

Dans l'Opuscule théologique et polémique X, Maxime écrit que lorsque le pape Théodore et les théologiens de son entourage disent que l'Esprit Saint procède aussi du Fils, soit en latin : «*[ex Patre] et Filio* (ou *Filioque*) *procedit*», ils ne veulent pas dire que le Fils est la cause du Saint-Esprit mais veulent exprimer le fait que l'Esprit sort par le Fils, se conformant en cela à l'usage des Pères latins et de Cyrille.

Maxime note que la critique que leur font certains Byzantins est due à un malentendu linguistique. Ce malentendu tient à ce que là où les Byzantins utilisent couramment deux termes différents : ἐκπορεύεσθαι et προϊέναι, le premier pour désigner la procession (au sens strict) de l'Esprit à partir du Père, autrement dit le fait que l'Esprit tient Son existence personnelle du Père, le second pour désigner la sortie, autrement dit la manifestation, l'envoi ou la mission du Saint-Esprit à partir du Père par le Fils (ou du Père et du Fils), les Latins utilisent couramment le seul verbe *procedere* pour désigner ces deux réalités différentes[122]. Voulant exprimer en l'occurrence le second fait (la manifestation ou l'envoi de l'Esprit), ils ont simplement traduit le latin *procedit* par son équivalent grec immédiat ἐκπορεύεσθαι sans penser que ce verbe allait être immédia-

---

quiste d'une relation d'origine intradivine, rapportant au Fils l'existence personnelle de l'Esprit» (*op. cit.*, p. 617).

122. Ils utilisent aussi parfois ce verbe, dans un sens plus large encore, pour désigner la génération du Fils, ce qui leur permet de dire que le Fils et l'Esprit Saint procèdent tous deux du Père. Il est à noter que CYRILLE D'ALEXANDRIE utilise aussi parfois le verbe ἐκπορεύεσθαι pour désigner la génération du Fils (cf. *In Io.*, X, 15, PG 74, 420A).

tement compris par les Byzantins comme se référant à l'origine de l'Esprit quant à Son existence personnelle. Pour exprimer ce qu'ils voulaient dire en respectant la terminologie byzantine courante, ils auraient dû dire πρόεισι δι'Υἱοῦ (ou même : κἀκ τοῦ Υἱοῦ) τὸ Πνεῦμα au lieu de dire : ἐκπορεύεσθαι κἀκ τοῦ Υἱοῦ τὸ Πνεῦμα.

Il faut cependant se garder d'élaborer, sur la base de cette différence de terminologie entre les Latins et les Grecs, une théorie systématique[123]. S'il est vrai que le sens large que les Latins donnent au verbe *procedere* rend certains de leurs textes ambigus et accroît les difficultés d'interprétation, le contexte permet le plus souvent de décider du sens. D'autre part l'usage grec n'a pas, quoi qu'on en ait dit, de caractère absolu. Il est vrai que les Pères grecs utilisent le plus souvent le verbe ἐκπορεύεσθαι quand ils veulent affirmer que l'Esprit tient du Père son existence personnelle (procède de Lui au sens strict), et qu'ils utilisent plutôt le verbe προϊέναι lorsqu'ils veulent affirmer que le Saint-Esprit vient du Père par le Fils (est manifesté par Lui, soit éternellement, soit temporellement dans le monde où Il est envoyé et donné), mais on trouve à cela des exceptions. Ainsi par exemple, saint Grégoire de Nazianze utilise le second verbe dans le premier cas[124] de même que saint Cyrille d'Alexandrie, qui dit par ailleurs tenir le verbe προχεῖσθαι pour un équivalent de ἐκπορεύεσθαι[125]. D'autre part, saint Jean Damascène, pourtant très soucieux de précision, utilisera le premier verbe dans le second cas[126], de même que saint Maxime lui-même[127].

On peut quoi qu'il en soit difficilement s'autoriser de cette différence généralement établie dans le vocabulaire

---

123. Comme le fait J.-M. GARRIGUES, croyant ainsi résoudre le problème du *Filioque* par la réunion de deux points de vue qu'il considère comme complémentaires. Voir *infra* note 128.

124. *Or.*, XX, 11, SC 270, p. 78 ; XXX, 19, SC 250, p. 266 ; XXXIX, 12, SC 358, p. 174

125. Cf. *Ep.*, IV, PG 77, 316D.

126. *De fide orth.*, I, 12, PTS 12, p. 36.

127. *Thal.*, LXIII, PG 90, 672C, CCSG 22, p. 155 (texte cité *infra*, p. 161).

des Latins et des Grecs pour considérer que serait faite ici une distinction entre la procession hypostatique du Saint-Esprit du Père seul, et la communication à l'Esprit de l'essence divine du Père par le Fils[128], car la théologie des Cappadociens (qui s'est largement imposée en Orient) et plus encore celle de Maxime n'admettent pas une telle dissociation de l'hypostase et de l'essence, tant dans la procession de l'Esprit que dans la génération du Fils dont ils considèrent dans l'un et l'autre cas que le Père est la seule source. La monarchie du Père, sur laquelle insistent les Cappadociens, signifie pour eux non seulement que le Père est seul principe et cause du Fils et du Saint-Esprit, mais qu'Il est aussi le seul principe de leur différence hypostatique (étant la cause du Fils par engendrement et celle de l'Esprit par procession ou projection) et en même temps le seul principe de leur identité de nature[129], étant la seule

---

128. Idée défendue par J.-M. GARRIGUES dans «Le Sens de la procession du Saint-Esprit dans la tradition latine du premier millénaire», *Contacts*, 23, 1971, p. 283-309, «Procession et ekporèse du Saint-Esprit», *Istina*, 17, 1972, p. 345-366, et dans «Point de vue catholique sur la situation actuelle du problème du *Filioque*», dans L. VISHER (éd.), *La théologie du Saint-Esprit dans le dialogue entre l'Orient et l'Occident* (Document foi et consitution n° 103), Paris, 1981, p. 165-178. Celui-ci considère que l'Esprit tient Son existence hypostatique de l'ekporèse du Père tandis qu'Il tiendrait Son être consubstantiel du Père et du Fils, parlant à propos de cette seconde procession d'une «procession de et dans l'essence divine» et d'une «communication de la consubstantialité intra-divine à l'Esprit par le Père et le Fils». C'est en substance cette théorie de J.-M. Garrigues, que reprend, en s'inspirant directement de ses articles précédemment cités, la *Clarification du conseil pontifical pour la promotion de l'unité des chrétiens* intitulée «Les Traditions grecque et latine concernant la procession du Saint-Esprit». Cette théorie — qui reste tributaire de la doctrine latine du *Filioque* selon laquelle le Saint-Esprit procède de l'essence commune (du Père et du Fils ou du Père par le Fils) — paraît inacceptable à la plupart des patrologues orthodoxes, mais aussi à un patrologue catholique aussi éminent que A. DE HALLEUX qui a fait une vigoureuse critique de l'interprétation de J.-M. Garrigues dans «Du personnalisme en pneumatologie», *Revue théologique de Louvain*, VI, 1975, p. 21-23.

129. Voir par exemple GRÉGOIRE DE NAZIANZE, *Disc.*, XX, 7, SC 270, p. 70 ; XXXI, 14, SC 250, p. 302-304.

source de la divinité que l'un et l'autre reçoivent de Lui seul[130]. Maxime quant à lui affirme qu'une hypostase ne peut aucunement exister sans essence[131]. L'idée d'une dérivation de l'Esprit selon l'essence à partir du Père et du Fils est d'autre part loin d'être commune à tous les Pères latins[132] ; elle se trouve chez Tertullien (dont nous avons déjà dit que la triadologie très imparfaite ne pouvait pas être considérée comme ayant une valeur normative, même pour l'Occident) et d'une autre façon chez saint Augustin et ses disciples. Et nous avons pu constater en examinant les positions de Cyrille (qui n'a cependant été que peu marqué par l'influence des Cappadociens) qu'une telle conception n'était pas non plus la sienne, bien que dans son usage de la langue grecque il fasse preuve d'ambiguïtés analogues à celle dont les Pères latins font preuve dans leur propre langue.

Il nous semble d'ailleurs qu'il ne convient pas d'accorder une importance exclusive aux problèmes de vocabulaire en ce qui concerne la question de la procession du Saint-Esprit : c'est à tort que certains théologiens, tant orientaux[133] qu'occidentaux[134], pensent pouvoir expliquer

---

130. On doit seulement faire la distinction suivante : le Père *cause* l'hypostase du Saint-Esprit, tandis qu'Il Lui *communique* l'essence divine, de même que, parallèlement, Il *cause* l'hypostase du Fils et Lui *communique* l'essence divine, car sinon Il serait cause de sa propre essence, l'essence qu'Il communique étant la Sienne. Le mot «source», souvent utilisé, est propre à préserver cette distinction en incluant ses deux termes.

131. Voir *Th. Pol.*, XXIII, PG 91, 261C-264A. Ce principe sera réaffirmé notamment par JEAN DAMASCÈNE (*De fide orth.*, III, 9, PTS 12, p. 128). L'Esprit Saint reçoit du Père Son essence en même temps qu'Il reçoit de Lui Son hypostase, et ainsi en est-il du Fils, parallèlement. Les Pères grecs disent ainsi souvent que le Saint-Esprit procède de l'essence du Père, ou de l'essence divine selon l'hypostase du Père.

132. Comme le voudrait J.-M. Garrigues.

133. Comme V. RODZIANKO («*Filioque* in Patristic Thought», *Studia Patristica*, 2, 1955, p. 295-308), dans une perspective différente de celle de J.-M. Garrigues.

134. Comme J.-M. GARRIGUES dans les deux articles cités à la note 128.

les divergences dogmatiques qui existent à ce sujet par des différences terminologiques, et toute solution apportée à un plan purement linguistique risque d'être artificielle et illusoire[135]. Il est à noter que, dans sa lettre, Maxime met en cause des malentendus semblables en ce qui concerne le péché ancestral : sa remarque sur la difficulté de traduire adéquatement certaines formules d'une langue dans une autre figure après l'examen des deux questions controversées et elle s'applique à toutes les deux et pas seulement à la première.

Dans les deux cas Maxime manifeste justement une capacité de dépasser les formes d'expression au profit de leur sens profond. La relative diversité d'expression, tant parmi les Pères grecs que parmi les Pères latins, invite d'ailleurs déjà par elle-même à un tel dépassement ; mais encore faut-il, pour ne pas se perdre dans les textes, disposer d'une grille de lecture adéquate, dont Maxime ici nous présente quelques principes de base.

IX. L'INTERPRÉTATION DE MAXIME
À LA LUMIÈRE DE SA PROPRE TRIADOLOGIE

La triadologie de Maxime reste très peu développée. La question même de la procession du Saint-Esprit n'est abordée qu'à quatre reprises dans toute son œuvre et en de très courts passages. Le laconisme du Confesseur tient sans doute à son souci de préserver le mystère d'une réalité qui échappe à toute compréhension humaine, souci que manifestaient également à un haut degré ses maîtres Grégoire de Nazianze[136] et Denys l'Aréopagite, mais aussi Basile de Césarée. Dans les *Ambigua*, qui est l'une de ses œuvres où il s'étend le plus sur la triadologie, il affirme à deux reprises

---

135. Comme le fait remarquer A. DE HALLEUX, «Du personnalisme en pneumatologie», p. 21-23.
136. Cf. *Or.*, XXXI, 8, SC 250, p. 290.

que la génération du Fils est ineffable[137], il ne s'exprime à aucun moment sur la procession du Saint-Esprit et, à propos des personnes divines, il se refuse ouvertement à élaborer un discours sur les causes (αἰτιολογία[138]). C'est dans des œuvres précédentes, les *Quaestiones et dubia*, le *Commentaire du «Notre Père»*, les *Quaestiones ad Thalassium* et les *Quinze chapitres* que Maxime évoque brièvement cette question.

1. Dans les *Quinze chapitres*, il note :

«Il y a un seul Dieu, Père, engendreur d'un seul Fils, et source d'un seul Esprit Saint : Unité sans confusion et Trinité sans division : Intelligence sans commencement, unique Engendreur de l'unique Verbe par essence sans commencement (μόνου μόνος οὐσιωδῶς ἀνάρχου Λόγου Γεννήτωρ), et source de l'unique Vie éternelle, c'est-à-dire de l'Esprit Saint (μόνης ἀϊδίου Ζωῆς, ἤγουν Πνεύματος ἁγίου, πηγή[139]).»

Il est clair que dans ce passage Maxime, d'une part considère le Père comme la seule source du Saint-Esprit, et d'autre part présente comme parallèles ou symétriques la génération du Fils et la procession du Saint-Esprit, autrement dit ne fait pas apparaître le Fils comme un intermédiaire dans la procession de l'Esprit Saint.

2. Dans le *Commentaire du «Notre Père»*, Maxime explique ainsi les paroles «Notre Père, qui es aux cieux, que ton Nom soit sanctifié, que ton Règne vienne» :

«Tout d'abord par ces mots le Seigneur enseigne à ceux qui prient de commencer comme il convient par la *theologia*, et Il les conduit au mystère du mode d'existence de la Cause créatrice des êtres, Lui qui est par essence la cause des êtres. En effet, les mots de la prière montrent le Père, le Nom du Père et le Règne du Père pour nous enseigner dès le commencement à adorer la Trinité une. Car le Nom de

137. *Amb. Io.*, PG 91, 1264B et 1268B.
138. A*mb. Th.*, PG 91, 1036B.
139. *Cap. XV*, 4, PG 90, 1180A.

Dieu le Père qui existe essentiellement (οὐσιωδῶς ὑφεστώς), c'est le Fils Unique ; et le Règne de Dieu le Père qui existe essentiellement (οὐσιωδῶς ὑφεστῶσα), c'est l'Esprit Saint. En effet, ce qu'ici Matthieu appelle Règne, un autre évangéliste l'appelle ailleurs Esprit Saint : "Que vienne ton Esprit Saint et qu'il nous purifie" (cf. Lc 11, 2). En effet, le Père n'a pas reçu le Nom par la suite, et nous ne devons pas penser le Règne comme une dignité considérée postérieurement à Lui. Car Il n'a pas commencé à être pour commencer aussi à être Père ou Roi, mais Lui qui est toujours Il est aussi toujours Père et Roi, n'ayant absolument pas commencé à être, ni à être Père ou Roi. Et si Lui qui est toujours, Il est aussi toujours Père et Roi, alors aussi toujours le Fils et l'Esprit Saint ont coexisté essentiellement avec le Père (ἀεὶ ἄρα καὶ ὁ Υἱὸς καὶ τὸ Πνεῦμα τὸ ἅγιον οὐσιωδῶς τῷ Πατρὶ συνυφεστήκασιν), étant de Lui et en Lui naturellement (ἐξ αὐτοῦ τὲ ὄντα καί ἐν αὐτῷ φυσικῶς), au-delà d'une cause et d'une raison, mais Ils ne sont pas après Lui, comme s'Ils étaient advenus postérieurement du fait d'une cause. Car la relation possède la capacité d'indiquer en même temps ceux dont elle est et est dite relation (ἡ γὰρ σχέσις συνενδείξεως κέκτηται δύναμιν, τὰ ὧν ἐστί τε καὶ λέγεται σχέσις), en ne permettant pas qu'ils soient considérés l'un après l'autre[140].»

Dans ce passage, Maxime souligne que le Fils et le Saint-Esprit existent de toute éternité l'un et l'autre à partir du Père et en Lui. Il indique par là que le Fils n'a pas existé postérieurement au Père et que le Saint-Esprit n'a pas existé postérieurement au Père et au Fils. Le Père qui est aussi Roi, en tant que Père et Roi l'est en quelque sorte immédiatement. Cela signifie non seulement qu'il n'y a pas de distance temporelle entre l'existence du Père, l'engendrement du Fils et la procession du Saint-Esprit, mais que l'ordre Père, Fils et Saint-Esprit qui est celui de la confession de foi et de la prière n'est pas celui de l'existence des personnes *in divinis*. Dans ce texte, le Fils n'apparaît nullement comme un intermédiaire entre le Père et le Saint-Esprit, mais le Fils et le Saint-Esprit sont situés sur le même plan non seulement l'un que l'autre, mais que le Père en ce qui concerne leur existence. Le Père est néanmoins considéré

---

140. *Pater*, PG 90, 884A-C, CCSG 23, p. 40-42.

comme le principe de l'un et de l'autre, mais Maxime refuse ici d'utiliser la notion de cause dans la mesure où, envisageant la causalité en son sens ordinaire et selon le point de vue de ce monde, on serait porté à considérer l'effet comme postérieur à la cause. En disant que le Fils et l'Esprit Saint ont coexisté *essentiellement* avec le Père et qu'Ils sont de Lui et en Lui *naturellement*, Maxime insiste sur la parfaite égalité et sur l'identité de situation du Père du Fils et de l'Esprit en tant qu'Ils ont une même essence ou une même nature[141], le Fils et l'Esprit tenant du Père et ayant en Lui cette nature[142] qu'Ils ont en commun avec Lui et qui est unique. Ces considérations sont cependant présentées dans un contexte qui apparaît à plusieurs titres comme globalement économique[143] : il s'agit d'une prière où est demandée la grâce de Dieu ; Dieu est présenté en relation avec les êtres comme la Cause de ceux-ci. On remarquera aussi que l'appellation de «Nom» rapportée au Fils et celle de «Règne» rapportée au Saint-Esprit ne sont pas propres à leurs hypostases respectives : il s'agit en fait de noms divins, ou encore d'énergies divines, Maxime présentant d'ailleurs le Règne comme une «dignité». Le fait que Maxime considère que l'appellation de «Règne» équivale à celle d'«Esprit Saint» dans le contexte de cette parole de l'Écriture : «Que vienne ton Esprit Saint et qu'il nous purifie» semble confirmer qu'il s'agit de l'Esprit

---

141. Pour Maxime, essence et nature sont synonymes (cf. *Th. Pol.*, XIV, PG 91, 149B).

142. On voit clairement ici que J.-M. Garrigues ne peut prétendre, pour justifier sa théorie selon laquelle le Saint-Esprit recevrait Son essence ou Sa nature du Père et du Fils, s'appuyer sur Maxime, pour qui le Saint-Esprit tient, de même que le Fils, Son essence ou Sa nature du Père seul.

143. J.-M. GARRIGUES, qui ne cite que la fin du texte après l'avoir séparé de son contexte, soumis à des coupures et avoir infléchi son sens dans la traduction qu'il en propose («subsiste essentiellement» au lieu de «coexisté essentiellement», «montrer l'un dans l'autre» au lieu de «indiquer en même temps»), en donne une interprétation qui est en décalage manifeste par rapport à la pensée de Maxime («À la suite de la clarification romaine : le *Filioque* affranchi du "filioquisme"», *Irénikon*, 59, 1996, p. 196).

Saint en tant que grâce ou énergie, de même qu'elle confirme que le contexte est économique : celui de la communication des énergies ou de la grâce divine aux hommes[144].

Un autre passage du Commentaire du «Notre Père» mérite d'être signalé :

«Tout entier était le Père, et tout entier était l'Esprit Saint, essentiellement (οὐσιωδῶς) et parfaitement dans le Fils tout entier, même incarné, eux-mêmes n'étant pas incarnés, [...] puisqu'en effet le Verbe est demeuré [ce qu'Il était], pénétré selon l'essence (κατ' οὐσίαν χωρούμενος) par nul autre absolument que le seul Père et l'Esprit, même après avoir accompli [...] l'union selon l'hypostase avec la chair[145].»

Ce texte fait apparaître la réciprocité de la périchorèse des Personnes divines : ce n'est pas seulement l'Esprit Saint qui est (ou existe) dans le Fils (comme le soulignent parfois unilatéralement les commentateurs favorables à la doctrine filioquiste dans le but de d'affirmer la dépendance de l'Esprit à l'égard du Fils), mais le Père et le Fils qui sont dans l'Esprit Saint, cette périchorèse ou pénétration mutuelle des Personnes étant due à l'unicité et à la communauté de leur essence, comme Maxime l'indique en précisant «essentiellement» et «selon l'essence». Le Confesseur souligne en outre par deux fois que cette périchorèse vaut sur le plan de l'économie (que ce passage a en vue) comme elle vaut sur le plan de la théologie où, comme il le dit ailleurs, «le Père tout entier est parfaitement dans le Fils tout entier et l'Esprit tout entier ; le Fils tout entier est parfaitement dans le Père tout entier et le Fils tout entier ; et l'Esprit Saint est tout entier parfaitement dans le Père tout entier et dans le Fils tout entier[146]».

---

144. Sur ce dernier point, voir notre étude : *La Divinisation de l'homme selon saint Maxime le Confesseur*, Paris, 1996.

145. *Pater*, PG 90, 876C-D, CCSG 23, p. 31-32.

146. *Th. Ec.*, II, 1, PG 90, 1125BC.

3. Dans les *Quaestiones et dubia*, à la question : «Pourquoi le Christ ne peut-il pas être dit [Christ] de l'Esprit de même qu'au sujet du Père et du Fils où l'on dit au contraire Esprit de Dieu et Esprit du Christ ?», Maxime répond :

«De même que l'intellect est la cause de la parole, de même l'est-il du souffle par l'intermédiaire de la parole ; et de même que nous ne pouvons dire que la parole est [parole] de la voix, de même ne pouvons-nous dire que le Fils est [Fils] de l'Esprit (῞Ωσπερ ἐστὶν αἴτιος τοῦ λόγου ὁ νοῦς, οὕτως καὶ τοῦ πνεύματος, διὰ μέσου δὲ τοῦ λόγου· καὶ ὥσπερ οὐ δυνάμεθα εἰπεῖν τὸν λόγον εἶναι τῆς φωνῆς, οὕτως οὐδὲ τὸν υἱὸν λέγειν τοῦ πνεύματος[147]).»

La deuxième partie de ce passage semble indiquer, en correspondance avec la formulation de la question, que Maxime a en vue non pas les relations d'origine[148], mais les relations d'«appartenance» : l'Esprit est «Esprit du Fils» ou «Esprit du Christ», expressions que l'on trouve dans les saintes Écritures (*cf.* 1 Co 2, 16 ; 2 Co 3, 17-18 ; Rm 8, 9) et qui ne signifient pas que l'Esprit tienne du Fils son existence personnelle ni même sa nature divine, mais que l'Esprit est au Fils qui L'a reçu du Père pour Le manifester et L'envoyer et Le donner aux hommes. En tant qu'issu du Père et que manifesté, envoyé ou donné par le Fils, l'Esprit peut être considéré comme étant «causé» par l'intermédiaire du Fils. C'est dans ce sens que la comparaison utilisée par Maxime indique que le Père est la cause de l'Esprit par l'intermédiaire du Fils de même que l'intellect est la cause du souffle ou de la voix par l'intermédiaire de la parole. La nature même du symbole utilisé montre clairement que Maxime évoque à cet endroit la manifestation

---

147. *Qu. D.*, I, 34, CCSG 10, p. 151.
148. Contrairement à ce qu'affirment A. PALMIERI, «Esprit Saint», col. 794 ; V. GRUMEL, «Maxime de Chrysopolis ou Maxime le Confesseur», *Dictionnaire de théologie catholique*, t. X, 1928, col. 458 ; et G. C. BERTHOLD, «Maximus the Confessor and the *Filioque*», *Studia Patristica*, XVIII/1, 1985, p. 114.

de l'Esprit. La cause ne désigne aucunement ici le principe ou la source de l'existence personnelle de l'Esprit sinon Maxime serait en contradiction avec le principe qu'il énonce dans l'Opuscule X, à savoir qu'on ne peut considérer dans ce dernier sens le Fils comme la cause de l'Esprit Saint[149].

4. Dans le chapitre 63 des *Questions à Thalassios*, commentant Za 4, 2 : «J'ai une vision : c'est un chandelier tout en or, muni d'un réservoir à la partie supérieure et, tout en haut, de sept lampes et de sept becs pour ces lampes», Maxime écrit :

«Je comprends qu'ici la sainte Écriture parle des énergies du Saint-Esprit, donc des charismes de l'Esprit, qu'il appartient au Verbe d'accorder à l'Église en tant que tête de tout le corps. "L'Esprit de Dieu reposera sur Lui, esprit de sagesse et d'intelligence, esprit de conseil et de force, esprit de connaissance et de piété ; et Il Le remplira d'esprit de crainte de Dieu" (Is 11, 2-3). Si la tête de l'Église, selon la pensée de l'humanité, c'est le Christ, alors Celui qui par nature, en tant que Dieu, a l'Esprit, accorde à l'Église les énergies de l'Esprit. C'est en effet pour moi que le Verbe est devenu homme, pour moi aussi qu'Il a accompli tout le salut, qu'à travers ce qui est mien Il m'a attribué ce qui selon la nature Lui était propre. Par ce qu'Il a étant devenu homme et comme le tenant de moi, Il manifeste ce qui Lui est propre, et Il S'attribue à Lui-même la grâce qu'Il me fait en tant qu'ami de l'homme, Il inscrit à mon propre crédit la puissance de vertus qui Lui est propre par nature. À cause de quoi Il est dit encore recevoir ce que par nature Il possède sans commencement et au-delà de toute raison. Car de même que l'Esprit Saint existe selon l'essence [comme Esprit] de Dieu le Père, de même par nature selon l'essence est-Il [Esprit] du Fils, en tant que procédant ineffablement du Père, essentiellement, par le Fils engendré (τὸ γὰρ Πνεῦμα τὸ ἅγιον, ὥσπερ φύσει κατ' οὐσίαν ὑπάρχει τοῦ θεοῦ καὶ Πατρός, οὕτως καὶ τοῦ Υἱοῦ φύσει κατ' οὐσίαν ἐστίν, ὡς

---

149. On trouve une expression semblable du même fait chez saint GRÉGOIRE DE NYSSE : «nous sommes amenés par l'Écriture à croire que Dieu le Fils unique est l'auteur et la cause (ἀρχηγὸν καὶ αἴτιον) de la distribution des biens que l'Esprit opère (ἐνεργουμένων)» (chez BASILE DE CÉSARÉE, *Ep.*, XXXVIII, 4, éd. Courtonne, p. 84).

ἐκ τοῦ Πατρὸς οὐσιωδῶς δι' Υἱοῦ γεννηθέντος ἀφράστως ἐκπορευόμενον), et donnant au chandelier, c'est-à-dire l'Église, Ses propres énergies comme des lampes[150].»

Ce texte est le plus connu de ceux que nous avons cités. Le passage pour lequel nous avons donné le texte grec est régulièrement invoqué par les partisans de la doctrine latine du *Filioque* comme s'accordant avec elle[151]. Pris isolément, il peut paraître aller dans ce sens, mais le contexte est suffisamment clair pour exclure une telle interprétation car il est manifestement économique. Il s'agit en effet très claire-ment ici des dons ou charismes du Saint-Esprit qui sont ac-cordés par le Christ à ceux qui sont dans l'Église les membres du corps dont Il est la tête. Ces dons du Saint-Esprit sont envoyés par le Christ en tant que par nature (ayant la même nature divine que le Père et le Saint-Esprit) Il les possède Lui-même. Ce sont autrement dit les énergies (on notera que Maxime utilise cette fois ce terme, et à plu-sieurs reprises) de la nature divine possédées en commun par le Père, le Fils et le Saint-Esprit et qui sont communi-quées du Père par le Fils dans le Saint-Esprit. C'est dans ce contexte que doit être comprise la fin du passage dont la forme semble inspirée du style de Cyrille (dont Maxime fut un lecteur attentif). Le mot ἐκπορευόμενον (procédant) est ici utilisé comme un synonyme de προϊὸν (sortant), ce qui montre qu'en la matière, comme nous l'avons déjà noté, le

---

150. *Thal.*, 63, PG 90, 672C-D, CCSG 22, p. 155.
151. Voir A. PALMIERI, «Esprit Saint», col. 794 ; V. GRUMEL, «Maxime de Chrysopolis ou Maxime le Confesseur», col. 458 ; J.-M. GARRIGUES, «Procession et ekporèse du Saint-Esprit», p. 367 ; «À la suite de la clarification romaine : le *Filioque* affranchi du "filioquisme"», p. 211 ; *Clarification du conseil pontifical pour la promotion de l'unité des chrétiens*, «Les traditions grecques et latines concernant la procession du Saint-Esprit», p. 942. Le cardinal BESSARION défendait déjà cette idée (cf. *Oratio dogmatica pro unione*, PG 161, 570-571). Ces interprétations latines sont caractéristiques non seulement du refus de distinguer sur le plan théologique ce qui relève de l'essence et ce qui relève des énergies, mais encore de la confusion du plan économique avec le plan théologique.

vocabulaire des Pères grecs n'est pas rigide. On voit que Maxime était bien placé pour comprendre que le pape auquel il fait allusion et les théologiens latins sur lesquels ce dernier s'appuyait entendaient l'expression ἐκπορεύεσθαι κἀκ τοῦ Υἱοῦ comme un équivalent de τὸ δι'αὐτοῦ προϊέναι, et pour ne pas faire lui-même la confusion que faisaient les théologiens byzantins qui accusaient à tort d'hérésie les Lettres synodiques du pape Théodore. Il est clair qu'il ne s'agit pas ici de relations d'origine : Maxime ne dit pas que l'Esprit est issu du Fils en tant qu'Il existerait à partir du Fils ; il ne dit même pas qu'Il est issu du Père en tant qu'Il tiendrait son existence personnelle de Lui, ou en tant que le Père serait Sa cause, mais qu'Il existe selon l'essence comme Esprit du Père et qu'Il existe aussi par nature selon l'essence comme Esprit du Fils. L'affirmation qu'Il procède du Père essentiellement par le Fils ne signifie pas qu'Il reçoive Son existence personnelle du Fils, ni même qu'Il reçoive Son essence du Fils ou par le Fils[152], mais que, comme l'indique ce qui précède, en tant qu'énergie qui se rapporte à l'essence commune et qui est manifestée et donnée dans l'Église, Il sort, S'épanche, vient (ou même si l'on veut : procède) du Père par le Fils.

X. RÉCAPITULATION

L'affirmation que «le Saint-Esprit procède aussi du Fils», comprise par Maxime comme équivalant à l'affirmation que «le Saint-Esprit vient par le Fils», paraît au total susceptible, à ses yeux, de recevoir un sens orthodoxe essentiellement dans un contexte économique. C'est dans un tel contexte qu'elle se situe le plus souvent dans la pensée des premiers Pères latins, des Pères grecs (y compris saint

---

152. Comme le voudrait J.-M. GARRIGUES, «Procession et ekporèse du Saint-Esprit», p. 367 ; «À la suite de la clarification romaine : le *Filioque* affranchi du "filioquisme"», p. 211.

Cyrille[153]) et dans la triadologie de Maxime lui-même. Elle signifie que l'Esprit Saint est manifesté, envoyé, communiqué, insufflé, donné aux hommes qui en sont dignes par le Fils en tant qu'Il est à Lui, soit que l'on considère qu'Il L'a reçu du Père pour Le manifester et Le communiquer, soit que l'on considère — et cette connotation est importante dans le texte de l'Opuscule X — qu'Il repose sur Lui ou qu'Il est en Lui en tant que Dieu, c'est-à-dire qu'Il est de même nature que Lui et que tous deux sont de même nature que le Père. L'affirmation que l'Esprit Saint vient ou sort par le Fils, ou même l'affirmation, entendue dans le même sens que la précédente, qu'Il vient, sort ou si l'on veut procède du Fils, signifie donc en même temps l'unité d'essence ou, comme le dit Maxime, la connexion et la non-séparation de l'essence, c'est-à-dire témoigne du fait que l'Esprit Saint est manifesté ou envoyé et donné à partir du Père, le Fils n'étant pas, dans cet envoi et cette manifestation, séparé du Père, mais étroitement uni à Lui selon l'essence, et l'Esprit Lui-même n'étant pas séparé du Fils mais étant au contraire étroitement uni à Lui quant à l'essence, ou même étant identique à Lui en tant qu'Il est manifesté et donné selon l'énergie, cette énergie selon laquelle Il est manifesté étant aussi celle du Père et du Fils puisqu'elle est celle de l'unique essence des trois personnes divines.

On notera que c'est bien dans un contexte économique qu'a interprété l'Opuscule théologique et polémique X ce-

---

153. Notons au passage que c'est non seulement le verbe προΐημι que les Pères grecs rapportent généralement à la mission (ou la procession *ad extra*) du Saint-Esprit (cf. V. LOSSKY, *Essai sur la théologie mystique de l'Église d'Orient*, Paris, 1944, p. 155), mais également l'expression «par le Fils» (*ibid.*, p. 55). Si saint GRÉGOIRE DE NAZIANZE et saint BASILE DE CÉSARÉE (voir cependant *De Spir. Sancto*, XVIII, 45, SC 17 *bis*, p. 408, 24-25) hésitent à utiliser cette formule de crainte d'alimenter l'argumentation des subordinatiens pneumatomaques (cf. A. DE HALLEUX, «"Manifesté par le Fils", Aux origines d'une formule pneumatologique», *Revue théologique de Louvain*, 20, 1989, p. 16-18), on trouve l'expression chez Grégoire de Nysse qui en apparaît comme le véritable promoteur (*ibid.*, p. 18).

lui qui l'a traduit et contracté, Anastase le Bibliothécaire, dont il faut rappeler qu'il fut secrétaire des papes Nicolas Ier, Hadrien II et Jean VIII et qu'il joua un rôle important dans la politique de l'Église romaine lors de l'affaire photienne. Celui-ci écrit :

«Saint Maxime fait comprendre que les Grecs nous accusent faussement, car nous ne disons pas que le Fils est cause ou principe de l'Esprit Saint, comme ils le prétendent, mais prenant en considération l'unité de substance du Père et du Fils, nous reconnaissons qu'Il procède du Fils, comme du Père, mais en comprenant certainement le mot "procession" dans le sens de "mission" *(missionem nimirum processionem intelligentes)* : saint Maxime traduit pieusement et engage ceux qui connaissent les deux langues à la paix, car il est évident qu'il enseigne à nous, comme aux Grecs, que le Saint-Esprit d'une certaine manière procède du Fils et d'une autre manière n'en procède pas *(secundum quiddam procedere, secundum quiddam non procedere Spiritum Sanctum ex Filio)*, en montrant la difficulté de traduire d'une langue à une autre Sa propriété[154].»

On voit ici qu'Anastase comprend dans un sens économique non seulement la formule latine, mais également la formule grecque à laquelle·Maxime la ramène quant à ce que le pape Théodore entend signifier par elle : «ils ont voulu manifester le fait [pour l'Esprit] de sortir par [le Fils] (τὸ δι'αὐτοῦ προϊέναι).»

On peut cependant considérer que cette interprétation économique renvoie à une interprétation théologique, non en tant que l'ordre et le mode de la manifestation des personnes divines correspondrait à leur ordre d'existence personnelle *in divinis* comme le prétend la théologie latine filioquiste, mais en tant que l'Esprit Saint est communiqué et manifesté comme énergie, non seulement temporellement dans le monde pour être attribué comme grâce ou don aux hommes qui en sont dignes, mais aussi éternellement et indépendamment de toute réalité créée, «en dehors» de

---

154. *Ad Io. diac.*, PL 129, 560C-561A.

l'essence divine (ou «autour» d'elle, comme le disent souvent les Pères, notamment saint Grégoire de Nysse et saint Maxime[155]), et aussi en elle. Dans l'un et l'autre cas l'Esprit Saint qui, issu du Père, est au Fils, repose sur Lui et est en Lui, et est manifesté par Lui. Dans le second cas, l'affirmation que «l'Esprit Saint vient par le Fils» désigne la manifestation et le resplendissement éternels *ad extra* des énergies divines, du Père, par le Fils, dans le Saint-Esprit, mais aussi leur communication *ad intra* selon le même ordre, dans le mouvement de la périchorèse.

Ce sens théologique — qui se rencontre moins souvent chez les Pères que le sens économique, mais sur lequel nous voudrions nous arrêter car il reste sujet à controverse — a été particulièrement souligné à la fin du XIIIe siècle par saint Grégoire de Chypre[156], puis au XIVe siècle par saint Grégoire Palamas[157]. Mais on en trouve indéniablement un fondement dans diverses expressions utilisées par les Pères grecs antérieurs, et cela dès le IIIe siècle[158]. Ainsi saint Grégoire de Nysse — auquel il nous paraît nécessaire de consacrer un petit développement, car Maxime fut un lecteur attentif de son œuvre et s'en inspira souvent — attribue-t-il à Grégoire le Thaumaturge, disciple d'Origène, cette formule : «Un seul Esprit Saint, ayant son existence de Dieu et manifesté par le Fils[159]», cette manifestation pouvant

---

155.Voir notre étude *La Divinisation de l'homme selon saint Maxime le Confesseur*, p. 503-508.

156. Cf. M. A. ORPHANOS, «La Procession du Saint-Esprit selon certains Pères grecs postérieurs au VIIIe siècle», dans L. VISHER (éd.), *La théologie du Saint-Esprit dans le dialogue entre l'Orient et l'Occident*, Paris, 1981, p. 33-37 ; A. PAPADAKIS, *Crisis in Byzantium. The "Filioque" Controversy in the Patriarchate of Gregory II of Cyprus* (1283-1289), New York, 1983 ; B. SCHULZE, «Patriarch Gregorios II von Cypern über das Filioque», *Orientalia christiana periodica*, 51, 1985, p. 178-186.

157. Voir notre Introduction à GRÉGOIRE PALAMAS, *Traités apodictiques*, Paris-Suresnes, 1995.

158. Cf. A. DE HALLEUX, «"Manifesté par le Fils". Aux origines d'une formule pneumatologique», p. 3-31.

159. C. P. CASPARI, «Alte und neue Quellen zur Geschichte des Taufsymbols und der Glaubensregel», *Christiana*, 1879, p. 8.

être entendue comme temporelle et économique, mais aussi comme éternelle[160]. Cela semble confirmé par un autre passage de saint Grégoire de Nysse où il explique que la propriété de l'Esprit vis-à-vis du Père et du Fils consiste non seulement «dans le fait de ne pas exister comme monogène à partir du Père», mais aussi «dans le fait d'apparaître par le Fils Lui-même (δι' αὐτοῦ τοῦ Υἱοῦ πεφηνέναι)», Grégoire excluant explicitement, dans la suite de ce texte, une compréhension économique (c'est-à-dire se situant dans la création et dans le temps) de cet apparaître[161]. Voulant expliquer pourquoi le caractère de monogène reste réservé au Fils sans que l'Esprit perde la relation naturelle avec le Père, à partir duquel Il tient son être, Grégoire de Nysse écrit encore : «L'un [le Fils, vient] directement du premier [le Père] et l'autre [l'Esprit, en provient] par (διὰ) Celui qui vient directement du premier[162].» A. de Halleux note qu'il convient, à la lumière des autres textes de Grégoire de Nysse, d'identifier cette fonction de médiation du Fils «avec un rapport de révélation, éventuellement éternisé, plutôt qu'une causalité portant sur l'être même du Saint-Esprit, c'est-à-dire sur Sa procession originaire[163]». On peut être plus précis : le con-

---

160. Parfois GRÉGOIRE DE NYSSE évoque aussi la communication économique des énergies divines : «C'est aussi à partir des énergies que nous apprenons le caractère indivisible de la gloire. Le Père vivifie, comme le dit l'Évangile, et le Fils aussi vivifie, et l'Esprit aussi vivifie [...]. Il convient donc de concevoir une puissance qui tire son origine du Père, progresse par le Fils (δι' Υἱοῦ προϊοῦσαν) et trouve son achèvement dans l'Esprit Saint. Nous avons appris que tout vient de Dieu, que tout subsiste par le Monogène et en Lui et que la puissance du Saint-Esprit se répand sur toutes choses» (Ep., XXIV, 14-14, SC 363, p. 286) ; «unique est la vie qui vient en nous par la foi en la sainte Trinité, elle qui prend sa source dans le Dieu de tous, progresse dans le Fils (διὰ δὲ Υἱοῦ προϊοῦσα) et accomplit son œuvre par le Saint-Esprit» (Ep., V, 6, SC 363, p. 160)

161. Contra Eunom., I, 278-280, GNO I, 1, p. 108-109.

162. Tres dei, GNO III, 1, p. 56.

163. «"Manifesté par le Fils". Aux origines d'une formule pneumatologique», p. 30. B. BOLOTOV comprenait ce texte dans le même sens : l'affirmation de Grégoire «nous retient dans le domaine de la façon

texte de l'*Ad Ablabium, Quod non sint tres dei*, où figure
cet extrait, établit de manière explicite et constante, à partir
du paragraphe 6 (p. 43) et jusqu'au paragraphe 15 où
figure le passage précédemment cité, la distinction entre
l'essence et l'énergie divine, et donc il paraît conséquent de
rapporter ce passage à cette dernière notion. Dans ce qui
précède, Grégoire écrit de manière significative : «nous
n'avons pas appris que le Père fasse personnellement
quelque chose sans que le Fils y soit lié, ou encore que le
Fils exerce une activité (ἐνεργεῖ) qui Lui est propre indépendamment de l'Esprit, mais nous avons appris que
toute énergie d'origine divine (πᾶσα ἐνέργεια ἡ θεόθεν)
qui se répand sur la création et qui est nommée selon les
multiples notions, jaillit du Père, sort par le Fils et trouve
son achèvement dans l'Esprit Saint (ἐκ πατρὸς ἀφορμᾶται
καὶ διὰ τοῦ υἱοῦ πρόεισι καὶ ἐν τῷ πνεύματι τῷ ἁγίῳ
τελειοῦται[164]).» Cette explication se situe très nettement sur
le plan économique. Mais saint Grégoire de Nysse semble
envisager le même processus sur le plan théologique. Après
avoir montré que le nom de «divinité» (θεότης) ne se
rapportait pas à la nature mais à l'énergie (ἐνέργεια)
divine, il écrit : «il en va de même pour le concept de
divinité : Christ est "puissance et sagesse de Dieu", et la
puissance vigilante et contemplatrice que nous appelons
précisément "divinité", le Père, Lui, "le Dieu qui a tout fait
avec sagesse" l'opère par le Monogène (διὰ τοῦ
μονογενοῦς ὁ πατὴρ ἐνεργεῖ), tandis que le Fils mène
toute puissance à son achèvement dans le Saint-Esprit [...].
Car unique est le concept de la puissance vigilante et
contemplatrice dans le Père, le Fils et le Saint-Esprit, jaillis-
sant du Père comme d'une source, opéré par le Fils, et me-
nant la grâce à son achèvement dans le Saint-Esprit[165].» On
peut donc envisager en dehors de Dieu, mais aussi en Lui,

---

de voir les ἔκλαμψις καὶ ἔκφανσις du Saint-Esprit et non son
ἐκπόρευσις dans le sens le plus étroit de ce concept dogmatique»
(«Thèses sur le *Filioque*», p. 279-280).

164. *Tres dei*, GNO III, 1, p. 47-48. Voir aussi la suite, p. 49-50.

165. *Ibid.*, p. 49-50.

une manifestation et une communication de la divinité conçue non comme essence ou nature[166] mais comme énergie divine, qui se fait du Père, par le Fils dans le Saint-Esprit.

Nous avons montré que l'on pouvait à bon droit considérer que certains Pères latins comme saint Ambroise, saint Hilaire ou saint Léon le Grand entendaient dans un sens analogue que le Saint-Esprit procède du Père et du Fils ou du Père par le Fils[167].

Une telle interprétation est tout à fait compatible avec la pensée de Maxime puisqu'il est familier de la distinction en Dieu de l'essence et des énergies, déjà explicitement présente avant lui dans la théologie de saint Basile de Césarée, de saint Grégoire de Nysse ou du Pseudo-Denys (auteurs dont il connaît bien les œuvres), mais qu'il a lui-même contribué à développer et à mettre en évidence[168]. On a remarqué que la notion d'«énergies» était explicitement utilisée à plusieurs reprises dans le passage des *Questions à Thalassios* que nous avons examiné. On notera que dans un passage des *Ambigua* où il commente un texte difficile de saint Grégoire de Nazianze[169], Maxime va jusqu'à conce-

---

166. Comme le voudrait J.-M. Garrigues dans sa théorie où il parle de «communication de consubstantialité» en désignant par ce terme la nature divine, ou comme le voudrait la récente *Clarification du conseil pontifical pour la promotion de l'unité des chrétiens* intitulée «Les Traditions grecque et latine concernant la procession du Saint-Esprit» qui parle, en s'appuyant sur cette théorie, de «la communication de la divinité consubstantielle du Père au Fils et du Père par et avec le Fils au Saint-Esprit» (p. 942), et affirme que «l'essence ou la substance divine est communiquée [au Saint-Esprit] à partir du Père et du Fils qui l'ont en commun» (p. 943).

167. V. LOSSKY en admettait la possibilité à titre d'hypothèse, et donc sous réserve de vérification («La Procession du Saint-Esprit dans la doctrine trinitaire orthodoxe», dans : *À l'image et à la ressemblance de Dieu*, Paris, 1967, p. 92) ; P. DESEILLE n'hésite pas à l'affirmer comme un fait («Saint Augustin et le *Filioque*», p. 59). Notre analyse leur donne raison.

168. Voir en particulier V. KARAYIANNIS, *Maxime le Confesseur. Essence et énergies de Dieu*, et notre étude : *La Divinisation de l'homme selon saint Maxime le Confesseur*, p. 503-509.

169. Cf. *Or.*, XXIX, 16, SC 250, p. 210-212.

voir que «Père» puisse dans un certain sens être un nom
d'énergie en tant qu'opérant ce qui est d'essence identique,
à savoir le Fils considéré alors Lui-même comme énergie
essentiellement subsistante et vivante, et il note qu'«ainsi les
Pères, témoins de la vérité divine, ont découvert le Verbe
monogène de Dieu et Fils du Père, ayant une existence
propre et vivante, comme verbe vivant et puissance et
sagesse[170]», explication qui vaut évidemment aussi pour
l'Esprit qui peut dans ce contexte être considéré, en tant
qu'énergie, comme issu du Père par le Fils, ou du Père et
du Fils.

CONCLUSION

Les expressions des premiers Pères sont parfois ambiguës : il leur arrive fréquemment de mêler ce qui concerne
la procession d'origine du Saint-Esprit et ce qui concerne
Sa procession manifestatrice, et aussi ce qui, dans cette dernière, se rapporte à Sa procession énergétique éternelle et ce
qui se rapporte à Sa procession économique dans le temps
et la création[171]. La pauvreté et la souplesse du vocabulaire
sont des sources de confusion, de même que l'inexactitude
des traductions du grec en latin ou du latin en grec. Les
premiers Pères n'ont pas éprouvé le besoin de s'exprimer
plus clairement, car outre qu'ils répugnaient à trop de précision dans un domaine où l'apophatisme est de mise
(comme Maxime lui-même le souligne à la suite de

---

170. *Amb. Io.*, 26, PG 91, 1265D-1268A. Maxime précise ensuite
que cette opération divine est distincte de celle qui produit les êtres, ce qui
empêche de considérer le Fils comme une créature comme le font les
Ariens à qui s'adresse cette démonstration. Il est à noter que saint
ATHANASE D'ALEXANDRIE pensait déjà que le Fils pouvait être considéré,
en un certain sens, comme volonté et énergie essentiellement subsis-
tantes et vivantes du Père (*Contr. Ar.*, II, 2).

171. Voir V. LOSSKY, «La Procession du Saint-Esprit dans la doctrine
trinitaire orthodoxe», p. 91-92.

Grégoire de Nazianze ou de Basile de Césarée), ces distinctions pour eux allaient de soi[172], et on les retrouve d'ailleurs généralement à la lecture du contexte, pour peu que l'on n'y soit pas fermé et que l'on dispose d'une grille de lecture adéquate.

Ce sont les controverses sur la procession du Saint-Esprit qui sont devenues des sources de malentendus, ces malentendus devenant de plus en plus grands avec le durcissement progressif des positions opposées.

On peut voir naître, à l'époque de Maxime, l'une des premières controverses et l'un des premiers malentendus. Mais on peut voir aussi comment Maxime dissipe le malentendu naissant en fournissant un critère d'appréciation qui permet de dépasser les limitations inhérentes au vocabulaire pour juger les expressions selon leur sens profond.

Selon ce critère, l'affirmation que le Saint-Esprit procède aussi du Fils (*Filioque* ou *et Filio*) doit être rejetée si elle signifie que le Fils serait cause, avec le Père, selon l'hypostase ou selon l'essence, du Saint-Esprit (ou que le Père impliquerait le Fils, selon l'hypostase ou selon l'essence, quand Il fait procéder le Saint-Esprit). Elle est en revanche acceptable si elle signifie que, manifesté et donné dans le temps et dans la création comme grâce (sens que les Pères et Maxime lui-même ont en vue dans la plupart des cas), ou manifesté et communiqué éternellement comme énergie, le Saint-Esprit, issu du Père, vient par le Fils ou du Fils, repose en Lui et est manifesté et resplendit par Lui.

Dans les siècles suivants, même au plus fort des controverses, les Pères grecs garderont ce critère proposé par Maxime, et resteront ouverts à une réception du *Filioque* entendu dans une perspective économique[173], mais aussi sur

---

172. *Ibid.*

173. Ainsi par exemple, Photius, volontiers présenté par ses adversaires comme l'un des opposants les plus obtus au *Filioque*, écrit : si l'Esprit Saint «procède [du Fils] d'une autre manière [que comme ayant Sa cause en Lui], c'est-à-dire, peut-être, en vertu de leur connexion mutuelle, puisque les personnes de la Trinité se contiennent l'une l'autre et, pour le dire en bref, s'Il procède comme envoyé par le Fils — car comme le Père

le plan théologique de la manifestation et de la communication éternelles des énergies divines[174].

Les Latins se montreront cependant peu réceptifs à
l'ouverture manifestée par les Orientaux dans cette seconde
perspective : la distinction de l'essence et des énergies leur
paraîtra incompatible avec la théologie thomiste[175], et aucune entente ne semblera aux deux partis pouvoir
s'accomplir en fait sur ce point[176]. Une telle distinction était
cependant déjà exclue par la théologie augustinienne[177], laquelle était de surcroît portée à confondre le plan théologique et le plan économique en expliquant celui-là à partir
de celui-ci.

Cette façon de voir n'était pas partagée par des Pères latins majeurs pré- et post-augustiniens et nous avons vu en
abordant les textes de certains d'entre eux que l'on pouvait
y trouver une distinction analogue à celle que les Pères
grecs, dès le IVe siècle, faisaient de manière explicite entre
l'essence et les énergies divines, bien qu'elle soit exprimée
dans un vocabulaire différent (mais parfois très proche,
comme «substance» ou «nature» et «opération» ou «acti-

---

envoie le Fils, de même le Fils envoie l'Esprit, selon la parole du
Seigneur : "Quand viendra le Consolateur que je vous enverrai de la part du
Père, l'Esprit de vérité qui procède du Père" —, si c'est dans ce sens-là que
vous dites que l'Esprit procède aussi du Fils, eh bien, votre pensée est
saine et solide» (*Epitomé*, 10a).

174. Ce fut le cas de Grégoire de Chypre et de Grégoire Palamas. Voir
notre Introduction à GRÉGOIRE PALAMAS, *Traités apodictiques sur la procession du Saint-Esprit.*

175. Pour cette dernière, en Dieu, qui est acte pur, il y a identité de
l'essence et de l'opération (ou énergie).

176. Ainsi, au concile de Florence, l'empereur interdira aux Grecs
toute discussion sur la question des énergies, une telle discussion lui
paraissant par avance susceptible de compromettre l'union (voir
ANDREAS DE SANTACROCE, *Acta Latina Concilii Florentini*, éd.
G. Hofmann, *Concilium Florentinum, Documenta et scriptores*, VI,
Rome, 1955, p. 176, 38 ; et *Les «Mémoires» du Grand Ecclésiarque de
l'Église de Constantinople, Sylvestre Syropoulos, sur le concile de
Florence*, éd. V. Laurent, Paris, 1971, V, 38, p. 292, 14-15).

177. Voir P. RANSON, «Le Lourd Sommeil dogmatique de l'Occident»,
dans P. RANSON (éd.), *Saint Augustin*, p. 22-34. J. ROMANIDIS, *Franks,
Romans, Feudalism and Doctrine*, p. 77 s.

vité[178]»). Ce point n'a malheureusement, jusqu'à présent, guère attiré l'attention des théologiens latins peu portés à une telle lecture en raison d'une double pression : d'une part, celle d'une réaction polémique antipalamite opposée (dans les milieux thomistes surtout) à la distinction de l'essence et des énergies divines[179] ; d'autre part, celle de la théologie augustinienne, qui s'est massivement imposée à l'Occident, et qui, nous l'avons dit, exclut une telle distinction.

Il nous semble qu'une relecture des Pères latins mais aussi des Pères grecs qui saurait dépasser les *a priori* et les crispations, qui se montrerait, autrement dit, moins sensible à ce que les expressions palamites et surtout néopalamites (elles-mêmes durcies par les polémiques où elles étaient engagées de leur côté) peuvent avoir de trop rigide, de trop formel et de trop systématique[180], et qui se montrerait aussi moins dépendante des théologies augustinienne et tho-

---

178. Il ne faut pas se focaliser sur cette notion d'«énergies» qui chez les Pères grecs également connaît des équivalents (comme «forces», «vertus», «puissances» [δυνάμεις], «processions» [πρόοδοι], «manifestations» [ἐκφανσεῖς], «élans de Dieu» [ἔξαλμα Θεοῦ], «rayons de divinité», «lumière», «gloire», «grâce», etc.)

179. On en a eu récemment encore un triste exemple dans le numéro spécial de la revue *Istina* (19, 1974) consacré par J.-M. Le Guillou à la critique de la pensée de Grégoire Palamas jusqu'en ses sources cappadociennes. Il faut signaler que, en revanche, des théologiens et des patrologues catholiques de grande envergure ont manifesté ces dernières décennies une attitude ouverte et sympathique à l'égard de la théologie palamite (voir C. JOURNET, «Palamisme et thomisme», *Revue thomiste*, 60, 1960, p. 429-452 ; A. DE HALLEUX, «Palamisme et scolastique. Exclusivisme dogmatique ou pluriformité théologique ?», *Revue théologique de Louvain*, 4, 1973, p. 409-442, repris dans A. DE HALLEUX, *Patrologie et œcuménisme*, Leuven, 1990, p. 782-815 ; «Palamisme et tradition», *Irénikon*, 48, 1975, p. 479-493, repris dans A. DE HALLEUX, *Patrologie et œcuménisme*, p. 816-830 ; et plus récemment : J. LISON, *L'Esprit répandu. La pneumatologie de Grégoire Palamas*, Paris, 1994).

180. Par exemple la qualification de l'essence et des énergies divines de «divinité supérieure» et de «divinité inférieure», et le nom de «divinités» appliqué aux énergies ne font pas partie des trouvailles terminologiques les plus heureuses de Grégoire Palamas.

miste[181], mais saurait en revanche discerner ce qu'il peut y avoir de commun par-delà la diversité et la souplesse des formulations, pourrait ouvrir une voie au dialogue qui, après des siècles d'incompréhension, paraîtrait nouvelle, mais qui ne ferait en réalité que retrouver le chemin que Maxime lui-même avait montré.

181. Dont on a bien conscience aujourd'hui que, si elles ont historiquement réussi à s'imposer, elles ne peuvent prétendre à elles seules représenter l'ensemble de la théologie occidentale. Elles ont d'ailleurs perdu aujourd'hui en Occident une grande partie de la valeur normative qu'elles y avaient jusqu'à une époque récente.

CHAPITRE II

LA QUESTION
DE L'HÉRÉDITÉ ADAMIQUE

La question du péché originel, qui est fondamentale en raison de ses implications dans les domaines de l'anthropologie, de la cosmologie et de la spiritualité, fait partie des thèmes sur lesquels il existe depuis longtemps un désaccord entre l'Orient et l'Occident chrétiens, désaccord qui se manifeste d'ailleurs au niveau de la terminologie la plus élémentaire, puisque la plupart des théologiens orthodoxes refusent même d'utiliser l'expression «péché originel», traditionnelle dans la théologie latine, pour lui préférer l'expression, qui se rencontre couramment chez les Pères grecs, de «péché ancestral» (προγονικὴ ἁμαρτία, προπατορικὴ ἁμαρτία).

Certains aspects de cette question (y compris le point de terminologie que nous venons de mentionner) faisaient l'objet d'un différend à l'époque de Maxime, comme l'indique un passage de l'Opuscule théologique et polémique X[1], et les positions les plus extrêmes et les plus opposées sur ce sujet avaient été formulées longtemps auparavant, par saint Augustin[2] et saint Jérôme[3] d'une part,

---

1. *Th. Pol.*, X, PG 91, 133D-136B.
2. La conception de saint AUGUSTIN est exprimée dans divers traités, notamment : *De libero arbitrio, De peccatorum meritis et remissione, De spiritu et littera, De perfectione justitiae hominis, De natura et gratia, De peccato originali, De nuptiis et concupiscentia, Contra duas epistolas*

et, en réaction aux précédentes, par Théodore de Mopsueste[4] puis par son disciple Théodoret de Cyr[5] d'autre part. La conception de saint Augustin s'est, sur ce point comme sur d'autres (notamment la question de la grâce et la question du *Filioque*, qui sont deux autres sujets de divergence entre l'Orient et l'Occident chrétiens), globalement imposée en Occident, tandis que dans l'Orient chrétien la conception générale des Pères grecs devait rester prédominante, les positions de Théodore et de Théodoret restant marginales[6].

---

pelagianorum, Contra Julianum. Pour un exposé général de sa conception, voir notamment N. MERLIN, *Saint Augustin et les dogmes du péché originel et de la grâce*, Paris, 1931, et A. GAUDEL, «Péché originel», *Dictionnaire de théologie catholique*, t. XII, Paris, 1933, col. 395-398.

3. Voir surtout son *Dialogue contre les pélagiens*.

4. La conception de THÉODORE DE MOPSUESTE prend sa source dans celle de son maître DIODORE DE TARSE (cf. *Frag. in Gen.*, III, 8, PG 33, 1568 ; *Frag. in Rom.* V, 15, éd. Cramer, *Catena*, 44 ; 48). Elle est exprimée dans ses œuvres exégétiques (voir notamment : *In Rom.*, V, 13, PG 66, 796 ; 21, PG 66, 800 ; *In Eph.*, IV, 22-24, éd. Swete, t. I, p. 173) et de manière plus radicale dans son traité intitulé : *Contre ceux qui disent que les hommes sont pécheurs par nature et non par volonté*, probablement dirigé contre la position de saint Jérôme, et dont nous conservons seulement des extraits (voir PG 66, 1005 s. ; éd. Swete, t. II, p. 322 s.).

5. Voir notamment *In Rom.*, V, 12, PG 82, 100. La conception de Théodoret est nettement plus nuancée que celle de Théodore de Mopsueste. La conception de saint JEAN CHRYSOSTOME l'est plus encore, qui présente quelques points communs avec la position de Théodore et de Théodoret (voir notamment *Hom. in Rom.*, XIII, 1), ce qui s'explique par le fait qu'il eut le même maître que Théodore, Diodore de Tarse.

6. Ces dernières positions, sans doute en vertu d'une réaction identitaire, ont trouvé de nos jours un défenseur en la personne de J. MEYENDORFF (*Initiation à la théologie byzantine*, Paris, 1975, p. 192-198), dont la pensée sur ce point est commentée et semble approuvée par B. BOBRINSKOY («L'Hérédité adamique selon le Père Jean Meyendorff», communication au colloque de l'Association orthodoxe d'études bioéthiques, Paris, 8-9 mai 1997). Ici J. Meyendorff se montre peu fidèle à la position de la théologie byzantine qu'il prétend exposer. Outre qu'il reprend certains arguments pélagiens que la théologie orthodoxe ne saurait reconnaître comme siens, on trouvera étrange qu'il

Certaines divergences se manifestent dans la façon de concevoir le péché d'Adam, mais l'essentiel du désaccord porte sur ce qui a été transmis par celui-ci à ses descendants, et sur ce que ceux-ci se transmettent de génération en génération. Nous ne pouvons ici aborder ce dossier dans toute son ampleur[7]. Nous nous bornerons à rappeler que, en gros, selon la tradition occidentale, l'héritage de la chute est aussi celui du péché adamique lui-même et de la culpabilité qui lui est liée (tous les hommes devenant pécheurs et coupables en Adam, méritant pour cela, même dans l'état de petite enfance, le même châtiment que lui). Selon la tradition orientale se transmettent essentiellement les maux qui sont les conséquences du péché d'Adam sur la nature, qui sont avant tout : la passibilité, la corruption et la mort. Ces deux points de vue peuvent s'exprimer de façon plus ou moins radicale : tandis qu'un Augustin considère que le péché surgit nécessairement en tout homme dès la naissance d'une volonté mauvaise et impuissante à faire le bien, un Théodore de Mopsueste considère à l'inverse que la tendance à pécher de l'homme n'apparaît que comme une tentative personnelle, à travers les passions qu'il développe, d'éviter la mort.

La position de Maxime apparaît ici singulière, en ce qu'elle se montre fidèle à la ligne générale de tradition orientale, mais semble intégrer en même temps certains éléments caractéristiques de la tradition occidentale. Maxime n'a cependant jamais exposé sa conception d'une

---

prenne pour normes Théodore de Mopsueste, le père du nestorianisme, et Théodoret de Cyr qui eut tant de mal à être accepté par la tradition byzantine et à se voir reconnaître comme un auteur pleinement orthodoxe.

7. Nous en avons abordé quelques aspects fondamentaux pour ce qui concerne la tradition patristique grecque dans notre *Thérapeutique des maladies sprituelles*, 3e éd., Paris, 1997, p. 277-284, et pour ce qui concerne saint Maxime dans *La Divinisation de l'homme selon saint Maxime le Confesseur*, p. 187-207. On pourra aussi consulter avec profit L. THUNBERG, *Microcosm and Mediator, The Theological Anthropology of Maximus the Confessor*, Lund, 1965, p. 152-178 ; 2e éd. Chicago et La Salle, p. 144-168.

manière systématique. Il est donc nécessaire d'en rassembler les éléments, mais aussi d'en élucider les expressions, dont beaucoup paraissent ambiguës et délicates à interpréter[8].

I. LE MODE DE TRANSMISSION
DES EFFETS DU PÉCHÉ ANCESTRAL

Dans les prises de position patristiques sur le péché ancestral, le mode de transmission de ses effets joue un rôle très important, notamment en ce qui concerne la définition de la nature de ceux-ci.

Pour saint Maxime, comme pour saint Grégoire de Nysse[9], selon le projet initial de Dieu, c'était un mode d'engendrement non sexuel, de nature spirituelle, qui devait, dans l'état paradisiaque, permettre aux hommes de se reproduire[10]. La transgression d'Adam a eu pour effet d'introduire un mode nouveau d'engendrement, semblable à celui des animaux[11], s'effectuant par le biais de l'union sexuelle[12], corporel et donc matériel[13], qu'accompagne et

---

8. Cette question n'a été spécifiquement étudiée que dans le cadre d'une étude plus générale (J. BOOJAMRA, «Original Sin According to St. Maximus the Confessor», *St. Vladimir's Theological Quarterly*, 20, 1976, p. 19-30) qui passe à côté des problèmes essentiels. Une version abrégée de notre étude a été présentée en langue anglaise au colloque «St. Maximus the Confessor : Current Research», Oxford, 27-28 février 1997, et publiée dans *Sobornost/ECR*, 1998/1, sous le titre : «Ancestral Sin According to St. Maximus the Confessor : a Bridge between the Eastern and Western Conceptions».

9. Cf. *De hom. opif.*, XVII, PG 44, 188A-192A.

10. Cf. *Qu. D.*, I, 3, CCSG 10, p. 138. *Amb. Io.*, 41, PG 91, 1309A.

11. Cf. *Qu. D.*, 113, CCSG 10, p. 83-84. *Amb. Io.*, 41, PG 91, 1309A.

12. Cf. *Qu. D.*, I, 3, CCSG 10, p. 138. *Amb. Io.*, 41, PG 91, 1309A. Cette union, paradoxalement, a pour effet d'établir la différenciation sexuelle, qui par les passions deviendra division et opposition, alors que Dieu, qui l'avait conçue comme une polarité, avait pour dessein qu'elle fût

même auquel préside le plaisir sensible[14], accompagné donc de passion[15], suivi de douleur[16], de corruption[17] et finalement de mort[18].

Aux yeux de Maxime, ce nouveau mode d'engendrement est intimement lié au péché dans la mesure, d'une part, où il contrevient au projet initial de Dieu et est relatif à la transgression du commandement donné par Dieu au premier homme, et où, d'autre part, c'est mus par le désir du plaisir qu'Adam et Ève se sont unis[19], et que c'est selon ce même mouvement que leurs descendants s'unissent également[20].

---

résorbée, avec les autres polarités de la création, par Adam (cf. *Amb. Io.*, 41, PG 91, 1305CD).

13. Cf. *Thal.*, 49, PG 90, 457D, CCSG 7, p. 367-369.

14. Cf. *Qu. D.*, I, 3, CCSG 10, p. 138 ; *Thal.*, 61, PG 90, 632B, CCSG 22, p. 91 ; PG 90, 632C, CCSG 22, p. 91 ; PG 90, 636B, CCSG 22, p. 97.

15. Cf. *Thal.*, 21, PG 90, 312C-313A, CCSG 7, p. 127.

16. Cf. *Thal.*, 61, PG 90, 628C, CCSG 22, p. 87 ; PG 90, 632B, CCSG 22, p. 91.

17. Cf. *Qu. D.*, I, 3, CCSG 10, p. 138 ; *Amb. Io.*, 42, PG 91, 1348C.

18. Cf. *Thal.*, 61, PG 90, 628C, CCSG 22, p. 87 ; PG 90, 632B, CCSG 22, p. 91 ; PG 90, 632D, CCSG 22, p. 93 ; PG 90, 636B, CCSG 22, p. 97.

19. Cf. *Qu. D.*, I, 3, CCSG 10, p. 138 : «Ce "Ma mère m'a conçu dans le péché" (Ps 50, 7) signifie que notre première mère à tous, Ève, a conçu le péché en désirant passionnément le plaisir.» *Thal.*, 21, PG 90, 312C-313A, CCSG 7, p. 127. Dans la *Vie de la Vierge* (pour autant que cette œuvre puisse lui être attribuée), Maxime évoque les actions «des enfants des hommes, qui dans la désobéissance engrossent le sein de la femme et sont nés dans le péché» (23, CSCO 21, p. 27 ; CSCO 22, p. 18) ; plus loin, citant ainsi le psaume 50, 7 : «Voici que dans la désobéissance ma mère m'a conçu et dans le péché elle m'a enfanté», il note : «ce n'est pas seulement la naissance, mais la conception qui s'accomplit selon l'ordonnance et la forme du péché» (46, CSCO 21, p. 57 ; CSCO 22, p. 38), et il évoque par opposition aux autres hommes «Celui dont la conception n'a pas été obtenue par le désir, ni par la semence de l'homme, mais par la grâce et la venue de l'Esprit Saint, et la naissance non par la corruption et la douleur des femmes, mais par la force et la sagesse du Dieu Très-haut» (47, CSCO 21, p. 57 ; CSCO 22, p. 39).

20. Cf. *Thal.*, 61, PG 90, 628C, CCSG 22, p. 87 ; PG 90, 636B, CCSG 22, p. 97.

À cause du péché d'Adam et d'Ève, les hommes ne peuvent venir à l'existence (ou avoir leur genèse) en dehors de ce mode d'engendrement. Ce mode d'engendrement ne présentant pas d'alternative constitue désormais une véritable «loi» qui, accompagnée de ses inévitables effets, régit, tyrannise et emprisonne la nature humaine[21]. Maxime parle ainsi de «la loi de genèse selon le plaisir[22]», ou évoque «les lois [...] de la nature par lesquelles le péché, à cause de la désobéissance, [a] condamné les hommes à avoir la même particularité que les animaux sans raison dans leur succession les uns aux autres[23]». Cette nouvelle loi est la loi charnelle qui succède à la loi spirituelle qui régnait antérieurement et s'oppose à elle[24]. Maxime l'appelle encore «loi du péché[25]» ; elle devient inhérente à la nature humaine déchue — Maxime l'appelle aussi «loi de la nature[26]» — qui se trouve désormais sous son emprise[27].

Pour Maxime, autrement dit, ce mode d'engendrement charnel, lié au plaisir et à la passion, se transmet de génération en génération à tous les hommes sans exception, et avec lui ses effets, qui sont les conséquences du péché ancestral[28], en particulier la passibilité (incluant toutes les passions naturelles), la corruption et la mort.

---

21. Cf. *Amb. Io.*, 42, PG 91, 1320D ; 1348C ; *Thal.*, 21, PG 90, 312BC, CCSG 7, p. 127 ; 61, PG 90, 628C, CCSG 22, p. 87 ; PG 90, 633A, CCSG 22, p. 93.

22. Cf. *Thal.*, 61, PG 90, 636B, CCSG 22, p. 97.

23. *Amb. Io.*, 31, PG 91, 1276B. Cf. 42, PG 91, 1320D-1321A.

24. Cf. *Amb. Io.*, 31, PG 91, 1276C.

25. Cf. *Thal.*, 49, PG 90, 457D, CCSG 7, p. 369. La loi du péché ne se limite cependant pas à elle.

26. Cf. *Amb. Io.*, 31, PG 91, 1276AB ; *Thal.*, 21, PG 90, 313C, CCSG 7, p. 129. Il est à noter que cette expression reçoit dans d'autres passages un sens positif, «nature» ne désignant plus alors la nature déchue, mais la nature telle qu'elle est définie par son *logos*.

27. Cf. *Pater*, PG 90, 897B, 904C ; *Thal.*, 49, PG 90, 457D, CCSG 7, p. 367-369.

28. Cf. *Thal.*, 61, PG 90, 628CD, CCSG 22, p. 87 ; PG 90, 632B, CCSG 22, p. 91 ; PG 90, 636BC, CCSG 22, p. 97.

II. LE RÔLE DU PLAISIR
LIÉ À L'ENGENDREMENT CHARNEL

Selon Maxime, Adam a été créé dans un état d'impassibilité, où il n'éprouvait ni plaisir ni douleur sensibles. Sa nature était ordonnée à ne connaître que le plaisir spirituel (encore appelé «jouissance», «joie», «béatitude»), celui qui, infiniment supérieur au plaisir sensible, procède de l'union de l'esprit à Dieu[29]. Adam n'a connu le plaisir sensible que lorsqu'il s'est détourné de Dieu pour s'attacher aux apparences du monde sensible. Mais, selon une loi naturelle, ce plaisir sensible s'est trouvé inévitablement suivi de diverses peines[30].

C'est selon cette logique que, dans le chapitre 61 des *Questions à Thalassios*, Maxime présente le plaisir sensible comme étant la cause des peines que l'humanité, dont la nature est issue de celle d'Adam, doit subir depuis le péché ancestral. «Toute peine ayant le plaisir en acte pour cause première de son origine, il est évident que sont tenus d'en payer le prix tous ceux qui participent à la nature[31].» La genèse de tous les descendants d'Adam ayant son origine dans l'union sexuelle, et celle-ci s'accompagnant de plaisir, ils doivent désormais subir les peines qui le suivent, et qui sont la souffrance, la corruption, et finalement la mort. Maxime écrit ainsi :

«Adam, notre ancêtre, parce qu'il a transgressé le commandement divin, a introduit, au lieu du premier, un second principe de genèse à base de plaisir se terminant naturellement dans la mort par les souffrances ; et parce qu'il a conçu, sur le conseil du Serpent, un plaisir qui [...] nous transportait dans les peines, il eut pour l'accompagner

---

29. Voir *Thal.*, 61, PG 90, 628A, CCSG 22, p. 85.
30. Voir *ibid.*, PG 90, 628AB, CCSG 22, p. 85.
31. *Ibid.*, PG 90, 628BC, CCSG 22, p. 85.

ceux qui, comme lui et par lui, sont venus de la chair à cause de cet injuste principe de genèse, et ont été poussés avec lui, comme il était juste, à la fin [de leur vie] par les souffrances et la mort[32].»

Un peu avant, Maxime notait dans le même sens, mais d'une manière plus générale :

«à tout plaisir contre nature succède par contrecoup une peine en tous ceux dont la genèse ne ressortit à aucune autre cause que la loi du plaisir. [...] Donc [...] tous les hommes ont eu le plaisir pour présider à leur genèse et il n'en [est] absolument aucun qui [soit] par nature libre d'une genèse passionnée selon le plaisir, [...] tous [doivent] rendre leur dû de peines dont la mort est la conclusion[33].»

Pour Maxime, la mort, principale conséquence du péché ancestral transmise de génération en génération, est donc directement liée au plaisir qui accompagne la genèse charnelle, c'est-à-dire s'accomplissant selon un mode sexuel. Maxime parle ainsi de «la mort qui a pour mère qui l'engendre le plaisir dont elle est naturellement le châtiment[34]». Il note que «la raison discerne bien comment la genèse selon le plaisir issue d'Adam, tyrannisant la nature, a donné celle-ci par celui-là [le plaisir] en pâture à la mort, qui est sa conséquence[35]». Il écrit encore : «La mort domine sur toute la nature par la transgression, avec pour fondement à cette mainmise le plaisir issu de la désobéissance qui inaugure toute genèse naturelle et par qui la nature est condamnée à cette même mort[36].» Et un peu plus loin : «en Adam la mort est condamnation de la nature qui a eu la jouissance pour inaugurer sa genèse[37].» Plus loin encore :

---

32. *Ibid.*, PG 90, 632B, CCSG 22, p. 91.
33. *Ibid.*, PG 90, 628C, CCSG 22, p. 85-87. Voir aussi *ibid.*, PG 90, 628D, p. 87.
34. *Ibid.*, PG 90, 632C, CCSG 22, p. 93.
35. *Ibid.*, PG 90, 632D, CCSG 22, p. 93.
36. *Ibid.*, PG 90, 633C, CCSG 22, p. 95.
37. *Ibid.*, PG 90, 633D, CCSG 22, p. 95.

«De même qu'Adam a institué par sa désobéissance la loi de genèse selon le plaisir, et qu'à cause de celle-ci la mort de la nature a
été prononcée, tous ceux qui sont issus d'Adam, recevant l'être selon
la loi de la genèse venue du plaisir, ont nécessairement, qu'ils le
veuillent ou non, prononcée contre la nature, la mort conjuguée en
puissance avec la genèse ; là est le temps de la condamnation de la
nature à cause du péché, pour autant que cette loi de genèse selon le
plaisir règne sur la nature[38].»

On pourrait citer ici encore bien d'autres passages du
chapitre 61 des *Questions à Thalassios* dont ce thème est un
leitmotiv.

La nature humaine se trouve ainsi soumise au pouvoir tyrannique tant de ce qui est sa fin (la corruption et la mort)
que de ce qui est son commencement (sa genèse selon le
plaisir)[39].

Les textes cités précédemment nous montrent que
Maxime met en cause d'abord le péché d'Adam lui-même
dans ce processus qui instaure la genèse de tous les hommes
selon le plaisir et les voue de ce fait aux souffrances, à la
corruption et à la mort. Mais en même temps il considère
que par le biais du plaisir qui est désormais lié au mode
d'engendrement de tous les hommes, le péché s'implante
dans la nature tout entière et y produit la mort. Ces deux
aspects se trouvent exprimés dans ce passage du chapitre 61
des *Questions à Thalassios* :

«Ainsi *le péché*, ayant au commencement séduit Adam, le per-
suada d'en venir à la transgression du divin commandement, selon laquelle, suscitant le plaisir et *se clouant lui-même par le plaisir au
fondement de la nature*, il condamna toute la nature à la mort[40].»

Dans les *Ambigua à Jean*, Maxime évoque de même et
dans des termes proches «les clous du plaisir par lesquels le
désir de l'âme et la tension vers Dieu sont ravalés depuis

---

38. *Ibid.*, PG 90, 636B, CCSG 22, p. 97.
39. *Ibid.*, PG 90, 633A, CCSG 22, p. 93.
40. *Ibid.*, PG 90, 633B, CCSG 22, p. 95. Souligné par nous.

l'antique désobéissance vers la matière et ce qui est corrompu[41]».

III. LE LIEN DU PÉCHÉ AU PASSIBLE

La présence et l'action du péché implantées par la transgression d'Adam au fondement de la nature humaine par le biais de la genèse selon le plaisir sont davantage mises en avant dans le chapitre 21 des *Questions à Thalassios*, où cependant Maxime insiste plutôt (pour les besoins d'un exposé qui concerne essentiellement l'économie salvatrice du Christ) sur le rôle de l'élément passible de la nature humaine. Maxime écrit :

«Lorsque [le premier homme] eut péché en transgressant le commandement, il fut condamné à un engendrement obtenu par passion et péché, ayant à cause de celui-ci, dans le passible du péché, comme une loi, désormais, la genèse naturelle ; selon [cette loi], nul n'est exempt de péché (ἀναμάρτητος), étant soumis par nature à la loi de l'engendrement, surajoutée après la création à cause du péché. Dès lors que, à cause de la transgression, il y eut le péché et que, à cause du péché, le passible selon l'engendrement s'est introduit dans la nature des hommes, et que florissait toujours, avec le passible de l'engendrement, par le péché, la première transgression, il n'y avait pas d'espoir de liberté, la nature étant indissolublement enchaînée par un lien mauvais selon la disposition de vouloir (γνώμη). Car autant la nature s'efforçait à son propre maintien par l'engendrement, autant s'enserrait-elle dans la loi du péché, ayant la transgression agissante selon le passible. Car ayant dans ce passible même, à cause de sa situation naturelle[42], l'accroissement du péché, elle eut, selon le péché générique (κατὰ τὴν γενικὴν ἁμαρτίαν) dans le passible, au moyen des passions contre nature, les énergies de toutes les Principautés, Puissances et Dominations ennemies, cachées dans les passions naturelles. C'est par [ces énergies] qu'opère toute puissance

41. *Amb. Io.*, 13, PG 91, 1209B.
42. Il s'agit de sa situation de déchéance.

mauvaise, poussant, selon le possible de la nature, la disposition de vouloir (γνώμη) dans la corruption des passions contre nature par le moyen des passions naturelles[43].»

Il ressort clairement de ce texte que, à cause de la transgression d'Adam et du fait que l'engendrement (ou la genèse) s'accomplit désormais en impliquant le plaisir et la passion, le péché se trouve lié à l'élément passible de la nature humaine, chez tous les descendants d'Adam qui sont soumis sans exception à cette loi de nature. Maxime va ici très loin puisqu'il n'hésite pas à affirmer que «selon [cette loi], nul n'est exempt de péché (ἀναμάρτητος), étant soumis par nature à la loi de l'engendrement». Il va jusqu'à parler du «péché générique (γενική ἁμαρτία) dans le passible», la notion de péché générique nous paraissant toutefois désigner ici le péché «lié à l'action d'engendrer» plus qu'un péché unique affectant le genre humain tout entier (autre sens possible de l'adjectif γενικός[44]). Maxime affirme aussi «que florit toujours avec le passible de l'engendrement, par le péché, la première transgression», ce qui veut dire que l'engendrement selon le plaisir et la passion témoigne toujours de l'antique transgression d'Adam qui a causé sa modalité actuelle, mais aussi qu'elle se montre toujours présente et active, par le péché, dans le passible. On peut même dire que tout engendrement la reproduit et la multiplie, Maxime parlant aussi de «l'accroissement du péché», et d'une nature qui, en cherchant à maintenir son existence, ne fait que se soumettre davantage à la loi du péché. Maxime évoquera ailleurs «le mauvais (τὸ χεῖρον) insinué en nous à la faveur de notre nature passible,

43. *Thal.*, 21, PG 90, 312B-313B, CCSG 7, p. 127-129. Plus loin, Maxime redit que «c'est dans la passibilité selon Adam que les puissances mauvaises eurent, à cause du péché, leurs opérations invisiblement cachées dans la loi de la nature» (PG 90, 313C, CCSG 7, p. 129).

44. Comme le pense P. SHERWOOD, «Maximus and Origenism. ΑΡΧΗ ΚΑΙ ΤΕΛΟΣ», *Berichte zum XI Internationalen Byzantinisten-Kongress München 1958*, III, 1, Munich, 1958, p. 11, n. 52.

c'est-à-dire la loi du péché consécutive à la désobéissance[45]».

Le passible lié au péché par la genèse selon le plaisir[46]
devient en tout cas le siège des puissances démoniaques et
de leur activité en tout homme[47]. Ces puissance démoniaques poussent l'homme au mal par le biais des passions
naturelles qui appartiennent à ce passible, en faisant tendre
sa disposition de vouloir à développer, à partir de ces passions naturelles (par elles-mêmes non blâmables), des passions contre nature (qui sont les passions mauvaises[48]).

Le Prologue des *Questions à Thalassios* montre à cet
égard comment toutes les passions mauvaises se sont déve-
loppées en réponse à deux tendances fondamentales du
passible : la recherche du plaisir et la fuite de la douleur,
qui se manifestent soit séparément, soit en se combinant[49].
De ces deux tendances, la recherche du plaisir semble la
plus fondamentale, car la fuite de la douleur s'accomplit
également par la recherche du plaisir : «voulant échapper à
la sensation pénible de la douleur, nous nous réfugions
dans le plaisir, dans l'intention d'apporter un soulagement
à la nature oppressée par la violence de la douleur[50].»

---

45. *Amb. Th.*, 4, PG 91, 1044A.

46. Maxime en effet ne met pas en cause le passible en soi, qui peut
être exempt de péché, comme nous le verrons ultérieurement, et comme le
souligne P. SHERWOOD, «Maximus and Origenism. ΑΡΧΗ ΚΑΙ
ΤΕΛΟΣ», p. 10-13.

47. Le thème de la présence des puissances démoniaques dans la
nature de l'homme déchu est un thème fortement présent dans l'œuvre de
MACAIRE D'ÉGYPTE (voir notamment *Hom. [Coll. II]*, XI, 11, Dörries,
p. 103 ; XXIV, 3, Dörries, p. 197-198 ; *Hom. [Coll. III]*, I, 3, SC 275,
p. 80) et de DIADOQUE DE PHOTICÉ (voir *Cap. cent.*, XXXIII, SC 5 bis,
p. 103 ; LXXIX, SC 5 bis, p. 137 ; LXXXI, SC 5 bis, p. 139 ; LXXXII,
SC 5 bis, p. 142). L'un et l'autre rectifient dans leur enseignement, par
des voies différentes, l'erreur que commettait à ce sujet l'hérésie
messalienne.

48. *Thal.*, 21, PG 90, 312B-313C, CCSG 7, p. 127-129, cité *supra*,
p. 85.

49. Cf. *Thal.*, Prol., PG 90, 256B-D, CCSG 7, p. 33-35.

50. Cf. *Thal.*, 61, PG 90, 629D, CCSG 22, p. 89.

Maxime parle ainsi du «vice [ou de la disposition au mal] (κακία) pétri dans la nature des hommes selon le passible[51]», et de «la domination mauvaise de la nature régnant sur le passible[52]», développant ici une conception que saint Grégoire de Nysse n'avait fait qu'ébaucher[53].

IV. LA SITUATION
DE LA DISPOSITION DE VOULOIR («GNÔMÈ»)
ET DU CHOIX («PROAIRESIS»)

Il est particulièrement important pour notre sujet de considérer dans quelle mesure la disposition de vouloir de l'homme (γνώμη) (c'est-à-dire l'attitude de sa volonté qui oriente ses choix) et sa faculté de choix elle-même (προαίρεσις) sont marquées par le péché lié à l'engendrement et déterminées par lui dans leur exercice.

On remarquera que Maxime note, dans le passage précédemment cité du chapitre 21 des *Questions à Thalassios*, qu'«il n'y avait pas d'espoir de liberté, la nature étant indissolublement enchaînée par un lien mauvais selon la disposition de vouloir (γνώμη[54])». Ce passage semble exprimer une vision extrêmement pessimiste, proche de celle d'Augustin, d'un homme déchu dont la volonté est mauvaise et que le péché prive de toute capacité de faire le bien. Une telle vision semble confirmée par d'autres remarques de Maxime. Nous l'avons vu affirmer que les puissances

---

51. *Thal.*, 21, PG 90, 316C, CCSG 7, p. 131-133.
52. *Thal.*, 21, PG 90, 316CD, CCSG 7, p. 133.
53. GRÉGOIRE DE NYSSE voyait ainsi dans «la maladie attachée au plaisir qui détermine la naissance de l'homme [...] une infirmité de notre nature», et évoquait aux côtés de celle-ci la tendance qui entraîne l'homme au mal depuis la transgression d'Adam (voir *Or. cat.*, XVI, 3, Méridier, p. 84-86). Le rôle de l'inclination au plaisir comme source de péché est évoqué par MARC L'ERMITE (*De bapt.*, 24, PG 65, 1017C).
54. *Thal.*, 21, PG 90, 312A, CCSG 7, p. 127.

mauvaises «poussent, selon le passible de la nature, la dis-position de vouloir (γνώμη) dans la corruption des passions contre nature par le moyen des passions naturelles[55]», ce qui semble indiquer que la *gnômè* est pour le moins forte-ment inclinée à faire le mal par les démons exerçant une domination sur l'homme à partir de son passible marqué par le péché. Les démons procèdent en s'efforçant de «persuader» l'homme, mais celui-ci étant «soumis à la loi de nature» et ayant un vouloir non seulement peu capable de leur résister mais incliné au mal, elles n'ont guère de mal à parvenir à leurs fins[56]. Maxime parle par ailleurs d'une manière générale de «l'homme soumis au péché selon sa *gnômè*[57]». Il note encore que la force du «mal (χεῖρον) in-sinué en nous à la faveur de notre nature passible, c'est-à-dire la loi du péché consécutive à la désobéissance» «vient de la disposition contre nature de notre *gnômè* qui introduit la passion dans le passible de la nature par relâchement ou par violence[58]». Il évoque la condamnation de ceux qui, «selon l'âme et le corps, dans leur nature et leur disposition de vouloir, ont porté en eux [...] vivante et opérante, la ge-nèse de la nature qui a dominé Adam par le plaisir[59]». Beaucoup d'autres notations dessinent une représentation négative de la *gnômè* et de la *proairesis*. Maxime parle ainsi du «vice [ou de la disposition au mal] de la *proairesis* (ἡ κακία τῆς προαιρέσεως)» mis en œuvre au moyen de la faiblesse de notre nature (c'est-à-dire de la passibilité[60]). Il considère que le vouloir de l'homme déchu est altéré et marqué par le péché à tel point qu'il écrit : «si la volonté qui est en nous est d'abord affectée d'altération, et si cette volonté, selon eux [les monothélites] le Verbe ne l'a pas as-sumée, alors je ne suis pas devenu, moi, sans péché (χωρὶς

---

55. *Ibid.*, PG 90, 313B, CCSG 7, p. 129.
56. Voir *ibid.*, PG 90, 313C, CCSG 7, p. 129.
57. *Thal.*, 61, PG 90, 629C, CCSG 22, p. 89.
58. *Amb. Th.*, 4, PG 91, 1044A.
59. *Thal.*, 61, PG 90, 637C, CCSG 22, p. 101.
60. Cf. *Thal.*, 42, PG 90, 409A, CCSG 7, p. 289.

ἁμαρτίας[61]).» Par ailleurs, lorsqu'il évoque le domaine des relations de l'homme avec ses semblables, Maxime souligne le caractère ordinairement diviseur de la *gnômè* qui sépare les hommes les uns des autres et déchire la nature humaine[62], parlant même des «dispositions irréconciliables de la *gnômè*» sur lesquelles le diable s'appuie pour assurer la pérennité du mal dans l'humanité déchue[63].

Quant à l'enchaînement et à l'esclavage de l'homme déchu que nous avons vu Maxime signaler dans le chapitre 21 des *Questions à Thalassios* («il n'y avait pas d'espoir de liberté, la nature étant indissolublement enchaînée par un lien mauvais selon la disposition de vouloir[64]»), ils trouvent dans son œuvre d'autres expressions. Ainsi, il évoque «l'impuissance mauvaise» de la nature humaine après la transgression d'Adam[65]. Il note que «le diable a dissout par tromperie la force spirituelle de notre nature, au commencement, par la transgression du commandement divin, rendant l'homme esclave de la nature et du temps[66]». Il remarque encore que l'homme déchu est «constamment tyrannisé par la peur de la mort et attaché par amour de la vie à l'esclavage du plaisir[67]». Il semble considérer que l'homme déchu, «par constitution et nécessité», possède la loi de nature et n'est pas mû volontairement, dans un sens où il ne possède pas la pleine maîtrise de lui-même face aux tentations démoniaques et se laisse facilement entraîner par elles[68].

---

61. *Pyr.*, PG 91, 325A, Doucet, p. 582.
62. Voir surtout *Ep.* 2, PG 91, 396D-397A.
63. *Ibid.*, 397A.
64. *Thal.*, 21, PG 90, 312A, CCSG 7, p. 127.
65. *Ibid.*, PG 90, 313B, CCSG 7, p. 129.
66. *Ps. 59*, PG 90, 860A, CCSG 23, p. 5-6.
67. *Thal.*, 21, PG 90, 316B, CCSG 7, p. 131.
68. Voir *ibid.*, PG 90, 316C, CCSG 7, p. 129. Cela est montré indirectement et par opposition à la façon dont le Christ, qui n'est pas un homme ordinaire mais un homme uni à la divinité, est en mesure de faire face aux attaques des démons. Cette idée se retrouve chez SOPHRONE DE JÉRUSALEM, *Ep. syn.*, PG 87, 3173C-3176A. Voir aussi DOROTHÉE DE GAZA, *Doct.*, I, 4, SC 92, p. 152 : «C'est par une contrainte tyrannique

On doit cependant remarquer que, à côté de ces expressions abruptes, on trouve des expressions plus nuancées. Ainsi Maxime note-t-il que l'homme déchu a reçu comme suite de la transgression d'Adam le «mouvement qui se laisse facilement aller à toutes les passions et l'amitié pour celles-ci», et encore «l'instabilité, l'inconstance [...] qui si facilement le porte à changer[69]». Il évoque l'inclination au plaisir de la *gnômè*[70], mais aussi sa tendance à reculer par lâcheté devant la douleur[71]. Il évoque aussi la faiblesse du vouloir humain, dont il dit qu'il «n'est nullement impeccable à cause de son inclination dans un sens ou dans l'autre[72]», et qu'il décrit comme ayant un mouvement contre nature et comme résistant à Dieu la plupart du temps et s'opposant souvent à Lui (ce qui entraîne le péché), mais non pas toujours[73].

Il semble donc que Maxime présente au total une *gnômè* fortement inclinée au mal — à la fois par l'action des démons et par l'état d'un passible lui-même fortement porté à rechercher le plaisir et à fuir la douleur, tendances d'où naissent les passions mauvaises — mais non pas totalement déterminée. Il présente aussi un vouloir affaibli et corrompu, balançant entre le bien et le mal, mais non pas totalement mauvais ni impuissant. Il apparaît aussi que, selon Maxime, les démons qui agissent sur le passible ne déterminent pas l'homme mécaniquement à faire le mal, mais tentent de le persuader ou agissent par ruse[74].

---

que l'homme était entraîné par l'ennemi, et ceux-là mêmes qui voulaient éviter le péché étaient presque forcés de le commettre.»

69. *Amb. Io.*, 8, PG 91, 1104A.
70. *Thal.*, 21, PG 90, 316A, CCSG 7, p. 129.
71. *Ibid.*, PG 90, 316B, CCSG 7, p. 131.
72. *Th. Pol.*, 20, PG 91, 236D.
73. Cf. *ibid.*, 236B, 241A-C. Cette idée apparaît dans une œuvre tardive de Maxime, mais il est à noter qu'on la trouve, exprimée plus radicalement dans un sermon de son père spirituel, SOPHRONE DE JÉRUSALEM : «Par la sentence portée contre notre nature, ce n'est pas seulement le malheur, mais comme une aversion de Dieu qui s'est mêlée à notre vie» (*Or.*, VII, 4, PG 87, 3328).
74. Cf. *Thal.*, 21, PG 90, 313C, CCSG 7, p. 129.

Il semble donc rester à l'homme déchu, en principe, une certaine marge de liberté et une certaine possibilité de faire le bien. Mais il faut reconnaître qu'en fait cette marge est extrêmement réduite.

V. UNE VISION PESSIMISTE
DE L'HUMANITÉ DÉCHUE

C'est d'ailleurs un portrait globalement très pessimiste que Maxime dresse de l'humanité déchue, comme le montre par exemple cette noire description de la nature humaine que l'on trouve dans le chapitre 65 des *Questions à Thalassios*, à l'occasion du commentaire d'un passage du livre de Jonas :

«Le Prophète, figurant mystiquement ces choses en lui-même, signifie Adam, c'est-à-dire la commune nature des hommes, qui a glissé hors des biens divins, comme de Joppé ; qui a été plongée dans la misère de la vie, comme dans la mer ; qui a été jetée à la haute mer, "pleine de fureur et de bruit", du penchant passionné pour les choses matérielles ; qui a été engloutie par le poisson, la bête intelligible et insatiable, le diable ; qui a reçu de toutes parts "jusqu'à l'âme", l'eau des tentations mauvaises, c'est-à-dire la vie enveloppée par des tentations ; qui a été "cernée par le dernier abîme", c'est-à-dire l'intellect enchaîné à la plus complète ignorance ; dont la pensée a subi tout autour le grand poids de la malice ; ayant "la tête coincée dans la faille des monts", c'est-à-dire le *logos* premier de la foi en la Monade, en tant que tête de tout le corps des vertus, emprisonnée comme en quelque obscure fente de montagnes (les pensées des puissances mauvaises) ; divisée en de multiples opinions et imaginations (en effet la parole appelle "fente de montagnes" les pensées des esprits du mal gisant dans les profondeurs de l'ultime abîme de l'ignorance et de l'erreur) ; descendue "vers la terre dont les verrous sont éternels", c'est-à-dire vers le désert de toute sensation divine ; l'habitus porté vers le bas et dénué de tout mouvement vivant de vertu, n'ayant pas le moindre sens de la miséricorde, ni le moindre élan de l'âme vers Dieu ; sur laquelle, tel un abîme, monte la fumée de l'ignorance et la profondeur sans pareille du vice ; et sur laquelle les montagnes de l'erreur jettent leurs racines — les esprits de malice — dont la nature de l'homme, tout d'abord pénétrée par les fissures, est devenue ensuite la base par l'habitus le plus mauvais en tant que disposée à recevoir leur errement de malice ; ayant comme un verrou éternel cette disposition passionnée intérieure pour les choses matérielles qui, sa réflexion n'étant pas affranchie des ténèbres de l'ignorance de son intelligence, l'empêche de voir la lumière de la vraie connaissance [...] ; enténébrée en tant que déserte de vraie connaissance et de contemplation ; obscure en tant que privée de toute *praxis* ; "dans laquelle, dit-il, il n'est pas de lumière", c'est-à-dire de connaissance et de vérité ; "où l'on ne voit nulle vie de mortels", c'est-à-dire celle de la conduite convenant aux êtres doués de raison[75].»

C'est seulement par une grâce spéciale, préfigurant celle du salut pour l'annoncer, que les Justes de l'Ancienne Alliance[76] ont pu dans une certaine mesure accéder à une certaine connaissance des choses divines[77] et aussi se préserver des passions mauvaises et pratiquer les vertus[78]. Cependant, si par cette grâce ils «circoncisaient alors la partie passionnée de l'âme, ils ne s'en dépouillaient pourtant

---

75. *Thal.*, 65, PG 90, 696D-697C, CCSG 22, p. 191-194.

76. Voir notre étude : *La Divinisation de l'homme selon saint Maxime le Confesseur*, p. 208-219.

77. Cf. *Thal.*, 59, PG 90, 604D-608A, CCSG 22, p. 45 : «Dès lors qu'au commencement, au moyen du péché, le Malin a cloué ces puissances [de recherche et de scrutation] des choses divines à la nature des êtres visibles, qu'il n'y avait donc "plus personne pour comprendre ou rechercher Dieu" (Ps 13, 2 ; 52, 3), tous les participants de la nature [humaine] ayant la puissance intellective et rationnelle limitée à l'apparence des choses sensibles et ne possédant pas la moindre notion des choses qui sont au-delà de la sensation, c'est avec juste raison que la grâce du Très-Saint-Esprit rétablit cette puissance, qui avait été clouée, en la déclouant des choses matérielles chez ceux qui intérieurement ne s'étaient pas soumis de propos délibéré à la tromperie [du Malin]. En la recouvrant par grâce dans sa pureté, ils cherchèrent et scrutèrent, et par suite cherchèrent profondément et scrutèrent profondément, par la même grâce de l'Esprit, bien sûr.»

78. Cf. *Qu. D.*, 60, CCSG 10, p. 48 ; *Ep.*, 2, PG 91, 401BC; *Amb. Io.*, 10, PG 91, 1137D-1141C.

pas complètement, car ils étaient placés sous la condamnation de la nature, ayant été engendrés par accouplement[79]». Et encore constituaient-ils une exception, la plupart des hommes abondant par leur volonté personnelle dans le sens des tendances de leur nature déchue par lesquelles ils se laissent facilement entraîner[80].

VI. LES DESCENDANTS D'ADAM
NE SONT NI RESPONSABLES
NI COUPABLES DE SA PROPRE FAUTE

Bien qu'il considère que le péché marque profondément dans leur nature, en raison de leur mode d'engendrement issu de la transgression d'Adam, les descendants de ce dernier, Maxime ne semble pas considérer que ceux-ci partagent la responsabilité de l'Ancêtre pour la faute qu'il a commise, et par conséquent sa culpabilité.

1. «J'ai été enfanté dans l'iniquité
et ma mère m'a conçu dans le péché.»

La façon dont Maxime interprète, dans les *Quaestiones et dubia*, le célèbre verset 7 du psaume 50 — «J'ai été enfanté dans l'iniquité et ma mère m'a conçu dans le péché» — est particulièrement intéressante à cet égard. Maxime rapporte en effet la première partie du verset au mode d'engendrement issu de la transgression d'Adam et la deuxième partie du verset à Ève, laquelle a conçu dans le péché parce que, en concevant, elle a désiré passionnément le plaisir :

---

79. *Qu. D.* 113, CCSG 10, p. 83-84.
80. Cf. *Thal.*, 64, PG 90, 696C, CCSG 22, p. 191.64.

«Puisque le projet initial de Dieu était que nous procréions sans le mariage ni la corruption, la transgression du commandement a introduit le mariage par l'acte illégitime d'Adam, c'est-à-dire la violation de la loi qui lui avait été donnée par Dieu ; tous ceux dès lors qui sont issus d'Adam sont enfantés dans l'iniquité (ἀνομία), tombant ainsi dans la condamnation du premier père. Et le "ma mère m'a conçu dans le péché" signifie que notre première mère à tous, Ève, a conçu dans le péché en désirant passionnément le plaisir. C'est pourquoi nous aussi, en tombant sous la condamnation de la mère, nous sommes dits conçus dans le péché[81].»

Il semble bien qu'ici Maxime considère que tout homme en naissant est porteur de la condamnation d'Adam et d'Ève mais (cela n'a pas toujours été bien saisi par les commentateurs de ce texte[82]) non point héritier de leur péché personnel même, qui leur est à l'un et à l'autre très clairement attribué. Celui-ci est pour Adam désigné comme la transgression du commandement divin, et pour Ève comme le désir passionné du plaisir. L'iniquité est rapportée au mode même de l'engendrement lié à la transgression d'Adam, et les hommes naissent dans l'iniquité en quelque sorte involontairement, selon le mode d'engendrement qui s'impose désormais à eux sans qu'ils l'aient choisi, comme une nécessité naturelle, et par les seules faute et responsabilité d'Adam qui a inauguré et a imposé à la nature ce mode d'engendrement. Quant au mot «condamnation», il semble devoir être compris dans le sens qui se rencontre dans d'autres textes de Maxime[83], à savoir celui des conséquences du péché d'Adam et d'Ève pour la nature humaine (en particulier la passibilité, la corruption et la mort[84]), et non dans le sens d'une quelconque culpabilité

---

81. *Qu. D.*, I, 3, CCSG 10, p. 138-139.
82. Notamment A. GAUDEL, «Péché originel», col. 429 ; W. VÖLKER, *Maximus Confessor als Meister des geistlichen Lebens*, Wiesbaden, 1965, p. 105.
83. Voir la prochaine section.
84. *Ibid.*

qu'auraient partagée avec eux leurs descendants[85]. Cette interprétation est confirmée par le fait que Maxime affirme ailleurs que le Christ a endossé volontairement, pour en libérer la nature, la condamnation d'Adam[86], alors qu'Il était de toute évidence exempt de tout péché et de toute responsabilité personnelle.

2. La faute d'Adam et ses effets.
Deux sens du mot «péché».

Maxime prend soin en effet de distinguer la faute personnelle d'Adam et d'Ève, leur péché de désobéissance, et ses effets sur la nature, à savoir principalement la passibilité[87], la corruption[88] et la mort[89]. Ainsi il note :

«Le changement pour la passion, la corruption et la mort est la condamnation du péché de choix (προαίρεσις) d'Adam [...]. C'est lui qui l'a fait en connaissance de cause, fabriquant ainsi le péché de choix par la désobéissance, dont le produit est évidemment la condamnation à la mort[90].»

---

85. On trouve la même notion, entendue dans un sens semblable, chez GRÉGOIRE DE NAZIANZE, *Disc.*, XXII, 13, SC 270, p. 248 : «ma chute et ma condamnation ont été totales par suite de la désobéissance du premier homme et de la tromperie de l'Adversaire.»

86. Voir *Thal.*, 61, PG 90, 629C, CCSG 22, p. 89.

87. Cf. *Qu. D.* 113, CCSG 10, p. 83 ; *Thal.*, 42, PG 90, 408B-D, CCSG 7, p. 287-289 ; *Amb. Io.*, 42, PG 91, 1348C.

88. Cf. *Asc.*, 1, PG 90, 912B ; *Thal.*, 42, PG 90, 405C-408D, CCSG 7, p. 285-289 ; *Amb. Io.*, 42, PG 91, 1348C.

89. Cf. *Asc.*, 1, PG 90, 912B ; *Thal.*, 42, PG 90, 408B-D, CCSG 7, p. 287-289 ; 61, PG 90, 628C, CCSG 22, p. 87 ; PG 90, 632B, CCSG 22, p. 91 ; PG 90, 632D, CCSG 22, p. 93 ; PG 90, 636B, CCSG 22, p. 97.

90. *Thal.*, 42, PG 90, 408C, CCSG 7, p. 287 ; cf. 61, PG 90, 632D, CCSG 22, p. 93 ; PG 90, 633B, CCSG 22, p. 95.

Ces effets du péché personnel d'Adam sont appelés par Maxime «condamnation[91]» sans que cette notion implique à ses yeux aucune connotation de culpabilité qui s'attacherait à la nature elle-même et aux descendants d'Adam qui ont à subir cette condamnation dans leur nature. La culpabilité est en effet liée à la faute personnelle d'Adam, faute qui résulte de son propre choix.

Il est courant de voir les Pères grecs et Maxime lui-même affirmer que tous les descendants d'Adam héritent de son péché, dans la ligne de l'affirmation de saint Paul : «par la désobéissance d'un seul homme, beaucoup ont été constitués pécheurs» (Rm 6, 19). Le mot «péché» a cependant pour eux deux significations, que Maxime, dans le chapitre 42 des *Questions à Thalassios*, prend soin de dégager à propos d'une affirmation de saint Paul concernant le Christ, qui peut elle aussi, à cet égard, prêter à confusion : «Celui qui n'avait pas connu le péché, Il l'a fait péché pour nous» (2 Co 5, 21) :

«Le choix (προαίρεσις) de la raison naturelle d'Adam, d'abord corrompu, a corrompu avec lui la nature qui a abandonné la grâce de l'impassibilité. Le premier péché, digne de blâme, est la chute du bien dans le mal du choix ; le deuxième [péché], causé par le premier, est le changement, non blâmable, de l'incorruptibilité en la corruption. Ces deux péchés se sont produits chez l'Ancêtre par la transgression du commandement divin. L'un est blâmable, le second non blâmable, ayant pour cause celui qui est blâmable. Celui du choix met de plein gré le bien de côté ; celui de la nature quitte contre son gré l'immortalité, à cause du choix[92].»

Si Maxime parle dans ce passage d'un péché de nature, on voit que ce n'est pas du tout dans le sens augustinien : il n'entend pas par là, en effet, un péché qui rendrait tous les hommes coupables dès la naissance — et encore moins

---

91. Voir *Thal.*, 42, PG 90, 408CD, CCSG 7, p. 287-289 ; 61, PG 90, 633CD, CCSG 22, p. 95 ; PG 90, 636AB, CCSG 22, p. 97 ; *Amb. Io.*, 42, PG 91, 1348C ; *Qu. D.* 113, CCSG 10, p. 83.
92. *Thal.*, 42, PG 90, 405BC, CCSG 7, p. 285.

coupables de la faute d'Adam, qui lui est propre — mais la passibilité, la corruption (sur laquelle il insiste ici) et la mort[93], qui, du fait de la transgression dont Adam s'est rendu lui-même coupable, affectent tous les hommes sans qu'ils en soient eux-mêmes coupables. Le Christ assumera ce «péché» non coupable en revêtant la nature humaine déchue, tout en restant exempt de tout péché blâmable[94].

3. L'association de tous les hommes à Adam dans le péché.

Cependant cette distinction du chapitre 42 des *Questions à Thalassios* se retrouve dans le chapitre 62, exprimée de telle sorte que dans le péché de choix tout homme paraisse associé à Adam et partage ainsi sa responsabilité :

«J'ai eu sur moi deux malédictions ; l'une qui est le fruit de mon choix, c'est-à-dire le péché, par lequel la semence féconde de l'âme vertueuse est tombée dans la terre ; l'autre, la mort de la nature décrétée en toute justice à cause de mon choix, ici par nécessité, poussant la nature sans qu'elle le veuille, là où le mouvement de mon choix selon la *gnômè* a été semé[95].»

Dans le chapitre 42 des *Questions à Thalassios*, Maxime s'exprime de la même façon :

---

93. Dans la même perspective, saint JEAN CHRYSOSTOME interprétait le «pécheurs» de Rm 5, 19 non dans le sens de «coupables», mais dans le sens de «condamnés à la mort» (voir *Hom. in Rom.*, V, 2-3, PG 60, 477-478), et le «à cause duquel tous ont péché» de Rm 5, 12, comme signifiant que «par suite de la chute d'Adam, ceux mêmes qui n'avaient pas mangé du fruit de l'arbre sont devenus mortels» (*ibid.*, 474-475).

94. Cette utilisation du mot «péché» pour désigner les effets du péché ancestral, sans connotation de responsabilité ni de culpabilité, se retrouve chez d'autres Pères grecs et est évidemment une source de confusion quand son sens n'est pas précisé.

95. *Thal.*, 62, PG 90, 652C, CCSG 22, p. 123.

«Ne connaissant pas mon péché, c'est-à-dire la mutation de mon choix, mon Seigneur n'a pas assumé mon péché ni ne l'est devenu, mais assumant la corruption de la nature, à cause de mon péché, c'est-à-dire la mutation de mon choix, Il S'est fait pour nous homme passible par nature, enlevant mon péché au moyen du péché causé par moi[96].»

Une formule semblable se retrouve un peu plus loin[97]. De même, dans le chapitre 7 des *Ambigua*, Maxime note :

«Dieu, au mouvement déraisonnable de notre intellect, fixa le châtiment adéquat en punissant de mort, avec raison, cela même par quoi nous avions dilapidé notre puissance d'aimer qui, selon l'intellect, n'était due qu'à Dieu[98].»

Et dans l'Opuscule théologique et polémique XV :

«Si, en violant le commandement, ce n'est pas sans la volonté que nous l'avons violé, nous avions besoin d'une guérison dans cette volonté[99].»

Cela ne signifie pourtant pas que Maxime entende ici associer tous les hommes à la transgression d'Adam au sens où il les considérerait tous comme responsables et coupables de celle-ci. Cette façon de s'exprimer se retrouve chez d'autres Pères grecs très éloignés de la conception augustinienne du péché originel[100]. On peut voir là un simple effet rhétorique[101]. Mais plus profondément, on peut

---

96. *Thal.*, 42, PG 90, 408A, CCSG 7, p. 287.
97. *Ibid.*, PG 90, 408C, CCSG 7, p. 287.
98. *Amb. Io.*, 7, PG 91, 1093A.
99. *Th. Pol.*, XV, PG 91, 157A.
100. Ainsi chez saint IRÉNÉE qui écrit : le Christ «nous fait voir ce Dieu même que nous avions offensé dans le premier Adam, en n'accomplissant pas son commandement, et avec qui nous avons été réconciliés dans le second Adam, en devenant obéissants jusqu'à la mort (*Adv. haer.*, V, 16, 3, SC 153, p. 220). Cf. *Dem.*, 37, SC 406, p. 134. GRÉGOIRE DE NYSSE, *In bapt. Christi*, PG 46, 600A.
101. C'est le cas dans le passage de saint Irénée cité dans la note précédente : l'obéissance jusqu'à la mort étant de toute évidence un acte

admettre que Maxime considère tous les hommes comme étant de fait responsables d'une transgression semblable à celle d'Adam, en tant qu'ils ont reproduit sa faute, qu'ils se sont faits en quelque sorte ses imitateurs, se rendant personnellement coupables d'un péché semblable et en conséquence responsables des mêmes effets. Ainsi, dans le *Discours ascétique*, Maxime remarque qu'après le péché d'Adam, l'homme, de génération en génération, «continua à s'enfoncer dans le mal[102]».

Bien que Maxime parle en termes génériques, et même en termes de nature, il ne semble pas qu'il envisage une expansion du mal due au développement de la nature humaine, mais plutôt le fait que les hommes ont, chacun par son choix et par ses propres péchés, persévéré dans la voie du mal inaugurée par Adam, et même qu'ils ont, par leurs propres péchés, accru, répandu et multiplié le mal en euxmêmes et dans le monde. Si tous les hommes subissent nécessairement les effets du péché d'Adam, ils pèchent euxmêmes (et sont dès lors coupables) non parce qu'ils auraient hérité dans leur nature du péché personnel d'Adam, mais parce qu'ils se font les imitateurs d'Adam. Cela ressort d'un passage des *Ambigua à Jean* : «Si, sous l'influence du péché, l'ancien Adam [...] a détruit par sa désobéissance les lois premières en esprit, il a rempli de ses descendants selon la chair le monde d'en-bas pour la corruption, *devenu initiateur par l'image de sa transgression*[103]», et plus nettement encore d'un passage des *Questions à Thalassios* où il note que «le péché a dans la mort, en ceux qui le commettent *comme* Adam, une arme pour détruire la nature[104]». Dans un autre passage de la même œuvre, il remarque encore que les hommes «se laissent entraîner de plein gré dans l'amertume du péché,

---

personnel du Christ (cf. Ph 2, 8), parallèlement, la désobéissance d'Adam l'est aussi.

102. *Asc.*, 1, PG 90, 912B.
103. *Amb. Io.*, 31, PG 91, 1276C. Souligné par nous.
104. *Thal.*, 41, PG 90, 637A, CCSG 7, p. 99. Souligné par nous.

tout comme notre ancêtre Adam a roulé dans ce monde[105]».
Il faut cependant admettre que cette conception est bien
moins explicite chez saint Maxime que chez certains Pères
grecs comme saint Cyrille d'Alexandrie[106] dont il fut cependant un lecteur attentif. Une telle conception doit
d'ailleurs être exprimée avec beaucoup de précautions, car
l'idée que le péché ne se transmettait que par imitation était
l'un des premiers et des principaux arguments des pélagiens, qu'ils avaient commencé à répandre à Carthage
même, et qui avait suscité l'une des premières réactions de
saint Augustin dans son traité *De peccatorum meritis et
remissione*. Peut-être Maxime avait-il ce fait en tête.

VII. CONFIRMATION
DE L'IDÉE D'UN PÉCHÉ HÉRITÉ

Ces réserves ne remettent cependant pas en cause la conception maximienne selon laquelle les descendants d'Adam
héritent non seulement d'un péché (entendu dans un sens
particulier) qui signifie la passibilité, la corruption et la
mort, mais aussi d'un péché (entendu dans un sens plus
proche du sens habituel, mais qui n'est pourtant pas un péché personnel coupable) qui consiste dans une tendance à
pécher, liée à une orientation généralement mauvaise de la
disposition de vouloir et du choix qui se montrent hésitants
et inconstants. La distinction que Maxime fait dans le chapitre 42 des *Questions à Thalassios* entre un premier péché,
blâmable, qu'il rapporte au choix personnel d'Adam, et un
péché non blâmable qui consiste seulement dans la passibilité, la corruption et la mort, est faite dans un contexte
christologique où il s'agit de montrer que le Christ a pu se

---

105. *Thal.*, 65, PG 90, 696C, CCSG 22, p. 191.
106. Voir *In Rom.*, V, 12, PG 74, 784C ; 18, PG 74, 788-789.

faire Lui-même péché tout en restant impeccable[107]. Cela signifie seulement que le Christ, en assumant la nature humaine, l'a assumée en son état déchu de passibilité, de corruptibilité et de mortalité, mais sans la peccabilité (ou la tendance au péché) qui, comme nous l'avons vu, est liée au passible des hommes ordinaires du fait de leur engendrement charnel. Cela est affirmé par Maxime dans d'autres textes. Ainsi il note que le Verbe, «selon Sa kénose volontaire, prenant naturellement le passible, n'a pas pris la peccabilité[108]», ou qu'«Il accepte volontairement, d'être soumis, presque semblablement à nous, aux passions naturelles, hormis le péché[109]», ou encore que «de l'engendrement ajouté ultérieurement à la nature à cause du péché, Il prit seulement le passible sans le péché[110]». Ces textes confirment manifestement que pour Maxime il y a, comme effet du péché d'Adam, une passibilité impeccable — celle qu'a assumée le Christ — et une passibilité peccable (c'est-à-dire marquée par une tendance au péché à travers la recherche du plaisir et l'évitement de la douleur) —, celle dont héritent à leur naissance tous les hommes.

Maxime affirme d'autre part que le Verbe, en l'humanité qu'Il a assumée, est exempt du vouloir, corrompu, muable, versatile, s'opposant généralement à Dieu et tendant au mal, qui caractérise les autres hommes depuis le péché d'Adam[111], ce qui confirme par ailleurs indirectement que tous les hommes ont dès leur naissance une disposition de vouloir et un choix marqués par ces caractères négatifs.

Cependant nous avons vu précédemment que les hommes ne sont responsables et coupables que des péchés qu'ils ont commis personnellement, en se laissant aller à ces tendances tant de leur élément passible que de leur disposition de vouloir et de leur choix, en cédant à la pression que les

---

107. *Thal.*, 42, PG 90, 405BC, CCSG 7, p. 285.
108. *Amb. Io.*, 42, PG 91, 1317A.
109. *Amb. Io.*, 42, PG 91, 1316D.
110. *Thal.*, 21, PG 90, 312B, CCSG 7, p. 127.
111. Voir la section suivante : «4. Le rôle sotériologique du vouloir humain du Christ», p. 110 s.

démons exercent sur leur passible, en développant des passions contre nature à partir des passions naturelles, etc. Ce sont là les péchés au sens propre, que tous les hommes sont amenés à commettre de fait, quoique dans des proportions variables.

On peut donc distinguer trois types de péché. Le premier est constitué par la passibilité simple, la corruptibilité et la mortalité ; c'est improprement que le mot «péché» leur est appliqué, et en vertu seulement du fait qu'ils découlent du péché d'Adam. Le troisième est le péché dont l'homme se rend coupable en péchant personnellement ; c'est le péché au sens propre et commun du terme. Le deuxième désigne la tendance au péché dont l'homme hérite en naissant, du fait de son engendrement charnel, et qui marque tant son passible que sa disposition de vouloir. Il ne s'agit pas là d'un péché dont l'homme soit responsable ou coupable. Il ne devient un péché coupable que dans ses suites, lorsque l'homme cède à cette tendance au mal et commet des péchés ou développe des passions mauvaises, d'une manière consciente et volontaire[112]. Néanmoins en ayant ce péché, l'homme n'est pas «impeccable[113]», ce qu'est le Christ qui en est exempt.

---

112. Il est intéressant à cet égard de noter que Maxime, dans un chapitre des *Quaestiones et dubia*, considère que c'est à partir du moment où l'homme est capable de discerner le bien et le mal qu'il peut à proprement parler développer des passions mauvaises (voir *Qu. D.*, 154, CCSG 10, p. 108). Cette position est aux antipodes de celle d'Augustin, mais apparaît aussi singulière dans la tradition patristique grecque. Ainsi un saint JEAN CASSIEN, formé à l'école des Pères du désert, écrit-il : «Ne voyons-nous pas les premiers mouvements de la chair non seulement chez les enfants encore à l'âge de l'innocence et qui n'ont pas encore le discernement du bien et du mal, mais encore chez les tout petits et ceux qui sont encore à la mamelle ?» (*De inst. cœnob.*, VII, 3, SC 109, p. 294).

113. Cf. *Amb. Io.*, 42, PG 91, 1316D : «la peccabilité de l'engendrement n'est pas estimable, en tant que cause de toute passion et de toute corruption.»

VIII. L'ABOLITION DES EFFETS
DE LA CONDAMNATION D'ADAM
PAR L'ÉCONOMIE SALVATRICE DU CHRIST

Comme nous avons pu le remarquer dans de nombreux textes cités précédemment, les effets du péché ancestral et leur transmission sont généralement évoqués par Maxime en relation avec le salut accompli par le Christ, et pour mieux faire comprendre la nature de celui-ci. Dans ce contexte — nous en avons déjà eu un aperçu dans la section précédente — un certain nombre de considérations ambiguës se trouvent éclairées, et la profonde cohérence de la conception de Maxime apparaît, faisant comprendre la raison d'être des positions particulières qu'il prend sur les effets du péché ancestral.

1. L'assomption de la nature humaine
par le Verbe. Genèse et engendrement.

Selon Maxime, le salut de l'humanité est conditionné par le fait que le Verbe S'est incarné, et S'est incarné de telle sorte que, tout en restant pleinement Dieu, Il a «accept[é] par amour des hommes tout ce qui est nôtre[114]», qu'Il S'est fait «semblable à nous à tous égards[115]», autrement dit a assumé la nature humaine, d'une part avec toutes les propriétés qui la caractérisent selon son *logos* essentiel, et d'autre part en son état déchu consécutif au péché d'Adam, à l'exception cependant du péché[116].

---

114. *Qu. D.*, 59, CCSG 10, p. 47.
115. Cf. *Thal.*, 21, PG 90, 312B, CCSG 7, p. 127. Cf. *ibid.*, PG 90, 313B, CCSG 7, p. 129.
116. Cf. *Amb. Io.*, 42, PG 91, 1316D-1317A.

Non seulement le Verbe a assumé la nature humaine dans son intégralité, mais Il l'a assumée dans son intégrité originelle, autrement dit telle que Dieu l'a créée et qu'elle pouvait se voir en Adam avant qu'il ne transgressât le commandement[117].

Mais de surcroît Il a assumé la nature humaine en son état de déchéance tel qu'il a résulté du péché d'Adam et tel que chacun de nous en hérite à sa naissance, mais là encore sans le péché. Autrement dit, il a assumé la corruptibilité, la mortalité et la passibilité (les passions naturelles et non coupables) de notre nature actuelle, mais sans la peccabilité qui marque cette passibilité.

Cette double assomption correspond à la distinction, caractéristique de la pensée maximienne et présente dans les *Ambigua*[118] et les *Questions à Thalassios*[119], entre la genèse (γένεσις) et l'engendrement (γέννησις[120]). Selon la genèse, le Christ prit les caractéristiques qui furent celles d'Adam lorsqu'il fut créé au commencement par Dieu à Son image, autrement dit ce qui définit essentiellement la nature humaine selon son *logos* ; selon cette genèse, il devint véritablement homme. Selon l'engendrement, Il revêtit de plein gré les caractères de la nature humaine déchue, c'est-à-dire la corruptibilité, la mortalité et la passibilité, «acceptant volontairement d'être soumis presque semblablement à nous aux passions naturelles, hormis le péché[121]». Autrement dit, «de la première constitution d'Adam selon la genèse, Il prit l'impeccabilité sans l'incorruptibilité ; et de l'engendrement ajouté ultérieurement à la nature à cause du péché, Il prit seulement le passible sans le péché[122].»

---

117. Cf. *Thal.*, 21, PG 90, 312B, CCSG 7, p. 127.
118. Cf. *Amb. Io.*, 42, 1316B-1320A, 1345D-1349A ; *Amb. Th.*, 5, PG 91, 1052D.
119. Cf. *Thal.*, 21, PG 90, 313B, CCSG 7, p. 129.
120. Il est à noter cependant que cette distinction n'est pas toujours utilisée par Maxime avec une rigueur absolue.
121. Cf. *Amb. Io.*, 42, PG 91, 1316D.
122. Cf. *Thal.*, 21, PG 90, 313B, CCSG 7, p. 129.

Maxime explique que ces deux principes ont joué l'un par rapport à l'autre, dans le Christ, un rôle salvateur :

«En les tissant tous deux alternativement autour de Lui d'une manière parfaite, tels des éléments extrêmes et opposés, Il pallia efficacement par chacun ce dont l'autre manquait, rendant ainsi le second, non estimable, salvateur et rénovateur du premier, celui-ci estimable, et faisant du premier le soutien et le salut du second. Parlant des extrêmes, j'entends d'une part l'incorruptibilité de la première genèse, qui est estimable en tant que principe de l'impeccabilité, et d'autre part la peccabilité de l'engendrement, qui n'est pas estimable, en tant que cause de toute passion et corruption[123].»

Maxime explique ensuite comment ce rôle salvateur s'est accompli :

«Ces deux dernières [la passion et la corruption] n'ont jamais eu la moindre prise sur notre Sauveur selon l'Incarnation et, en l'acceptant à cause d'elles, Il a fait de l'engendrement le salut de la genèse en renouvelant, paradoxalement par ce qu'il y a en Lui de passible, l'incorruptibilité de la genèse, et à l'inverse Il a établi la genèse comme salvatrice de l'engendrement en sanctifiant par l'impeccabilité de celle-là ce que l'engendrement a de passionné, en sorte que, d'une part, Il a fait recouvrer [à l'homme] totalement la genèse, la nature étant soutenue par son *logos* divinement parfait, et que, d'autre part, Il a libéré entièrement de l'engendrement la nature tombée à cause du péché, celle-ci n'étant plus soumise au mode de fécondation séminal commun au reste des animaux[124].»

2. Les conséquences sotériologiques du mode nouveau d'engendrement du Verbe incarné.

Comme cela apparaît à la fin de ce passage, Maxime accorde, dans sa conception du salut, une place essentielle au mode nouveau de la venue à l'existence du Verbe dans la

---

123. *Amb. Io.*, 42, PG 91, 1317AB.
124. *Ibid.*, 1317BC.

chair. Parce qu'Il était Dieu, le Verbe incarné a pu venir à l'existence selon un autre mode que celui auquel tous les hommes étaient soumis depuis la faute d'Adam : en étant conçu sans semence (ou plus exactement de Sa propre semence[125]) et engendré d'une vierge, par conséquent sans qu'interviennent dans le mode de Sa conception et de Son engendrement le plaisir[126], la passion[127] et la corruption[128] qui accompagnent le mode de conception et d'engendrement charnels de tous les descendants d'Adam.

Or cela a pour le salut de la nature humaine une série de conséquences capitales.

Parce que «Sa conception s'est faite, paradoxalement, sans semence et son engendrement surnaturellement sans corruption», le Verbe incarné, écrit Maxime, « a purifié la nature de la loi du péché en n'ayant pas permis que le plaisir précédât Son Incarnation[129]».

Ce mode nouveau d'engendrement, en effet, n'impliquait pas naturellement et nécessairement pour Lui, comme c'est le cas pour tous les autres hommes depuis la chute, la passibilité, la corruptibilité et la mortalité affectant la nature humaine consécutivement à la faute adamique et se transmettant de génération en génération par l'engendrement charnel. Autrement dit, le Verbe incarné n'a pas subi ces imperfections mais les a assumées librement et volontairement, les acceptant de plein gré pour le salut de l'homme[130]. Pour cette raison Il a pu en délivrer la nature humaine. Adam, se livrant à un plaisir injuste, avait dû subir, en conséquence, ainsi que ses descendants, «de justes peines

---

125. Cf. *Amb. Th.*, 2, PG 91, 1037A ; 5, PG 91, 1052D ; *Ep.*, 14, PG 91, 537A ; *Ep., 2 Th.*, 10, Canart, p. 435.

126. Cf. *Thal.*, 61, PG 90, 629B, CCSG 22, p. 87-89 ; PG 90, 632BC, CCSG 22, p. 91.

127. Cf. *Amb. Io.*, 31, PG 91, 1276A.

128. Cf. *ibid.* ; *Cap. XV*, 14, PG 90, 1185A.

129. *Pater*, PG 90, 880AB, CCSG 23, p. 35. Cf. *Cap. XV*, 14, PG 90, 1185A.

130. Cf. *Ep.*, 15, PG 91, 573B.

et une mort plus juste encore» ; il fallait donc, explique Maxime,

«pour restaurer la nature souffrante, imaginer une peine et une mort tout à la fois injustes et sans cause — sans cause, en tant que n'ayant pas le moindre plaisir selon la genèse, injustes en tant que ne succédant à aucune vie passionnée — en sorte que [...] la peine et la mort les plus injustes abolissent totalement le commencement très injuste dû au plaisir et la fin très juste, à cause de lui, de la nature par la mort, et que le genre humain soit libéré du plaisir et de la douleur, l'heureux sort reçu par la nature à l'origine n'étant plus souillé par aucune des marques de ce qui est soumis à la genèse et à la corruption[131].»

3. Le rôle sotériologique de l'assomption de la passibilité.

Comme l'indique ce texte, l'assomption volontaire par le Verbe incarné des passions naturelles (notamment des souffrances) et de la mort pour Lui injustes[132] a un effet salvateur sur le commencement de la vie humaine : elle permet à la nature humaine d'échapper désormais à la loi d'engendrement par jouissance et d'accéder à un autre principe d'engendrement, non plus charnel mais spirituel[133] ; mais elle a aussi un effet sur sa fin : la mort injuste du Christ signifie la condamnation et la mort de la mort. C'est ce qu'explique la suite :

«Pour cette raison, étant Dieu parfait par nature, le Verbe de Dieu devient homme parfait par nature, constitué d'une âme intelligente et d'un corps passible, tout proche de nous à part le péché seul, absolument rien du plaisir issu de la désobéissance n'ayant précédé son engendrement dans le temps, acceptant de plein gré par amour pour

---

131. *Thal.*, 61, PG 90, 628D-629A, CCSG 22, p. 87.4
132. Voir aussi *Myst.*, VIII, Sotiropoulos, p. 223.14-15.
133. Cf. *Thal.*, 61, PG 90, 629B, CCSG 22, p. 89 ; PG 90, 632AB, CCSG 22, p. 91 ; PG 90, 633D-636A, CCSG 22, p. 95-97 ; PG 90, 636B-637B, CCSG 22, p. 97-99.

l'homme la douleur venue de ce plaisir [et] qui est la fin de la nature, afin, en souffrant injustement, qu'Il arrache le principe de genèse par jouissance injuste qui tyrannise la nature — la mort du Seigneur étant non pas comme pour les autres hommes une dette acquittée pour le principe de la genèse, mais bien plutôt projetée contre celui-ci —, et qu'Il anéantisse la juste fin de la nature par la mort qui n'avait pas [pour Lui] comme cause de l'être l'injuste plaisir à cause duquel la mort est entrée et par laquelle celui-ci a été justement châtié[134].»

Cette assomption a aussi un effet salvateur sur le «milieu» de la vie humaine puisqu'elle signifie la destruction de la passibilité et de son pouvoir de porter l'homme au péché :

«[Le Verbe] endosse volontairement la sentence de condamnation de notre nature qui est dans le passible, faisant de celui-ci une arme pour l'enlèvement du péché et de la mort à cause de ce dernier, c'est-à-dire du plaisir et de la douleur qu'il entraîne, en quoi réside l'emprise du péché et de la mort, et la tyrannie du péché par le plaisir, et par lui selon la douleur la domination de la mort. Car c'est évidemment dans ce passible de la nature que gît l'emprise du plaisir et de la douleur[135].»

Maxime explique comment le Verbe de Dieu, ayant assumé la passibilité de la nature déchue, mais sans l'attrait pour le plaisir et la répulsion pour la douleur, et sans la disposition au péché, en a usé comme d'un piège pour vaincre les puissances démoniaques et pour libérer la nature humaine du pouvoir qu'elles exerçaient sur elle par le biais de cette passibilité : voyant le Christ en Son humanité, considérant le passible qui est naturel à la chair,

«croyant que, par constitution et nécessité, comme un simple homme, [Lui] aussi possédait la loi de la nature, et n'était pas mû par une libre volonté (κατὰ θέλησιν γνώμη), elles se jetèrent sur Lui, s'attendant à persuader au moyen des passions naturelles Celui-

---

134. *Thal.*, 61, PG 90, 629AB, CCSG 22, p. 87-89.
135. *Ibid.*, PG 90, 629CD, CCSG 22, p. 89.

là aussi, de manifester une passion contre nature et de perpétrer quelque chose qui leur ressemblât[136].»

Mais interpellant les puissances mauvaises avec nos propres tentations, Il en a fait «le jouet de leurs propres ruses» : «en leur restant inaccessible et [en demeurant] intact, Il les a dépouillées en les expulsant de la nature, cette victoire étant acquise évidemment non pour Lui mais pour nous[137].»

Après avoir ainsi libéré la nature humaine du pouvoir exercé par les démons par le biais du plaisir, Il l'a délivrée de celui qu'ils exerçaient par le biais de la douleur et de la mort. Alors que le Christ nous a acquis la première victoire en acceptant d'être tenté au désert, Il nous a obtenu la seconde en acceptant d'être tenté lors de Sa Passion et sur la Croix, comme l'explique Maxime dans le chapitre 21 des *Questions à Thalassios* :

«en restant inébranlable dans les souffrances», Il a pu «annihiler parfaitement en Lui le venin funeste de la malice [des démons]», l'épuisant «comme le feu en l'effaçant totalement de la nature», et au moment de Sa mort sur la Croix, Il a dépouillé complètement la nature des puissances mauvaises en leur restant inaccessible ; Il a «décloué de la nature le passible de la douleur, l'homme ayant la disposition de vouloir s'écartant de celle-ci par lâcheté, étant constamment tyrannisé contre sa disposition de vouloir par la peur de la mort, et attaché, à cause de la vie, à l'esclavage du plaisir[138]».

De même qu'en acceptant d'être tenté le Christ a pris les puissances mauvaises au piège de leurs propres ruses, en acceptant la mort en Sa chair Il a donné celle-ci au diable comme un poison qui anéantit sa puissance par la puissance de la divinité qui est hypostatiquement unie à cette chair :

---

136. *Ibid.*, 21, PG 90, 313CD, CCSG 7, p. 129.
137. *Ibid.*, PG 90, 313CD, CCSG 7, p. 129.
138. *Ibid.*, PG 90, 316AB, CCSG 7, p. 131. Cf. *Qu. D.*, 194, CCSG 10, p. 136.

«Après l'avoir attiré en mettant devant lui la chair, Il excite le dragon insatiable qui ouvre grand la bouche, pour qu'il engloutisse cette chair, qui va devenir pour lui un poison en le détruisant complètement par la puissance de la divinité qui est en elle[139].»

4. Le rôle sotériologique du vouloir humain du Christ.

Comme on peut le voir dans plusieurs textes précédemment cités, l'immuabilité de la volonté humaine du Christ relativement au bien, son accord permanent et total avec la volonté divine, jouent, dans la conception maximienne de l'œuvre salvatrice du Christ, un rôle essentiel.

Le Verbe, en l'humanité qu'Il a assumée, est exempt du libre arbitre marqué par le péché, corrompu, muable, versatile, s'opposant à Dieu et tendant au mal, qui caractérise les autres hommes depuis le péché d'Adam.

Dans les *Questions à Thalassios*, Maxime considère que le Christ possède bien un libre arbitre (se manifestant dans la disposition de vouloir [γνώμη], et dans la faculté de choix [προαίρεσις]), mais que celui-ci est non corrompu[140]. C'est ainsi, note-t-il, que «ne connaissant pas mon péché, c'est-à-dire la mutation de mon choix (προαίρεσις), mon Seigneur n'a pas assumé mon péché ni ne l'est devenu[141]». Et il souligne que c'est «par l'incorruptibilité du choix (προαίρεσις)» que le Christ «redresse le passible de la nature[142]». Face aux tentations (tant au désert que lors de la Passion), Sa disposition de vouloir et Son choix restent intacts, invariants, immuables, inébranlables[143], ne se détour-

---

139. *Cap. XV*, 11, PG 90, 1184A. Voir aussi *Qu. D.*, 157, CCSG 10, p. 109 ; *Thal.*, 64, PG 90, 713AB, CCSG 22, p. 217-219 ; *Pater*, PG 90, 880BC, CCSG 23, p. 36.

140. Cf. *Thal.*, 42, PG 90, 405D, CCSG 7, p. 285.

141. *Thal.*, 42, PG 90, 408A, CCSG 7, p. 287.

142. *Ibid.*, PG 90, 405D, CCSG 7, p. 285 ; cf. *ibid.*, PG 90, 408A-C, CCSG 7, p. 287.

143. Cf. *ibid.*, PG 90, 405D, 408A,B, CCSG 7, p. 285, 287 et 56. *Pater*, PG 90, 877D, CCSG 23, p. 34 : «Il a gardé une *gnômè* intacte par

nent pas du bien[144], et cela parce que, en Sa personne, la nature humaine est unie à la nature divine et reçoit de celle-ci la stabilité de ses facultés et de ses dispositions. C'est ainsi, explique Maxime, que

le Christ a dépouillé les puissances mauvaises et a triomphé d'elles en les montrant «dans l'incapacité de trouver dans Son passible rien qui fût le propre de la nature [humaine déchue], au moment où elles s'attendaient le plus, à cause du passible naturel à la chair, à trouver — et c'eût été bien normal — quelque chose d'exclusivement humain. C'est à juste titre qu'Il a, par Sa puissance [divine], comme par les prémices de Sa chair sainte [venue] de nous, libéré la nature des hommes de la malice pétrie en elle par le passible[145]».

Alors qu'Adam, tournant sa disposition de vouloir et son choix vers le mal, avait introduit dans la nature la passibilité, la corruption et la mort, le Christ, par l'immutabilité de Sa disposition de vouloir et de Son choix, la libère du péché et lui restitue l'impassibilité, l'incorruptibilité et l'immortalité :

«Si la mutation du choix (προαίρεσις) induit en Adam le passible de la nature, la corruption et la mort, il est normal que l'immutabilité du choix (προαίρεσις) restitue en Christ par la Résurrection l'impassibilité selon la nature, et l'incorruption et l'immortalité[146].»

Dans le même temps, le Christ acquiert aux hommes qu'Il est venu sauver une disposition de vouloir rectifiée, en accord avec le *logos* de la nature et stable par rapport au bien. Maxime note ainsi dans le *Commentaire du Notre-Père* : Il nous réconcilie «en Lui-même avec le Père et les uns avec les autres, en sorte que nous n'ayons plus la

---

rapport à la nature et sans révolte, et même absolument inébranlable par rapport à sa propre base naturelle, même envers ceux qui le crucifiaient.»
    144. Cf. *Thal.*, 42, PG 90, 408A,B, CCSG 7, p. 285.32-287.33, 287.45-46. Cf. CYRILLE D'ALEXANDRIE, *Inc. unig.*, SC 97, p. 230.
    145. Cf. *Thal.*, 21, PG 90, 316C, CCSG 7, p. 131-133.
    146. *Ibid.*, 42, PG 90, 408BC, CCSG 7, p. 287.52-57.

gnômè opposée au *logos* de la nature et qu'ainsi nous soyons immuables dans notre *gnômè* comme nous le sommes dans notre nature[147]». Cette idée se retrouve dans le chapitre 4 des *Ambigua à Thomas* :

> «Le didascale dit ainsi : "Me portant tout entier en Lui avec ce qui est mien[148]", c'est-à-dire la nature humaine intégrale, par union hypostatique, avec ses passions inamissibles. Par celles-ci, Il épuise le mauvais insinué en nous à la faveur de notre nature passible (je parle de la loi du péché consécutive à la désobéissance dont la force vient de la disposition dévoyée de notre *gnômè* qui introduit la passion dans le passible de la nature par relâchement ou par violence), et non seulement Il sauve ceux que le péché tenait sous sa coupe, mais Il nous communique la puissance divine en en ayant payé le prix pour nous et en restaurant une immutabilité (ἀτρεψία) d'âme, une incorruptibilité de corps, et en identifiant notre *gnômè* au bien par nature[149].»

Dans le cadre de la controverse avec les monothélites, Maxime sera amené à moduler (mais non à contredire, il le soulignera lui-même[150]) sa conception antérieure en affirmant que le Christ en Sa nature humaine possède une volonté naturelle humaine source d'autodétermination, mais pas de *gnômè* ni de *proairesis* car il ne peut pas y avoir en Son vouloir humain de peccabilité ni de mutation dans un sens ou dans un autre, ni d'hésitation, ni de délibération, ni de choix à proprement parler[151]. Le Verbe incarné est homme en tout point comme nous selon notre *logos* de nature, Il ne l'est point en tout point selon notre mode d'existence (τρόπος ὑπάρξεως) : Ses facultés humaines sont mises en activité par Lui selon un mode divin, en raison de la périchorèse des natures en Son hypostase ; c'est en particulier le cas de Son vouloir :

---

147. *Pater*, PG 90, 880A, CCSG 23, p. 35.
148. GRÉGOIRE DE NAZIANZE, *Disc.*, XXX, 6, SC 250, p. 236.
149. *Amb. Th.*, 4, PG 91, 1044A.
150. Cf. *Th. Pol.*, 1, PG 91, 29C-32A.
151. Cf. *ibid.*, 32A ; *Pyr.*, PG 91, 308D, Doucet, p. 565. Voir aussi *Th. Pol.*, 1, PG 91, 32AB.

«Le vouloir de l'élément humain en notre Sauveur (pas plus que tout ce qui est humain en Lui) n'était pas simple vouloir comme le nôtre. En effet, d'une façon supérieure à nous, Il était divinisé par l'union, et de cela dépend directement l'impeccabilité. Au contraire, étant purement et simplement humain, notre vouloir n'est aucunement impeccable à cause de son inclination dans un sens et dans l'autre. Cette inclination ne change pas la nature, mais en détourne le mouvement ou, pour parler de façon plus vraie, en change le *tropos* [152].»

Le Verbe n'a donc pas assumé l'attitude, relative à la *gnômè*, selon laquelle notre vouloir ne s'accorde pas toujours avec la volonté de Dieu, mais le plus souvent s'oppose à elle et lutte contre elle[153]. Seulement pour nous en guérir ainsi que de tout ce qui en nous est contre nature, Il Se l'est appropriée, comme le médecin les souffrances de ses patients[154].

«Car le *logos* concernant la passion est double : l'un est celui du châtiment, l'autre du déshonneur ; l'un caractérise notre nature, l'autre la falsifie complètement. C'est le premier que, en tant qu'homme, Il a assumé pour nous essentiellement en le voulant, à la fois garantissant la nature humaine et dissolvant la condamnation portée contre nous. Le second, en tant qu'ami de l'homme, Il Se l'est approprié économiquement, lui que l'on reconnaît en nous à notre *tropos* insoumis, en sorte que, comme le feu la cire, le soleil les vapeurs de la terre, Il le dissolve complètement pour nous[155], Il nous fasse partager les biens qui Lui sont propres et nous rende sans passion et incorruptibles selon la promesse[156].»

---

152. *Th. Pol.*, 20, PG 91, 236D. Voir aussi *ibid.*, 32AB.
153. Cf. *Th. Pol.*, 6, PG 91, 65B.
154. Cf. *ibid.*, 20, PG 91, 237AB.
155. Ailleurs encore MAXIME note que le Christ «épuise en Lui-même notre péché» (*Amb. Io.*, 42, PG 91, 1333C), qu'«Il épuise le mauvais insinué en nous à la faveur de notre nature passible» (*Amb. Th.*, 4, PG 91, 1044A). Cf. GRÉGOIRE DE NAZIANZE, *Disc.*, XXX, 6, SC 250, p. 236.
156. *Th. Pol.*, 20, PG 91, 237BC. Voir aussi *ibid.*, 1, PG 91, 32A.

Mais c'est surtout à l'accord permanent et parfait de la volonté humaine du Christ avec la volonté divine et paternelle que Maxime reconnaît un pouvoir salvateur pour toute la nature humaine[157]. Cet accord se manifeste notamment dans l'acceptation des souffrances, de la Passion et de la mort sur la Croix[158]. Cette obéissance répond à la désobéissance d'Adam et contribue à délivrer la nature humaine des effets de celle-ci[159]. «Par Son obéissance, écrit Maxime, [le Christ] nous affranchit de la condamnation du péché ancestral[160].»

IX. LA FONCTION DU BAPTÊME

Le sens du baptême du Christ fait bien percevoir la fonction du baptême des fidèles par rapport aux effets du péché ancestral.

Ayant détruit par Son engendrement accompli selon un mode nouveau le mode d'engendrement charnel consécutif à la transgression d'Adam, le Christ donne à la nature humaine, par Son baptême, de connaître la nouvelle naissance spirituelle à laquelle Adam était appelé mais dont son péché l'a détourné. Ainsi Maxime note-t-il que saint Grégoire de Nazianze[161] comprend l'engendrement à partir du baptême que le Christ accepte de recevoir pour nous

«comme le rejet et la dissolution de l'engendrement [à partir] des corps. En effet, c'est cela qu'Adam avait volontairement abandonné — je veux dire l'engendrement [à partir] de l'Esprit pour la divinisation —, se voyant ainsi condamné à un engendrement corporel pour

---

157. Cf. *ibid.*, 20, PG 91, 241A-244A.
158. Cf. *Amb. Th.*, 4, PG 91, 1044BC.
159. Cf. *Asc.*, 1, PG 90, 912B ; *Amb. Io.*, 31, PG 91, 1276C ; *Amb. Th.*, 4, PG 91, 1044BC.
160. *Asc.*, 1, PG 90, 912B.
161. Cf. *Disc.*, XL, 2, SC 358, p. 198-200.

la corruption ; et c'est pour cela que Celui qui est seul libre et sans péché, devenu volontairement, en tant que bon et ami de l'homme, homme dans notre condition, et S'étant Lui-même volontairement soumis à la même condamnation que nous, ayant accepté cet engendrement [à partir] des corps en lequel résidait le pouvoir de notre condamnation, a restauré mystiquement l'engendrement en Esprit et, dénouant en Lui-même à notre profit les liens de l'engendrement corporel, Il nous a donné le pouvoir, grâce à l'engendrement volontaire selon l'Esprit, de devenir, au lieu d'enfants du sang et de la chair, enfants de Dieu, nous qui croyons en Son Nom [cf. Jn 1, 12]. Ainsi donc, à cause de ma condamnation, se sont d'abord ensuivis, en ce qui concerne le Seigneur, incarnation et engendrement corporel, et ensuite est survenu l'engendrement en Esprit reçu par le baptême, en vue de mon salut par grâce et de mon rappel, ou, pour mieux dire, de mon remodelage[162].»

Le baptême apparaît donc fondamentalement comme le sacrement qui donne au baptisé de recevoir les effets de l'économie salvatrice que le Verbe incarné, en Sa propre hypostase, a acquis à l'humanité qu'Il a assumée. Ces effets sont ceux d'une régénération (παλιγγενεσία, c'est-à-dire, littéralement, une genèse accomplie de nouveau[163]) de la nature humaine, qui se réalise sous le double aspect d'une suppression de la genèse charnelle à laquelle était soumise l'humanité depuis le péché d'Adam, et d'une renaissance (ou d'un nouvel engendrement : ἀναγέννησις[164]), spirituelle, ces deux aspects ayant leur fondement respectivement dans la mort et la résurrection du Christ (que représentent respectivement, dans le rite baptismal, l'immersion et l'émersion[165]), et étant exprimés comme mort du vieil homme et naissance de l'homme nouveau (cf. Col 3, 9-10).

Au premier aspect se rattache l'un des principaux effets du baptême : la purification. Fondamentalement, «par le saint baptême, nous [sommes] libérés du péché ances-

---

162. *Amb. Io.*, 42, PG 91, 1348A-D.
163. *Thal.*, 61, PG 90, 636C, CCSG 22, p. 98.
164. *Ep.*, 12, PG 91, 497A ; cf. *Thal.*, 61, PG 90, 636C, CCSG 22, p. 98.
165. Cf. *Qu. D.*, 115, CCSG 10, p. 84.

tral[166]». Il faut entendre par là l'emprise que le péché a sur nous, du fait de notre engendrement charnel, par le biais du passible (qui éprouve un attrait pour le plaisir et une répulsion pour la douleur) et de la tendance au mal qu'il imprime dans notre disposition de vouloir et dans notre faculté de choix. Les précisions données par Maxime dans d'autres textes sont rares et brèves, mais vont dans ce sens : le baptême «efface l'emprise du péché, c'est-à-dire "l'orgueil de la chair[167]"» ; il supprime les passions mauvaises[168] ; «il fait mourir l'orientation de notre choix vers les plaisirs de la vie[169]» ; il est «la première mer» dans laquelle «est éliminée la face de l'adversaire» (cf. Jl 2, 20), car alors «notre nature met [...] à l'écart la loi du péché introduite par la transgression [d'Adam[170]]» ; par sa grâce sont repoussées les bêtes féroces intelligibles, c'est-à-dire les démons[171], qui, nous l'avons vu, se tiennent cachés depuis la transgression d'Adam dans le passible de ceux qui sont engendrés charnellement, et agissent à partir de lui.

Dans le chapitre 61 des *Questions à Thalassios*, Maxime note également que le baptême donne «la grâce de l'impeccabilité[172]», ce qui répond sans aucun doute aux considérations selon lesquelles l'homme déchu, par son passible et par son vouloir, qui «n'est nullement impeccable», est porté au péché.

Dans ce même chapitre, Maxime explique aussi comment le baptisé, qui doit continuer en ce monde à subir les souffrances et la mort, peut néanmoins désormais en changer le

---

166. *Asc.*, 44, PG 90, 956A.
167. *Thal.*, 65, PG 90, 768A, CCSG 22, p. 297.
168. Cf. *Thal.*, 65, PG 90, 768B, CCSG 22, p. 299.
169. Cf. *Thal.*, 30, PG 90, 369A, CCSG 7, p. 219.
170. *Qu. D.*, 187, CCSG 10, p. 127-128.
171. *Qu. D.*, II/8, CCSG 10, p. 167. Dans ce texte exégétique, la grâce du baptême est présentée comme signifiée symboliquement par le Jourdain : on peut supposer là un rapport implicite avec le baptême du Christ où Celui-ci acquiert la victoire sur les puissances mauvaises qui résident dans les eaux, thème classique de l'hymnographie et de l'iconographie orientales.
172. Cf. *Thal.*, 61, PG 90, 636C, CCSG 22, p. 97.

sens : celles-ci avaient été imposées aux hommes depuis la transgression d'Adam, par le biais de l'engendrement charnel et en raison du plaisir qui lui est lié, et étaient devenues pour eux une source de péché ; par la grâce de l'économie salvatrice du Christ, à laquelle le baptisé participe, notamment en recevant un autre principe, spirituel, d'engendrement, ils cessent d'être une expression de la condamnation de la nature, mais deviennent désormais principe de condamnation et de mort du péché, et aussi un principe de mort de la corruption et de la mort qui venaient également de l'engendrement charnel :

«[le Christ] a délivré de la condamnation pesant sur eux tous ceux qui ont été mystiquement régénérés de Lui par l'Esprit, et qui d'Adam ont non plus le plaisir de la genèse, mais seulement la douleur agissant en eux à cause d'Adam, non comme un dû pour le péché, mais, selon l'économie, [...] contre le péché, mort [de celui-ci] ; mort qui, n'ayant plus pour mère qui l'engendre le plaisir dont elle est naturellement le châtiment, s'établit évidemment mère de mort et de corruption[173] [...].»

«Par le Christ qui enlève totalement la loi de genèse naturelle selon le plaisir et l'usage de la mort qui à cause d'elle domine la nature, et qui en Son conseil accepte [cette mort] pour la seule condamnation du péché, tous ceux qui, en Christ, se régénèrent "par le bain de la régénération" (Tt 3, 5) [...] rejettent par grâce la genèse première d'Adam selon le plaisir, [...] ceux-là en toute justice ont cet usage de la mort qui opère dans le sens de la condamnation du péché[174].»

«Ce n'est plus alors à cause du péché que le baptisé [...] s'acquitte de la mort comme d'une dette en raison du péché, mais c'est en condamnation du péché qu'il en reçoit l'usage, en vue d'être emporté mystiquement en la vie divine et éternelle qui ne connaît pas de fin[175].»

173. *Ibid.*, PG 90, 636A, CCSG 22, p. 97.
174. *Ibid.*, PG 90, 636C, CCSG 22, p. 97-99.
175. *Ibid.*, PG 90, 636D-737A, CCSG 22, p. 99.

Il faut cependant remarquer que, de même que l'engendrement charnel issu du péché d'Adam implique dans la nature de tout homme des tendances mauvaises, qui ne donneront lieu à des passions mauvaises et à des péchés qu'avec le consentement personnel de celui-ci (qui est cependant fortement poussé au mal par ces tendances et par l'activité démoniaque qui sait en jouer), l'engendrement spirituel issu de l'économie salvatrice du Christ implique dans le baptisé, qui a reçu le puissant soutien de la grâce, une capacité de résister aux tentations et d'accomplir le bien qui cependant ne donnera effectivement lieu à l'évitement du mal, à des actes bons et aux vertus qu'avec son consentement et la mise en œuvre de sa volonté personnelle dans l'accomplissement des «commandements librement observés[176]». C'est alors seulement qu'il rejettera effectivement «par grâce, la genèse première d'Adam selon le plaisir» et que «la grâce de l'impeccabilité» et celle de la nouvelle genèse spirituelle, autrement dit «la grâce de l'adoption filiale mystique en Esprit» seront agissantes en lui[177].

CONCLUSION

La conception de saint Maxime présente sans aucun doute, plus que celle de tout autre Père grec, des similitudes troublantes avec la conception occidentale d'origine augustinienne.

On notera en premier lieu l'importance que Maxime reconnaît, dans la transmission des effets du péché adamique,

---

176. Voir *ibid.*, PG 90, 636C-640A, CCSG 22, p. 97-103.
177. Cf. *ibid.*, PG 90, 636CD, CCSG 22, p. 97-99. Sur ce thème, voir notre étude sur «Le Baptême selon saint Maxime le Confesseur», *Revue des sciences religieuses*, 65, 1991, p. 65-70.

à l'engendrement sexuel, et au plaisir et à la passion qui lui sont liés[178].

On remarquera en second lieu la représentation sombre qu'a Maxime de l'humanité déchue. Il considère, comme l'évêque d'Hippone, que la nature humaine est profondément marquée par une tendance au péché. Celle-ci est due à la forte influence des puissances démoniaques, présentes dans le passible de l'homme, et actives par lui ; elle est due corrélativement aux tendances qui, en raison de la transgression d'Adam, marquent ce passible : la recherche du plaisir et la fuite de la douleur, d'où naissent facilement les passions mauvaises. Sur ce dernier point, on peut opérer un rapprochement avec le rôle déterminant que saint Augustin accorde à la concupiscence.

En troisième lieu, et c'est sans doute ce qui distingue le plus Maxime des autres Pères grecs et le rapproche le plus d'Augustin, il insiste fortement sur la faiblesse et sur

---

178. Chez Augustin, c'est le concept de «concupiscence» qui joue un rôle central. La proximité de la conception de Maxime avec celle d'Augustin apparaît bien dans le résumé que fait de celle-ci N. MERLIN : «Pour [saint Augustin], il ne saurait y avoir de doute ; c'est le fait même de la génération ou descendance d'Adam par voie naturelle qui est comme le canal de transmission du péché originel. Toutefois il a soin de spécifier que ce n'est pas la génération comme telle qui donne lieu à de pareilles conséquences ; c'est la génération en tant qu'elle communique aux nouveau-nés une nature autre que celle qu'ils devraient recevoir [...]. Et pour pénétrer encore plus à fond, si la génération elle-même ne peut plus aboutir à donner aux hommes une nature intègre, c'est parce qu'elle est intrinsèquement viciée par cettte langueur d'âme qui dans ses effets positifs de révolte de la chair contre l'esprit, reçoit le nom de concupiscence. C'est donc en définitive parce que actuellement la concupiscence préside à l'acte communicateur de la vie que tous les hommes naissent soumis à la loi du péché. Cela est tellement certain, aux yeux de l'évêque d'Hippone, que selon lui la raison directe pour laquelle Notre-Seigneur a été exempt d'une pareille contagion, c'est parce qu'Il n'est pas né comme les autres hommes, vu que la conception virginale de Marie L'a soustrait à l'héritage de Ses frères en la nature humaine» (*Saint Augustin et les dogmes du péché originel et de la grâce*, Paris, 1931, p. 365).

l'impuissance de la volonté humaine[179], et surtout il introduit le péché au sein de la disposition de vouloir et du
choix de l'homme, c'est-à-dire au sein même de chaque
personne, puisque la disposition de vouloir et le choix sont
des qualifications personnelles de la volonté qui est une
faculté (ou puissance) de nature, lorsqu'elle opère[180].

Ces rapprochements n'autorisent cependant pas à voir
une influence quelconque d'Augustin sur la pensée de
Maxime, non seulement directe mais indirecte.

D'une part, on ne peut constater, dans les passages où
saint Maxime traite de cette question, aucune citation de
saint Augustin, ni même aucune allusion à ses œuvres[181].

D'autre part, de nombreuses différences de fond apparaissent.

Maxime ne considère pas que la volonté de l'homme
déchu soit totalement mauvaise et impuissante.

L'importance qu'il accorde au plaisir et au passible n'a
qu'une ressemblance formelle avec le rôle qu'Augustin fait
jouer à la concupiscence en laquelle il voit surtout l'organe

---

179. Pour la position d'AUGUSTIN, voir notamment *Ad Simplicianum*,
I, 1, 6-17, col. 104-110 ; I, 2, 21, col. 126.

180. Pour Augustin, la personne d'Adam a fait la nature pécheresse, et
cette nature nous fait pécheurs. Voir A. GAUDEL, «Péché originel»,
col. 396.

181. Rien n'autorise à considérer, comme le font J.-M. GARRIGUES
(*Maxime le Confesseur. La charité, avenir divin de l'homme*, Paris,
1976, p. 60) et G. C. BERTHOLD («Did Maximus the Confessor know
Augustine ?», p. 14-17) sans avancer aucune preuve convaincante, que
Maxime a connu les œuvres d'Augustin. À supposer que, comme le
prétend BERTHOLD, l'influence d'Augustin soit restée prédominante dans
la région de Carthage où Maxime était exilé (p. 15), cela signifierait ou
que Maxime n'a pas subi cette influence, ou qu'il l'a rejetée, comme le
confirme aussi sa position sur la question du *Filioque*. Il est significatif
que, alors que les conciles locaux africains qui, encouragés par Maxime,
ont condamné l'*Ekthèse* en 645, citent Augustin dans leurs actes (voir
Mansi X, 937-940), de même que le citent les Actes du synode du Latran
(649) auquel Maxime a activement participé, on ne trouve dans son œuvre
aucune citation d'Augustin ni même aucune allusion à celui-ci (voir
B. ALTANER, «Augustinus in der griechischen Kirche bis auf Photius»,
p. 67, repris dans *Kleine patristische Schriften*, p. 88-89).

d'une révolte de la chair contre l'esprit[182]. Maxime se montre sur ce point, de même qu'en ce qui concerne la dialectique plaisir-douleur, tributaire d'une influence multiforme de la pensée grecque (en particulier platonicienne et stoïcienne) intégrée par la tradition ascétique des Pères grecs, et visible en particulier chez des auteurs dont il s'inspire volontiers : Évagre/Nil, Némésius d'Émèse et Grégoire de Nysse. Maxime a cependant élaboré sur ce sujet une théorie originale[183].

Une différence plus essentielle encore avec la pensée augustinienne est qu'à aucun moment Maxime n'affirme ou n'évoque une culpabilité (et *a fortiori* une punition dans l'au-delà) de tous les hommes en Adam ou à cause de lui[184], Maxime se montrant ici tout à fait fidèle à la conception générale des Pères grecs.

Le rôle reconnu par Maxime au plaisir dans la production des effets du péché ancestral et dans leur transmission paraît de prime abord surprenant et excessif. Un lecteur moderne peut être rebuté par cet aspect de la pensée de Maxime, mais peut aussi considérer que l'analyse, par Maxime, de la dialectique du plaisir et de la douleur «a gardé une fraîcheur, une sorte d'évidence pour le lecteur du XXᵉ siècle qui permet à celui-ci d'y retrouver sa propre expérience[185]». Toujours est-il que la théorie que Maxime élabore en ce qui concerne le plaisir se trouve éclairée et en grande partie justifiée par la conception particulière qu'il développe des modalités de l'économie salvatrice du Christ,

---

182. Voir *De natura et gratia*, III ; *De nuptiis et concupiscentia*, I, V ; *Contra Julianum*, V, III.

183. Comme le note L. THUNBERG, *Microcosm and Mediator. The Theological Anthropology of Maximus the Confessor*, Lund, 1965, p. 166-168 ; 2ᵉ éd., Chicago et La Salle, p. 157-159.

184. Pour la position d'Augustin, voir A. GAUDEL, «Péché originel», col. 394-395.

185. C. VON SCHÖNBORN, «Plaisir et douleur dans l'analyse de saint Maxime d'après les *Quaestiones ad Thalassium*», dans F. HEINZER et C. VON SCHÖNBORN (éd.), *Maximus Confessor, Actes du Symposium sur Maxime le Confesseur, Fribourg, 2-5 septembre 1980*, Fribourg, 1982, p. 274.

qui se trouve avec elle dans une correspondance presque terme à terme, et en tout cas dans une parfaite cohérence, à tel point que H. Urs von Balthasar a pu parler à ce propos d'une «rigueur presque géométrique[186]». Inversement, la raison de la conception et de la naissance virginales du Christ devient parfaitement claire, et l'on voit pourquoi Maxime reconnaît dans sa christologie une place si importante à la modalité nouvelle selon laquelle le Christ est engendré. Le rôle que jouent, pour le salut de l'humanité, Sa victoire sur les tentations et les souffrances endurées lors de Sa passion trouve également dans le cadre de la pensée maximienne une justification qui n'a sans doute pas d'égale dans la théologie chrétienne. La fonction du baptême comme nouvel engendrement, de nature spirituelle, reçoit également, dans le cadre de la conception maximienne, un relief nouveau.

Par sa position et son originalité, il nous semble au total que la pensée de Maxime plus que celle d'aucun Père occupe sur la question que nous avons étudiée une situation médiane qui exclut ce que les positions occidentales et orientales que nous avons évoquées au début de cette étude peuvent avoir d'extrême. Elle nous paraît pour cela pouvoir constituer, aujourd'hui encore, un lieu privilégié de dialogue et de rencontre.

---

186. *Kosmische Liturgie. Das Weltbild Maximus' des Bekenners*, Einsiedeln, 1961, p. 200.

CHAPITRE III

LA QUESTION
DE LA PRIMAUTÉ ROMAINE

La question de la primauté du pape de Rome a été et reste, avec la question du *Filioque*, l'une des principales causes de séparation de l'Église latine et des Églises orthodoxes, et l'un des principaux obstacles à leur union. Les historiens de tous bords s'accordent aujourd'hui à reconnaître que l'Église latine a eu, à partir du IXe siècle surtout, une façon de concevoir la primauté du pape qui était nettement différente de celle des siècles précédents, dans la mesure où elle lui donnait un tour politicojuridique marqué, où le pouvoir remplaçait l'autorité, où la primauté était conçue comme une supériorité, où le centralisme prenait le pas sur la collégialité. Le dialogue est devenu de plus en plus difficile dans la mesure où, d'une part, les théologiens latins tendaient à réinterpréter toute l'histoire de la papauté des premiers siècles à la lumière de ce nouveau modèle afin de le justifier en montrant qu'il se trouvait dans la continuité de ce qui avait existé dès l'origine, et où, d'autre part, les théologiens orientaux, par réaction, allaient jusqu'à refuser de reconnaître qu'il y eût jamais eu quelque forme de primauté que ce fût dans les premiers siècles, interprétant les textes patristiques et canoniques, mais aussi les faits historiques pouvant aller dans ce sens d'une façon restrictive et minimaliste. Malgré les efforts entrepris et les progrès réalisés de part et d'autre en vue d'une étude plus objective du passé, le sujet reste brûlant.

La pensée de saint Maxime le Confesseur sur ce point est d'un intérêt capital. Il est un des rares Pères de l'Église à avoir pris des positions nettes sur cette question avec la double particularité de n'avoir occupé aucune fonction dans la hiérarchie ecclésiastique (il resta toute sa vie simple moine), mais d'avoir eu une connaissance intime à la fois des Églises d'Orient et de l'Église d'Occident, et d'avoir eu un contact direct avec leurs représentants à l'occasion des controverses monothélite et monoénergiste (séjournant même près de sept ans à Rome auprès du pape et des théologiens de son entourage), dans un contexte historique où la question des relations de Rome avec les patriarcats orientaux se posait de manière cruciale.

Plusieurs textes de saint Maxime contiennent un hommage appuyé à l'Église de Rome, à sa fonction et à sa mission, mais aussi un certain nombre de considérations ecclésiologiques qui permettent d'en définir la nature et la portée. Cela n'a pas manqué d'être relevé[1], et d'être présenté comme une référence majeure et incontournable dans les discussions menées sur la question de la primauté romaine entre l'Église latine et les Églises orthodoxes après leur séparation et en vue de leur réunion. Nous voudrions ici préciser, compléter et rectifier certaines analyses qui ont déjà été faites de la pensée de Maxime sur ce point, et dégager,

---

1. Voir G. GLEZ, «Primauté du pape», *Dictionnnaire de théologie catholique*, t. XIII, Paris, 1936, col. 294-295 ; F. DVORNIK, *Byzance et la primauté romaine*, Paris, 1964, p. 79-80 ; J.-M. GARRIGUES, «Le Sens de la primauté romaine chez saint Maxime le Confesseur», *Istina*, 21, 1976, p. 6-24 ; J. PELIKAN, «"Council or Fathers or Scripture" : the Concept of Authority in the Theology of Maximus the Confessor», *Orientalia Christiana Analecta*, 195, 1973, p. 277-288, repris partiellement dans *La Tradition chrétienne*, t. II, *L'Esprit du christianisme oriental, 600-1700*, Paris, 1994, p. 157-182 ; V. CROCE, *Tradizione e ricerca, Il metodo teologico di san Massimo il Confessore*, Milan 1974, p. 115-131 ; K. SCHATZ, *La Primauté du pape. Son histoire, des origines à nos jours*, Paris, 1992, p. 90 ; O. CLÉMENT, *Rome autrement*, Paris, 1997, p. 36-38.

dans la mesure du possible, les principes fondamentaux de l'ecclésiologie maximienne qui, jusqu'à présent, a été peu étudiée.

I. ANALYSE CHRONOLOGIQUE

Si l'on trouve dans les premiers écrits de Maxime quelques allusions à Pierre, elles concernent sa seule personne, et il n'est aucunement mis en relation avec le siège de Rome ou avec son détenteur ; le but de notre auteur est alors seulement d'expliquer certains points obscurs de l'Écriture[2].

Maxime ne s'est à vrai dire pas occupé de questions ecclésiologiques avant que les circonstances historiques ne le lui imposent, et c'est toujours en relation étroite avec de telles circonstances qu'il l'a fait par la suite. Pour cette raison, avant de présenter une synthèse de la pensée de Maxime sur cette question, nous avons choisi de suivre, dans la première partie de notre étude, un plan chronologique, en commentant les textes de Maxime dans l'ordre de leur apparition et en faisant une large place aux événements historiques liés à leur rédaction et susceptibles de contribuer à leur compréhension.

C'est autour de l'année 640 que l'on voit évoqués pour la première fois, dans l'œuvre de Maxime, l'Église de Rome, son pape, et leur statut ecclésiologique. C'est à cette époque que se développe la controverse monothélite, qui s'ajoute à la controverse monoénergiste. L'*Ecthèse*, rédigée par le patriarche de Constantinople Serge, et professant une seule volonté du Christ, a été promulguée par l'empereur en octobre 638. Le patriarche de Jérusalem Sophrone est mort la même année et Maxime se trouve alors placé au

---

2. *Qu. D.*, I, 12, CCSG 10, p. 143-144. *Thal.*, 27, PG 90, 356B, D, CCSG 7, p. 195-197.

premier rang des débats doctrinaux. Réfugié à Carthage, c'est sans doute au début de l'année 640 qu'il eut connaissance de l'*Ecthèse*, et cette année vit naître plusieurs écrits antimonothélites : les Opuscules théologiques et polémiques XIV, et XXVI, et autour de la même année les Opuscules théologiques et polémiques VIII, XXIV, XXV et XX[3].

1. L'affaire Honorius.

Dans la troisième partie de l'Opuscule théologique et polémique XX[4], adressé à Marinos, prêtre à Chypre[5], Maxime s'attache à rejeter toute interprétation monothélite de la première lettre du pape de Rome Honorius (625-638) au patriarche Serge[6] (lequel, en 634, avait porté le *Psèphos* à sa connaissance et l'avait informé de l'historique de la controverse[7]). Dans cette lettre, Honorius écrivait notamment : «En vérité, la Divinité n'a pas pu être crucifiée ni faire l'expérience des passions humaines. Mais [selon la communication des idiomes] on dit que la Divinité a souffert et que l'humanité est venue du ciel avec la Divinité. C'est pourquoi nous confessons aussi la volonté unique du Seigneur Jésus-Christ[8].» Cette dernière formule est formel-

---

3. Voir notre Introduction à MAXIME LE CONFESSEUR, *Opuscules théologiques et polémiques*, Paris, 1998, p. 13-14.

4. *Th. Pol.*, XX, PG 91, 237C-245D.

5. Cet opuscule est daté d'autour de 640 par P. SHERWOOD, qui considère «qu'une datation précise semble impossible». Selon lui, il est à coup sûr antérieur à 643, mais peut avoir été écrit avant 640, et même avant la seconde lettre d'Honorius à Serge (de 634, Denzinger 488) (*An Annotated Date-List of the Works of Maximus the Confessor*, p. 42). Il est à noter qu'on ne trouve dans le texte de Maxime aucune allusion à l'*Ecthèse* ni à la lettre du pape Jean IV (640-642) défendant la position d'Honorius (printemps 641, Denzinger 496).

6. Denzinger 487.

7. Voir P. SHERWOOD, «Constantinople III», dans G. DUMEIGE (éd.), *Histoire des conciles œcuméniques*, t. III, Paris, 1973, p. 159-162.

8. Denzinger 487.

lement hérétique, mais Maxime se range aux côtés de ceux qui reconnaissent l'orthodoxie foncière d'Honorius, en situant son affirmation dans un contexte tel qu'elle paraisse acceptable et ne justifie d'aucune manière le monothélisme[9]. Maxime trouve une confirmation de son interprétation de la lettre d'Honorius et de l'orthodoxie qu'il lui attribue dans le rapport que lui a fait un certain Anastase[10] au retour d'un voyage à Rome où il a rencontré le rédacteur même de la lettre, l'abbé Jean[11].

Dans une lettre adressée à Pierre l'Illustre en 642 ou 643 (= Opuscule théologique et polémique XII[12]), Maxime confirmera sa position à l'égard du pape Honorius en le citant parmi ceux qui ont supplié les monothélites de renoncer à leur hérésie[13], en faisant précéder son nom de l'épithète «grand[14]» et «divin[15]». Il fera de même dans la *Dispute avec Pyrrhus*, faisant précéder le nom d'Honorius du titre de «parmi les saints[16]», de même que le nom du

---

9. Le texte intégral est traduit par M.-H. Congourdeau dans MAXIME LE CONFESSEUR, *L'Agonie du Christ*, Paris, 1996, p. 35-53, et par E. Ponsoye dans MAXIME LE CONFESSEUR, *Opuscules théologiques et polémiques*, Paris, 1998, p. 239-250. Nous avons fait un résumé de l'argumentation de Maxime dans notre Introduction à cette dernière édition, p. 31-33.

10. Peut-être le disciple de saint Maxime.

11. Voir 244B-245A. Maxime reprendra ce témoignage dans la *Dispute avec Pyrrhus*, PG 91, 328B-329C, demandant notamment : «Quel est l'interprète digne de foi de la lettre en question : celui qui l'a rédigée au nom de Sa Sainteté Honorius, qui est encore vivant et qui, à ses autres qualités, ajoute celle d'illustrer tout l'Occident par la piété de sa doctrine, ou bien les gens qui, à Constantinople, expriment ce qui leur sort du cœur ?»

12. *Th. Pol.*, XII, PG 91, 141A-146A.

13. Sont désignés : Sophrone (patriarche de Jérusalem), Arcadius (archevêque de Chypre), et les papes successifs : Honorius, Séverin (638-640), Jean IV (640-642), et Théodore (642-649).

14. *Ibid.*, 143A.

15. *Ibid.*, 143B.

16. *Pyr.*, éd. Doucet, p. 584. Cette mention qui figure dans l'édition critique de M. Doucet ne figure pas dans le texte de la PG 91, 328B : certains copistes l'ont éliminée après la condamnation d'Honorius par le VIᵉ concile œcuménique.

pape Jean IV, citant la lettre que celui-ci écrivit en 641 à l'empereur Constantin III pour justifier la position d'Honorius[17].

Maxime veut surtout éviter que les monothélites ne prennent appui sur cette lettre du pape et l'invoquent en faveur de leurs thèses[18]. Il a donc sans aucun doute fait le maximum d'efforts pour comprendre le texte d'Honorius en un sens orthodoxe. Il semble cependant intimement convaincu de l'orthodoxie d'Honorius et ne saurait être taxé de mauvaise foi dans son argumentation, bien que l'interprétation qu'il donne de sa lettre ne soit pas évidente. Elle n'a en tout cas pas convaincu les Pères du VIe concile œcuménique (681) qui, bien que très fidèles par ailleurs à la pensée de Maxime (au point de reprendre littéralement certaines de ses formules dans leur définition de foi) ont fait de ce texte d'Honorius une lecture différente et n'ont pas hésité à condamner ce pape comme hérétique[19]. Cette condamnation a été réitérée par le pape Léon II (682-683) dans sa lettre à l'empereur Constantin IV (682)[20] et dans sa lettre à Ervig[21], et fut reprise jusqu'à la réforme grégorienne du XIe siècle, dans la profession de foi que prononçait chaque pape après son élection[22]. Si la décision du concile continue de nos jours à faire autorité en Orient et en Occident, les commentateurs modernes, tout en s'accordant

---

17. *Ibid.* Pour le texte de la lettre de Jean IV, voir Denzinger 496. L'interprétation de Jean IV est cependant différente de celle de Maxime puisqu'il considère qu'en parlant d'une unique volonté du Christ, Honorius se situait exclusivement sur le plan de la volonté humaine et signifiait qu'il n'y avait pas en Christ d'opposition entre la volonté de la chair et la volonté de l'esprit. La position de Jean IV est ainsi indiscutablement orthodoxe (voir *Pyr.*, PG 91, 328B, éd. Doucet p. 584).

18. Ce qu'ils ont fait, comme il le note dans sa lettre à Pierre l'Illustre : «ils ont prétendu avoir mis de leur parti le grand Honorius» (*Th. Pol.*, XII, PG 91, 143A).

19. Denzinger 550-552.

20. Denzinger 561.

21. Mansi XI, 727D-731D.

22. Cf. O. CLÉMENT, *Rome autrement*, Paris, 1997, p. 52.

sur la maladresse de la formule, restent cependant partagés sur la véritable position dogmatique d'Honorius[23].

Quoi qu'il en soit, ce qui nous intéresse ici est l'attitude de Maxime à l'égard du siège de Rome et du pape qui l'occupe. Peut-on déduire de sa position qu'il «défen[d] l'orthodoxie du siège de Rome[24]» ? Une telle généralisation est manifestement abusive.

On ne peut pas dire non plus que Maxime défende Honorius en tant que pape, pour sa fonction et en vertu du siège qu'il occupe.

Dans l'Opuscule théologique et polémique XX, sa qualité de «pape de Rome» est citée sans autre commentaire[25]. Le pape Honorius est certes considéré par Maxime comme une autorité importante, et certes le fait qu'il occupe le siège de «l'ancienne Rome[26]», de «la grande Église[27]» n'y est pas pour rien. Les monothélites ont la même considération pour lui, c'est pourquoi ils ont cherché à s'appuyer sur sa lettre à Serge, comme le note Maxime : «ils ont prétendu avoir mis de leur parti le grand Honorius, [...] avec l'immense valeur de l'homme pour la cause de la piété[28].» On voit cependant par cette dernière notation que ce n'est pas en tant que pape de Rome, mais en tant que grand défenseur de la cause de la piété, c'est-à-dire de la foi, que Honorius est estimé par les uns et par les autres. On notera que Maxime accorde une importance non seulement au pape, mais aussi aux autres évêques constituant le synode de l'Église de Rome, désignés comme «les très saints hommes de la grande Église qui se trouvaient là-bas», lorsqu'il rapporte qu'Anastase s'est entretenu avec eux de la lettre

23. Voir J. MEYENDORFF, *Unité de l'Empire et division des chrétiens*, Paris, 1993, p. 373-374.

24. J.-M. GARRIGUES, «Le Sens de la primauté romaine chez saint Maxime le Confesseur», *Istina*, 21, 1976, p. 13.

25. *Th. Pol.*, XX, PG 91, 237C.

26. *Ibid.*, 244C.

27. *Ibid.*

28. *Th. Pol.*, XII, PG 91, 143A.

envoyée au patriarche Serge dont ils sont coauteurs avec le pape Honorius[29].

On notera aussi que c'est en tant que défenseur de la foi que ce dernier est cité à côté d'autres autorités, sans qu'aucun privilège particulier lui soit reconnu. Ainsi dans l'Opuscule théologique et polémique XX, sa position est mise en parallèle avec celle de saint Athanase d'Alexandrie[30]. Dans l'Opuscule théologique et polémique XII, il est cité aux côtés des papes Séverin, Jean IV et Théodore, mais aussi de Sophrone, patriarche de Jérusalem, et d'Arcadius[31], archevêque de Chypre[32], et sur un pied d'égalité avec eux en tant que défenseur de la foi orthodoxe face aux hérétiques, et guide par rapport à cette foi : «Quelle Église n'a mis [les monothélites] en question ? Quel guide pieux et orthodoxe ne les a suppliés en les conjurant sur tous les tons de mettre un terme à leur hérésie[33] ?» Cette formule de Maxime montre aussi qu'à ses yeux aucune Église ne prévaut sur les autres et que le critère fondamental pour lui est celui de l'orthodoxie de la foi, tant pour les Églises que pour ceux qui sont à leur tête, ce qu'il confirme d'ailleurs dans la suite :

«Et tout l'Orient et l'Occident, tant à Dieu dans leurs prières, qu'à ceux-ci dans des lettres, n'offraient-ils également leurs larmes, lamentations, obsécrations et sollicitations instantes ? Aussi Dieu a-t-Il reçu la foi de ces hommes assurément bienheureux[34].»

L'Opuscule théologique et polémique XX se termine par un éloge de l'archevêque de Chypre Arcadius, qui est l'évêque et sans doute aussi l'ami de Marinos, à qui l'opuscule est adressé, et qui est surtout, aux yeux de

---

29. *Th. Pol.*, XX, PG 91, 244C.
30. *Ibid.*, 240AB.
31. *Th. Pol.*, XII, PG 191, 143B.
32. Où Marinos, le correspondant de Maxime, est prêtre.
33. *Th. Pol.*, XII, PG 91, 143B.
34. *Ibid.*, 143C.

Maxime, un grand défenseur de la foi orthodoxe. S'adressant à Marinos, Maxime écrit :

«Fais savoir tout cela à celui qui préside, selon l'ordre hiérarchique, à notre foi immaculée et orthodoxe, lui sur les ailes duquel nous nous reposons saintement, que nous soyons proches ou éloignés, nous qui avons comme seul fondement des dogmes sacrés la bienheureuse illumination qui est en lui et par lui, par laquelle nous sommes conduits et menés, comme par la main, dans l'Esprit Saint, vers la lumière sans ombre du Père. Regardant vers lui comme vers le guide de notre salut, après celui qui l'est par nature et le premier [le Christ], et suivant pieusement ses chemins, nous nous hâtons vers la vie qui n'est pas dissoute par la corruption, mais qui demeure dans l'incorruption, que nous partageons déjà ici-bas en espérance par ses prières inspirées de Dieu et ses enseignements pleins de sagesse divine[35].»

Dans le contexte de ce qu'est devenue ultérieurement la place du pape dans l'Occident chrétien, il pourrait paraître inconcevable qu'un tel éloge (qui évoque notamment «celui qui préside, selon l'ordre hiérarchique, à notre foi immaculée et orthodoxe» ou celui qui est «le guide de notre salut, après celui qui l'est par nature et le premier [le Christ]»), pût être adressé à un autre que lui. Pourtant cet éloge n'est pas adressé à Honorius (auquel Maxime vient de consacrer un long développement) mais à un évêque qui n'est même pas titulaire d'un patriarcat[36]. Cela est caractéristique de la conception traditionnelle de l'Orient chrétien selon laquelle l'Église est tout entière là où est l'évêque, et où donc l'évêque, qui préside à son Église[37], préside aussi en quelque sorte, à travers elle, à toute l'Église[38].

---

35. *Th. Pol.*, XX, PG 91, 245BC.

36. Chypre est cependant un siège qualitativement important, dont l'indépendance a été reconnue par le concile d'Éphèse en 431.

37. L'expression «celui qui préside...» est utilisée ailleurs par Maxime pour désigner le patriarche de Constantinople : «celui qui préside à Constantinople» (*Rel. Mot.*, IV, PG 90, 116A).

38. Voir J. ZIZIOULAS, *L'Eucharistie, l'évêque et l'Église durant les trois premiers siècles*, Paris, 1994.

2. L'affaire de la ratification
de l'élection du pape Séverin.

Le pape Honorius étant mort le 12 octobre 638, Séverin est élu le mois suivant pour lui succéder. L'empereur n'accepte de ratifier cette élection qu'à condition que Séverin accepte le contenu de l'*Ecthèse* qu'il vient de promulguer. Les apocrisiaires romains réussissent habilement à obtenir l'accord de principe de l'empereur sans qu'ils aient eu à s'engager ni à engager le pape sur la profession de foi impériale. Maxime, qui réside alors à Carthage, est informé de cet épisode par des amis de Constantinople (qui lui ont probablement envoyé en même temps le texte de l'*Ecthèse*) et le relate dans une ultime lettre à son ami l'higoumène Thalassios le Libyen. Cette lettre, désignée dans le corpus maximien comme *Lettre A*[39], qui ne nous est conservée qu'en latin et qu'en partie (mais qui contenait sans doute aussi la première critique de Maxime à l'encontre de l'*Ecthèse*), date probablement du début de l'année 640[40]. Elle comporte, en sa partie centrale, quelques notations de Maxime concernant le siège de Rome :

«[677C] [Les apocrisiaires], convaincus de la valeur de ce qu'ils défendaient et assurés sur ce point qu'ils risquaient de contraindre la première des Églises *(princeps ecclesiarum)*, la métropole *(mater)* et la ville *(urbs* [41]*)*, à demeurer veuve [c'est-à-dire privée de pape] pen-

---

39. *Ep. A*, Mansi X, 677A-678C.
40. Voir P. SHERWOOD, *An Annotated Date-List of the Works of Maximus the Confessor*, p. 43.
41. Traditionnellement, «la ville» désigne Rome. Dans le texte latin, *ecclesiarum* est le complément d'objet de *princeps*, mais non de *mater* et de *urbs*. On ne peut donc traduire «la tête et la métropole des Églises» comme le fait J.-M. GARRIGUES en sollicitant le texte dans le sens de son interprétation centraliste. Il faudrait alors traduire également «la ville des Églises», ce qui est un non-sens. J.-M. GARRIGUES s'en est aperçu, mais a omis le terme *urbs* plutôt que de renoncer à sa traduction précédente («Le Sens de la primauté romaine chez Maxime le Confesseur», p. 9). Rome

dant longtemps parvinrent à réaliser leur dessein par le moyen suivant. Puisque les byzantins pensaient de manière irraisonnée devoir étendre leur propre innovation jusqu'à Rome même, les apocrisiaires, pour obtenir l'accord sur ce qu'ils cherchaient, suivirent paisiblement la raison et, comme s'ils accédaient à la demande des premiers, leur dirent : *(suit la citation du discours argumenté des apocrisiaires).* [678B] N'ayant donc montré dans ces paroles aucune crainte, mais ayant discuté avec les clercs de la Ville impériale [Constantinople] avec une assurance sainte et de bon aloi, en ministres fermes de la "pierre" vraiment solide et immobile *(firmae revera et immobilis petrae)*, à savoir de l'Église qui est la plus grande et apostolique *(maximae et apostolicae ecclesiae)*, ils les ont manifestement apaisés et, gardant l'humilité et la simplicité, ils ont agi avec prudence en leur faisant connaître dès le début la sincérité et l'orthodoxie de leur propre foi. Quant aux Byzantins, pleins d'admiration devant leur piété, ils ont pensé qu'un fait de cette sorte méritait une récompense et, cessant de mettre en avant leur charte dogmatique, ils ont promis d'obtenir par leur soin la ratification de la nomination épiscopale [du pape[42]].»

Dans ce passage, Maxime laisse seulement apparaître qu'il considère lui-même l'Église de Rome comme «l'Église la plus grande et apostolique *(maximae et apostolicae ecclesiae)*», expression où l'on retrouve les deux critères selon lesquels Rome a été traditionnellement reconnue, en Orient même, comme la première des Églises : son importance comme capitale[43], et sa qualité particulière d'Église apostolique tenant au fait que non seulement elle a été fondée par deux des plus illustres apôtres, Pierre et Paul,

---

n'est métropole que dans le cadre de son territoire (voir *Canons apostoliques*, 34, dans *Les Constitutions apostoliques*, SC 336, p. 285 ; canon 6 du Ier concile de Nicée, dans *Les Conciles œcuméniques*, 2, *Les Décrets*, Paris, 1994, p. 40). Dans cette fin de phrase les apocrisiaires n'ont d'ailleurs pas en vue le rang de Rome, mais le dommage qu'il y aurait à ce que la métropole et la ville, si l'accord de l'empereur devait se faire attendre, soient privées d'évêque.

42. *Ep. A*, Mansi X, 677C-678B.

43. Raison qui fut mise en avant par les canons conciliaires pour justifier la primauté d'honneur qu'ils lui ont reconnue. Voir *infra*, n. 86 p. 143.

a reçu leur enseignement, a abrité leur séjour, mais aussi qu'elle a été le lieu de leur martyre et conserve leurs tombeaux[44]. Il ne semble pas que Maxime ait ici en vue un lien privilégié avec Pierre, le premier des apôtres, lorsqu'il qualifie les apocrisiaires de «ministres fermes de la pierre vraiment solide et immobile», puisque *petra* dans son texte désigne clairement l'Église elle-même et veut signifier sa fermeté dans la foi[45], comme ce sera le cas dans des textes maximiens ultérieurs[46] (et comme c'est souvent le cas dans des textes patristiques antérieurs[47]). Il y a sans doute une allusion implicite aux paroles du Christ à Pierre (Mt 16, 16-18), mais Maxime les interprète ici comme il le fait le plus souvent lorsqu'il se réfère à ce passage de l'Écriture : «la pierre» désigne la vraie confession de foi sur laquelle est bâtie l'Église, mais non pas la personne de Pierre ni *a fortiori* le pape, l'idée que le pape soit le successeur de Pierre[48], ou son vicaire[49], et *a fortiori* le vicaire du Christ

---

44. Voir entre autres F. DVORNIK, *Byzance et la primauté romaine*, p. 21-50 ; K. SCHATZ, *La Primauté du pape. Son histoire, des origines à nos jours*, p. 16-23, 26-27, 53. L'évocation par MAXIME des deux apôtres et de leurs tombeaux se retrouvera en *Pyr.*, PG 91, 352D-353A, éd. Doucet, p. 609. Quant au rang de capitale — que les Byzantins (qui continuaient à s'appeler «romains», n'ont cessé de reconnaître à Rome, de manière en quelque sorte honorifique, même après le transfert de la capitale de l'empire à Constantinople (voir F. DVORNIK, *loc. cit.*, p. 33-50), il se retrouve dans l'expression plusieurs fois utilisée par Maxime (et courante à son époque et dans les siècles précédents) d'«ancienne Rome» (voir entre autres *Th. Pol.*, XX, PG 91, 244C ; *Ep. Cal.*, PG 90, 136A), Constantinople étant la «nouvelle Rome».

45. «*Stabiles illi et firmae revera et immobilis petrae ministri, maximae videlicet et apostolicae, quae illic est, ecclesiae.*»

46. Voir *Th. Pol.*, XI, PG 91, 140A ; *Ep. Cal.*, PG 90, 136A.

47. Voir notamment ORIGÈNE, *In Mat.*, XII, 10, GCS X, p. 85-89 ; JEAN CHRYSOSTOME, *Hom. in Mt.*, LIV, 2, PG 58, 534 ; THÉODORET DE CYR, *Ep.*, LXVII, PG 83, 1249CD.

48. Idée que l'on trouve exprimée en Occident à partir du milieu du IIIe siècle par le pape Étienne (voir K. SCHATZ, *La Primauté du pape. Son histoire, des origines à nos jours*, p. 32-33).

49. Concept qui est apparu en Occident avec le pape Léon le Grand (440-461) [voir *ibid.*, p. 55-56].

étant, les autres textes de Maxime nous le confirmeront, totalement étrangère à sa pensée.

3. L'affaire des moniales monophysites réfugiées en Afrique du Nord.

Dans sa Lettre XII[50], datant de novembre-décembre 641[51] et adressée à son ami Jean le Cubiculaire, Maxime rapporte que le préfet Georges avait accueilli en Afrique du Nord, la province dont il était le gouverneur impérial, des moniales monophysites originaires d'Alexandrie qui avaient dû s'exiler à la suite de l'invasion de l'Égypte par les Arabes. Le préfet avait reçu ces sœurs «avec son habituelle sollicitude, par exemple en leur faisant don d'une résidence de prix et en contribuant à leurs besoins[52]». Ces moniales cependant n'avaient pas tardé à faire du prosélytisme en faveur de la doctrine sévérienne à laquelle elles adhéraient. Maxime relate ainsi la suite des événements :

«Au su de ces événements, [le préfet Georges] est venu à elles pour les exhorter à s'arrêter dans cette voie et à se réunir à la sainte Église de Dieu, mais sans résultat. Finalement, voyant le mal empirer et devenir incontrôlable, le peuple des fidèles murmurer, craignant que des troubles ne s'ensuivissent, la masse fidèle des Romains commençant de bouillir de colère à la simple mention de ces hérétiques, et enfin, estimant que cela relevait du conseil et de l'avis de l'empereur, le préfet a tout rapporté au saint archevêque[53] et à notre très pieux empereur[54], ainsi qu'à nos très saints patriarches de Rome[55] et de Constantinople[56]. Recevant la lettre sereine de notre

---

50. *Ep.*, XII, PG 91, 459A-465D.
51. Voir P. SHERWOOD, *An Annotated Date-List of the Works of Maximus the Confessor*, p. 45.
52. *Ep.*, XII, PG 91, 464B
53. L'archevêque de Carthage, qui est à la tête de l'Église d'Afrique.
54. Qui était alors Constantin III, défavorable à la cause monophysite.
55. Qui était alors Jean IV.

pieux empereur et celle, sacrée, de nos bienheureux patriarches, le priant de chasser de la province [d'Afrique] les hérétiques qui persistaient dans leur erreur et [demandant] que ces femmes dont je parlais qui voulaient se réunir à la sainte et vivifiante communion de l'Église catholique revinssent chacune dans sa propre communauté [devenue alors] non hérétique... Quant à celles qui récuseraient la vérité et n'obéiraient pas aux prescriptions impériales, elles devaient être réparties séparément, d'une manière stricte, dans des monastères orthodoxes[57].»

Ce texte a l'intérêt de nous montrer comment, à l'époque de Maxime, sur un problème de discipline ecclésiastique qui, en raison de ses implications, ne peut pas être traité par le primat de l'Église locale[58], le patriarche de Constantinople et le pape de Rome sont tous les deux consultés. On notera qu'ils sont traités tous les deux sur un pied d'égalité (il n'est pas question ici de primauté du pape). On notera d'autre part que leur décision est commune puisque le texte parle d'une unique lettre qui l'exprime ; cette décision est donc le fruit d'une concertation. De telles consultations et de telles décisions collégiales étaient assez communes dans l'Empire byzantin lorsque les Églises étaient unies, et elles témoignent entre les sièges d'une communion concrètement vécue et ne se limitant pas à des circonstances exceptionnelles[59].

---

56. Paul II, qui est, depuis le 1ᵉʳ octobre 641, le successeur de Pyrrhus, ce dernier ayant été destitué par Constantin III, et s'étant enfui en Afrique du Nord avant même, semble-t-il, d'être officiellement déposé le 29 septembre 641.

57. *Ep.*, XII, PG 91, 464CD. Sur cet épisode et ses suites, voir, outre le texte complet de la lettre de Maxime (PG 91 459A-465D, traduction dans MAXIME LE CONFESSEUR, *Lettres*, Paris, 1998, p. 119-124), C. DIEHL, *L'Afrique byzantine. Histoire de la domination byzantine en Afrique*, t. II, Paris, 1896, p. 543-547, et notre Introduction à MAXIME LE CONFESSEUR, *Lettres*, Paris, 1998, p. 58-59.

58. Rappelons que l'Église d'Afrique est une Église locale indépendante qui a à sa tête l'évêque de Carthage.

59. Comme le fait remarquer K. SCHATZ (*La Primauté du pape. Son histoire, des origines à nos jours*, p. 39), la communion des Églises est à

4. À propos de la façon de traiter l'ex-patriarche de Constantinople, Pyrrhus.

Pierre l'Illustre, général, exarque impérial de la province d'Afrique, qui entretient depuis longtemps avec Maxime des relations étroites et amicales et partage ses positions dogmatiques[60], lui écrit en 642 ou 643[61] pour lui demander s'il convient de continuer à accorder à Pyrrhus, qui, officiellement déposé en septembre 641, venait de s'exiler à Carthage, les honneurs patriarcaux et notamment de l'appeler «très saint». Cette question était débattue au-delà des frontières de la province d'Afrique, puisqu'on voit le pape Théodore (élu le 24 novembre 642)[62], dans des lettres adressées, à la fin de 642 ou au début de 643[63], au patriarche de Constantinople Paul et à ses consécrateurs[64], s'étonner qu'ils continuent à lui attribuer ce titre de «très saint» bien qu'il soit le responsable de l'hérésie[65].

Maxime répond à Pierre dans une lettre, dont nous ne conservons, sous le titre d'Opuscule théologique et polé-

---

un degré élémentaire communication, c'est-à-dire information et consultation mutuelles.

60. Sur le personnage et ses relations avec Maxime, voir notre Introduction à MAXIME LE CONFESSEUR, *Lettres*, Paris, 1998, p. 51-53.

61. Cette lettre date d'après la mort du pape Jean IV (11 octobre 642) puisque Maxime fait mention dans sa lettre de «la sainte mémoire de Jean, l'ancien pape de Rome» (143A). Selon P. SHERWOOD, elle peut dater de la fin de cette année ou de 643 (*An Annotated Date-List of the Works of Maximus the Confessor*, p. 16, 52).

62. Théodore était un Grec originaire de Jérusalem.

63. Voir P. SHERWOOD, *An Annotated Date-List of the Works of Maximus the Confessor*, p. 14-15.

64. Mansi X, 702-708.

65. Mansi X, 704A, 705A, 707C.

mique XII[66], que des extraits en traduction latine, réunis au
IXᵉ siècle par Anastase le Bibliothécaire[67].

Bien que tronqué et sujet à caution en l'absence du texte
original, le texte de cet opuscule est d'un grand intérêt,
d'une part parce qu'il nous apporte un certain nombre de
renseignements sur l'histoire de la controverse monoénergiste et monothélite dont il présente une récapitulation,
d'autre part parce qu'il nous montre comment Maxime
voyait le rôle du pape de Rome dans le cadre de cette controverse. Selon P. Sherwood, la réponse de Maxime est un
écho des exhortations et de la demande du pape Théodore,
et son attitude témoigne qu'il était alors en relation avec
l'entourage du pape[68]. Mais aucun fait précis ne vient
étayer cette hypothèse et Maxime avait par lui-même
suffisamment de raisons de se montrer rigoureux à
l'encontre de Pyrrhus. Voici ce qu'il écrit :

«[144A] Si en effet le siège de Rome ne reconnaît pas Pyrrhus en
tant que non seulement il est coupable, mais encore qu'il pense mal
et croit mal, il est tout à fait clair que quiconque anathématise ceux
qui ont déclaré Pyrrhus coupable anathématise le siège de Rome,
c'est-à-dire l'Église catholique. Et j'omets de dire qu'en tout cas il
s'anathématise lui-même s'il continue à communier avec le siège de
Rome et l'Église catholique de Dieu. Je vous supplie donc,
Monseigneur béni, de recommander à tous de ne pas nommer
Pyrrhus "très saint" ou "vénérable". La règle sacrée ne permet pas de
l'appeler par rien de tel. En effet, il a été déchu de toute sainteté, celui qui de sa propre volonté s'est mis en dehors de l'Église catholique. [144B] Il n'est permis de lui accorder aucune louange, lui qui
naguère déjà a été condamné et rejeté par le siège apostolique de la
ville de Rome à cause de sa pensée hétérodoxe, jusqu'à ce qu'il soit
reçu par celui-ci après être revenu à lui, ou plutôt au Seigneur notre
Dieu, par une pieuse confession et une foi orthodoxe, par laquelle il

---

66. *Th. Pol.*, XII, PG 91, 141A-146A.
67. Celui-ci fut le secrétaire permanent des papes Nicolas Iᵉʳ,
Hadrien II et Jean VIII, et peut être considéré comme l'éminence grise de
la politique romaine durant toute l'affaire photienne.
68. *An Annotated Date-List of the Works of Maximus the Confessor*,
p. 15.

retrouvera la sanctification et l'appellation de "saint". C'est pourquoi, s'il ne veut plus être hérétique ni passer pour tel, ce n'est pas à tel ou tel qu'il doit présenter satisfaction : c'est superflu et déraisonnable. En effet, de même qu'un seul ayant trouvé scandale en lui, tous ont trouvé scandale en lui, de même un seul recevant satisfaction, tous sans aucun doute seront satisfaits. Qu'il se hâte donc avant toute chose de rendre satisfaction au siège de Rome. Quand celui-ci aura reçu satisfaction, tous semblablement et partout le proclameront pieux et orthodoxe. [144C] Il parle en vain s'il pense que des gens comme moi doivent être persuadés, et ne rend pas satisfaction et n'implore pas le très bienheureux pape de la très sainte Église des Romains, c'est-à-dire le siège apostolique qui, de Dieu le Verbe incarné Lui-même, ainsi que de tous les saints conciles, selon les canons et définitions sacrés, a reçu et possède en tout et pour tout, sur toutes les saintes Églises de Dieu qui sont sur toute la surface de la terre, la souveraineté *(imperium)*, l'autorité *(auctoritas)*, et le pouvoir *(potestas)* de lier et de délier. En effet avec elle, c'est le Verbe qui lie et délie même dans les Cieux, Lui qui commande aux Puissances célestes. Si donc il donne satisfaction à d'autres et n'implore nullement le très bienheureux pape de Rome, il agit comme un homme qui, accusé d'homicide ou de tout autre crime, [144D] se hâte de faire apparaître son innocence non à celui qui selon les lois a pouvoir de juger, mais se démène seulement, inutilement et sans profit, pour montrer la netteté de sa conduite à des gens sans mandat qui n'ont aucun pouvoir de le délier de l'accusation. C'est pourquoi, Monseigneur béni, étends jusque-là l'idée que tu t'es formée, que l'on reconnaît avoir été bien vue et conforme à ce qui plaît à Dieu, pour que celui-ci [Pyrrhus] n'ait pas licence de dire et contredire n'importe quoi et n'importe qui en matière de dogme. Mais apprends clairement à connaître plus avant, en sondant sa volonté, s'il veut profondément assentir à la vérité : s'il le fait avec zèle et s'il y met diligence raisonnablement, exhorte-le à se soumettre au très bienheureux pape de Rome[69] [...].»

Commentant ce passage, A. Riou écrit : «On relèvera dans ce texte : [1] l'équivalence de l'Église catholique et du siège de Rome ; [2] l'autorité suprême du pontife romain

---

69. *Th. Pol.*, XII, 144A-D.

en matière d'orthodoxie[70].» Cette promptitude à faire cautionner par Maxime la conception que l'Église de Rome aura ultérieurement d'elle-même et de son pape doit être tempérée par plusieurs considérations. Sous réserve de l'authenticité du texte et d'une traduction correcte de l'original grec (qui a disparu), on notera premièrement que Maxime n'établit pas à proprement parler une équivalence entre l'Église catholique et le siège de Rome, mais qu'en disant «le siège de Rome, c'est-à-dire l'Église catholique» (144A), il affirme que l'Église de Rome, engagée dans la controverse pour défendre la foi orthodoxe, la représente — et même est la seule des Églises à la représenter — en fait. En effet, l'Église de Constantinople est toujours dans l'hérésie[71] : le patriarche Pyrrhus a été déposé à la suite d'une intrigue de palais mais n'a pas été condamné pour ses positions dogmatiques[72], et son successeur Paul II, élu en novembre 642, continue à soutenir le monothélisme[73] ; les patriarcats d'Alexandrie, d'Antioche sont également gagnés à l'hérésie, de même que celui de Jérusalem depuis la mort de Sophrone[74]. Une partie du texte que nous avons

---

70. *Le Monde et l'Église selon Maxime le Confesseur*, Paris, 1973, p. 208. Cette interprétation est reprise par J.-M. GARRIGUES, qui considère notamment que Maxime fait «sienne la justification romaine habituelle de la primauté» et que l'on voit ici une «identification du siège de Rome avec l'Église catholique au niveau de la confession de la foi» («Le Sens de la primauté romaine chez saint Maxime le Confesseur», p. 9).

71. Comme le note Maxime dans la même lettre : cette hérésie, le «prédécesseur [de Pyrrhus, Serge] l'a nourrie dans son sein, c'est lui [Pyrrhus] qui en a accouché, impiété majeure, et à leur tour leurs successeurs l'ont soigneusement cultivée, au mépris de la Divinité» (141BC).

72. Ce dont s'inquiète et s'indigne le pape Théodore (Mansi X, 704D). Voir P. SHERWOOD, *An Annotated Date-List of the Works of Maximus the Confessor*, p. 15.

73. Son élection n'a pas été reconnue par le pape Théodore. Il sera (mais d'une manière formelle) déposé par Théodore, en 647. Continuant à occuper le siège de Constantinople, il sera l'un des artisans de l'arrestation de saint Maxime et du pape Martin Ier, mais mourra (en décembre 653) pendant le procès de saint Martin et avant que se tienne le premier procès de saint Maxime (juin 654).

analysée dans une section précédente[75] présentant l'action passée des papes de Rome, du patriarche de Jérusalem Sophrone et de l'archevêque de Chypre Arcadius les situe, comme nous l'avons vu, sur un même plan (143BC).

C'est donc dans la mesure où l'Église de Rome confesse la foi orthodoxe qu'elle peut être considérée comme l'Église catholique[76]. On notera que plus loin Maxime s'exprime d'une manière différente en parlant de communion avec «le siège de Rome et l'Église universelle de Dieu» (144A), montrant qu'il associe celui-là à celle-ci plutôt qu'il ne l'identifie exclusivement à elle. On notera aussi que le contexte montre que ce qui définit aux yeux de Maxime l'appartenance à l'Église catholique, c'est la confession de la vraie foi[77]. Ainsi lorsqu'il écrit que Pyrrhus «a été déchu de toute sainteté, lui qui de sa propre volonté s'est mis en dehors de l'Église catholique», il entend que c'est en abandonnant la foi orthodoxe (et non en rompant avec Rome) qu'il s'est mis en dehors de l'Église catholique. Plus loin, Maxime écrit : «Il n'est permis d'accorder [à Pyrrhus] aucune louange, lui qui a été naguère condamné et rejeté par le siège apostolique de la ville de Rome à cause de sa pensée hétérodoxe, jusqu'à ce qu'il soit reçu par celui-ci après être revenu à lui, *ou plutôt sa conversion*

---

74. Le siège patriarcal est cependant resté vacant, l'occupation musulmane ne permettant pas une nouvelle élection (ce n'est qu'en 661 qu'un nouveau patriarche pourra être élu). La direction de l'Église est assurée par un synode d'évêques en majorité monothélites.

75. Citée p. 130.

76. Nous montrerons en détail dans la section 3 de la deuxième partie de ce chapitre que, pour Maxime, l'Église catholique, c'est l'Église fondée par le Christ sur la base de la droite confession de foi, et que toute Église s'identifie à elle pour autant qu'elle confesse la foi orthodoxe. L'Église catholique n'est donc ni l'Église de Rome seule (contrairement à ce que pourrait laisser supposer le vocable qui la désigne aujourd'hui communément), ni l'Église universelle conçue comme la somme des Églises locales.

77. Voir aussi *Rel. mot.*, PG 90, 120C, et *Ep. An.*, PG 90, 132A, cités *infra*, p. 158 et 172. Ce point sera repris et développé dans la deuxième partie de ce chapitre, section 3, 2.

au Seigneur notre Dieu par une pieuse confession et une foi orthodoxe[78] par laquelle il retrouvera la sanctification et l'appellation de "saint"» (144B[79]). Il est clair d'une part que ce qui a déterminé la rupture de communion de Pyrrhus avec l'Église de Rome est l'abandon de la foi orthodoxe, et d'autre part que ce qui lui permettra de rétablir cette communion, c'est la confession de la vraie foi[80]. C'est donc la confession de la foi orthodoxe qui est la condition de la communion avec l'Église de Rome et non la communion avec l'Église de Rome qui conditionne la rectitude de la foi. Il est vrai — et le texte y insiste — que la confession de foi doit se faire devant quelqu'un qui a autorité, et que la réintégration de l'Église catholique doit être prononcée officiellement par l'un de ses représentants qui a le pouvoir de délier (le faire devant tout autre serait «superflu et déraisonnable») ; mais il n'est nulle part question ici de la reconnaissance d'une autorité en tant que telle, et ce qui apparaît primordial n'est pas de faire retour au siège de Rome, ni au pape, mais, par la confession de la vraie foi, au Christ Lui-même[81], qui est la référence et la norme suprême de la foi et de l'union à l'Église, puisqu'Il en est le corps même[82]. La lettre de Maxime se situe d'ailleurs tout entière dans une perspective dogmatique ; son développement est entièrement déterminé par le fait que Pyrrhus a adopté une

---

78. Souligné par nous.

79. Cette conception selon laquelle c'est la confession de la foi orthodoxe qui définit l'appartenance à l'Église catholique se retrouve dans la *Dispute avec Pyrrhus*, PG 91, 353AB, éd. Doucet, p. 610, cité dans la section suivante.

80. Voir *Pyr.*, PG 91, 353AB, éd. Doucet, p. 610, cité *infra*, p. 148.

81. L'interprétation de V. CROCE : «revenir au siège de Rome, c'est revenir au Christ» (*Tradizione e ricerca. Il metodo teologico di san Massimo il Confessore*, p. 120) inverse la pensée de Maxime au nom d'une conception latine ultérieure de la papauté où le pape est conçu comme le vicaire du Christ.

82. Voir dans la deuxième partie, section 3 de ce chapitre, nos développements sur l'ecclésiologie de Maxime.

opinion hétérodoxe, et elle a en permanence en vue son retour à la vraie foi[83].

On trouve surtout dans ce texte l'une des affirmations les plus fortes qui aient jamais été proférées dans l'Orient chrétien de l'autorité des prérogatives de l'Église romaine. Maxime ne se borne pas ici à rappeler que Rome est le siège apostolique (en référence à la fondation de l'Église de Rome par Pierre et Paul, au fait qu'ils y ont séjourné, enseigné, y ont été martyrisés et que s'y trouvent leurs tombeaux[84]). Il présente l'Église de Rome comme celle «qui, de Dieu le Verbe incarné Lui-même, ainsi que de tous les saints conciles, selon les canons et définitions sacrés, a reçu et possède en tout et pour tout, sur toutes les saintes Églises de Dieu qui sont sur toute la surface de la terre, la souveraineté, l'autorité, et le pouvoir de lier et de délier». Le texte laisse ici apparaître que les prérogatives reconnues par Maxime à l'Église de Rome sont dues à sa relation particulière avec Pierre et en raison des paroles qui ont été adressées à ce dernier par le Christ. La désignation du Christ comme «Dieu Verbe incarné» est certes courante chez Maxime, mais est sans aucun doute consciemment utilisée ici par lui pour donner à son affirmation un ton plus solennel et pour marquer le fondement divin de ces prérogatives. Cependant, comme le remarque F. Dvornik[85], Maxime insiste plus encore sur l'origine conciliaire et canonique de ces prérogatives[86]. Il se montre ici plus

83. Voir l'intégralité du texte dans MAXIME LE CONFESSEUR, *Opuscules théologiques et polémiques*, Paris, 1998, p. 186-190.

84. Voir *supra*, p. 134, n. 44.

85. *Byzance et la primauté romaine*, p. 80.

86. La primauté d'honneur de l'Église de Rome est implicitement reconnue par le canon 3 du Ier concile de Constantinople (381) : «Que l'évêque de Constantinople ait la primauté d'honneur (τὰ πρεσβεῖα τῆς τιμῆς) après l'évêque de Rome, puisque cette ville est la nouvelle Rome» (*Les Conciles œcuméniques*, t. II, *Les Décrets*, Paris, 1994, p. 88). Le concile de Chalcédoine (451) la réaffirme en confirmant dans son canon 28 le canon 3 de Constantinople I : «Les Pères ont à bon droit accordé au siège de l'ancienne Rome des prérogatives, parce que cette ville était la ville impériale ; mus par ce même motif, les cent cinquante évêques très

proche du point de vue oriental que du point de vue
occidental[87]. Cette dernière référence est en effet plus
indiscutable aux yeux des Orientaux que la référence à Mt
16, 16-19, dont le texte a toujours divisé les exégètes, et que
les Latins, depuis le IIIe siècle, tiraient dans un sens (celui de
la succession puis du vicariat de Pierre ayant un fondement
de droit divin) envers lequel les Orientaux se montraient
pour le moins réticents.

Il est malheureusement assez difficile de préciser ce que
Maxime entend ici par «autorité» et par le terme, plus inac-
coutumé, de «souveraineté», d'autant plus que nous ne
sommes pas sûrs que ces mots, qui nous sont connus par la
traduction latine, correspondent exactement à l'original

---

aimés de Dieu ont accordé les mêmes prérogatives au très saint siège de la
nouvelle Rome [Constantinople], jugeant avec raison que la ville hono-
rée de la présence de l'empereur et du sénat, jouissant des mêmes prérogatives civiles que l'ancienne ville impériale de Rome, devait être aussi
magnifiée comme celle-là dans les affaires ecclésiastiques, étant la seconde après elle» (*ibid.*, p. 226). On en trouve une confirmation ultérieure dans la novelle CXXXI de l'empereur JUSTINIEN : «Nous décrétons,
suivant les décisions des conciles, que le très saint pape de l'ancienne
Rome est le premier de tous les hiérarques et que le saint archevêque de
Constantinople, la nouvelle Rome, occupe le second siège, après le saint
et apostolique siège de Rome, mais avec la préséance sur les autres
sièges» (*Corp. jur. civ.*, éd. G. Kroll, t. III, p. 655). L'interprétation de
ces canons pose un certain nombre de problèmes, et il reste difficile de
définir en quoi consiste précisément la primauté (ou les prérogatives)
d'«honneur» dont il est question. Voir J. MEYENDORFF, «La Primauté
romaine dans la tradition canonique jusqu'au concile de Chalcédoine»,
Istina, 4, 1957, p. 474-481 ; F. DVORNIK, *Byzance et la primauté
romaine*, p. 9-84 ; W. DE VRIES, *Orient et Occident. Les structures
ecclésiales vues dans l'histoire des sept premiers conciles œcuméniques*,
Paris, 1974 ; K. SCHATZ, *La Primauté du pape. Son histoire des origines
à nos jours*, Paris, 1992 ; A. DE HALLEUX, «La Collégialité dans l'Église
ancienne», *Revue théologique de Louvain*, 24, 1993, p. 433-454.
O. CLÉMENT, *Rome autrement*, p. 33-64. P. MARAVAL, *Le christianisme
de Constantin à la conquête arabe*, Paris, 1997, p. 204-213.

87. Depuis la fin du IVe siècle, en Occident, on considère en effet
«couramment que ce n'est pas en raison des décisions des conciles mais
en raison d'une institution par le Seigneur que l'Église de Rome a la préséance sur les autres Églises» (K. SCHATZ, *La Primauté du pape. Son
histoire, des origines à nos jours*, p. 57).

grec. Il faut quoi qu'il en soit les situer dans le contexte qui était le leur à l'époque, tant dans la conscience de l'Église d'Occident que des Églises d'Orient, où ces notions n'avaient pas les connotations politiques et juridiques qu'elles ont prises par la suite dans la représentation que la papauté romaine a développée de sa place et de sa fonction[88]. L'Église de Rome s'est vu sans aucun doute reconnaître depuis les origines par les autres Églises une grande autorité, mais cette autorité n'était pas alors conçue en termes de pouvoir, ni même de supériorité impliquant subordination, et ne s'exerçait pas à l'encontre ni au détriment de la collégialité[89].

L'insistance particulière de Maxime dans ce texte sur ces notions d'autorité et de souveraineté, et aussi sur le pouvoir de lier et de délier attribué au pape (pouvoir qui appartient aussi en principe à tout autre évêque[90]) trouve sans aucun doute pour une part son explication dans le contexte qui concerne quelqu'un qui a eu rang non seulement de patriarche, mais de «patriarche œcuménique[91]» ayant la primauté d'honneur parmi les patriarches orientaux, et qui ne peut avoir à répondre de sa foi et à demander sa réintégration dans la communion de l'Église qu'à une autorité au moins équivalente à la sienne, et dont le fondement soit reconnu et incontestable[92].

---

88. Voir *ibid.*, en particulier l'étude de K. SCHATZ qui insiste beaucoup sur ce point.

89. Ne pouvant ici entrer dans les détails, nous renvoyons aux études citées dans la note 86 p. 143-144, en particulier à celle de K. SCHATZ qui est sur ce point la plus complète.

90. Rappelons que le pouvoir de lier et de délier accordé par le Christ à celui-ci (Mt 16, 19) l'a été également à tous les autres apôtres (Mt 18, 18).

91. Titre que possède dès le VIᵉ siècle le patriarche de Constantinople.

92. Dans la même lettre, en dehors du passage que nous avons cité, MAXIME évoque la présidence du pape de Rome : «Mais qu'en est-il aussi du divin Honorius ? Qu'en est-il en vérité, après lui, du vieillard Séverin ? En allant plus loin, *celui qui préside* à présent a-t-il négligé quoi que ce soit pour supplier [les hérétiques] ?» (143B). Cette présidence pourrait en principe se rapporter à la primauté d'honneur reconnue traditionnel-

5. À propos de la réintégration de Pyrrhus dans l'Église.

Au mois de juillet de l'année 645, Maxime eut l'occasion de rencontrer officiellement Pyrrhus et de soutenir avec lui une discussion théologique, qui nous est conservée sous le titre de *Dispute avec Pyrrhus*, et à l'issue de laquelle Pyrrhus se rangea aux arguments du Confesseur et fit amende honorable pour ses errements passés.

La fin de cette discussion confirme en trois points significatifs l'interprétation que nous avons donnée du texte précédent.

Maxime y souligne d'abord que les décisions en matière de foi sont prises par des conciles d'une manière collégiale et en faisant l'objet d'un débat contradictoire, et que la validité de ces conciles dépend de l'accord que donne à leur tenue et à leurs décisions l'ensemble des évêques, des métropolites et des patriarches, l'Église de Rome n'apparaissant ici pourvue d'aucun privilège particulier et son pape étant mis au même rang que tous les autres patriarches.

«PYRRHUS. — En vérité, l'examen de la question des énergies a montré, lui aussi, l'absurdité qu'il y aurait à attribuer au Christ une énergie unique, de quelque manière que ce soit. Mais je sollicite l'indulgence pour moi et pour mes prédécesseurs. Car c'est par ignorance que nous avons été entraînés à ces conceptions et argumentations absurdes ; et je demande qu'on trouve une manière de réduire à néant cette absurdité intruse, tout en sauvegardant la mémoire de mes prédécesseurs.

---

lement et canoniquement au pape ; mais elle semble dans son contexte concerner sa présidence de la seule Église de Rome. Une expression semblable est utilisée ailleurs pour Arcadius, archevêque de l'Église de Chypre, qui est même présenté comme celui «qui préside à notre foi orthodoxe» (*Th. Pol.*, XX, PG 91, 245B).

MAXIME. — En vérité, il n'y a pas d'autre manière que de passer les personnes sous silence et d'anathématiser de tels enseignements.

PYRRHUS. — Mais si cela se reproduit, se trouveront rejetés, avec eux, Serge et le concile tenu sous ma présidence[93].

MAXIME. — L'étonnement me gagne : comment peux-tu appeler concile l'assemblée qui n'a pas été tenue selon les lois et les canons conciliaires et le droit ecclésiastique ? En effet, il n'y a pas eu de lettre encyclique approuvée par les patriarches, et le lieu et le jour de la rencontre n'ont pas été non plus déterminés. Il n'y avait personne pour introduire la cause et pour l'attaquer. Ceux qui se sont rencontrés n'avaient pas de lettres de recommandation, ni les évêques de leurs métropolites, ni les métropolites de leurs patriarches. Il n'y a pas eu de lettres ou de représentants envoyés par les autres patriarches. Qui donc, s'il a reçu sa part de raison, supporterait que l'on appelle synode l'assemblée qui a rempli toute la terre de scandales et de dissensions[94] ?»

Dans la suite (et la fin ultime) de la Dispute, deux points que nous avons soulignés précédemment apparaissent.

Le premier point est que la valeur particulière, l'autorité et les prérogatives reconnues à l'Église de Rome tiennent à son caractère de siège apostolique, c'est-à-dire à son lien privilégié avec saint Pierre, mais aussi avec saint Paul, la capitale abritant leurs tombeaux. C'est d'abord devant eux, plutôt que devant le pape (dont il n'apparaît donc nullement ici qu'il soit considéré comme le successeur et le vicaire de Pierre) que Pyrrhus va abjurer l'hérésie et confesser la foi orthodoxe :

«PYRRHUS. — S'il n'y a pas d'autre manière que celle-là, parce que je préfère à tout mon propre salut, je suis prêt à le faire en donnant pleine satisfaction. Je ne demande qu'une chose : qu'on veuille bien m'accorder, d'abord de me prosterner devant les lieux apostoliques ou plutôt devant les princes des apôtres eux-mêmes,

---

93. Il s'agit du concile tenu en 638, sous le patriarcat de Serge, un mois après la proclamation de l'*Ecthèse* et en vue de l'approuver. Après son accès au siège de Constantinople, Pyrrhus a réuni un autre concile pour la confirmer (voir Mansi X, 674D, 677E-680A, 999-1003).

94. *Pyr.*, PG 91, 352CD, éd. Doucet, p. 608-609.

ensuite de voir en personne le très saint pape et de lui remettre un récit écrit des événements qui se sont passés[95].»

Le second point est que la réintégration à l'Église ne tient pas à un acte de soumission au pape, mais à la confession de la foi orthodoxe, et que c'est la confession de la foi orthodoxe qui détermine et garantit l'appartenance à l'Église catholique, même s'il est vrai que cette confession doit se faire en présence de quelqu'un qui a autorité, et que la réintégration doit être prononcée par quelqu'un qui a le pouvoir de délier :

«Maxime et Grégoire[96] dirent : "Puisque ta proposition est bonne et profitable pour l'Église, qu'il en soit ainsi." Venu donc avec nous dans cette ville renommée de Rome, Pyrrhus remplit sa promesse : il condamna les enseignements de l'*Ecthèse* impie, il s'unit, par la confession orthodoxe (διὰ τῆς ὀρθοδόξου ὁμολογίας), à l'Église sainte, catholique et apostolique, par la grâce et le secours de notre grand Dieu et Sauveur, Jésus-Christ[97].»

---

95. *Ibid.*, PG 91, 352D-353A, éd. Doucet, p. 609.
96. Il s'agit du patrice Grégoire, cousin de l'empereur Héraclius et successeur de Pierre l'Illustre comme préfet de la province d'Afrique, qui présidait à la Dispute (voir M. DOUCET, «Dispute de Maxime le Confesseur avec Pyrrhus», Introduction, texte critique, traduction et notes, thèse ronéotypée, Montréal, 1972, p. 699-700). De nombreux évêques y assistaient également.
97. *Pyr.*, PG 91, 353AB, éd. Doucet, p. 609-610. Malheureusement, un ou deux ans plus tard, après avoir bénéficié de l'hospitalité romaine, Pyrrhus changea d'avis et, sollicité par Platon, l'exarque impérial de Ravenne, il s'enfuit auprès de lui et écrivit au pape qu'il retournait au monothélisme. Le pape alors signa solennellement l'acte de son excommunication devant le tombeau de saint Pierre en trempant sa plume dans le calice eucharistique (voir Mansi X, 699-702 ; L. BRÉHIER, *Grégoire le Grand, les États barbares et la conquête arabe (590-757)*, dans A. FLICHE et V. MARTIN (éd.), *Histoire de l'Église*, t. V, Paris, 1947, p. 166). Après la mort du patriarche Paul en janvier 654, Pyrrhus sera réinstallé sur le trône de Constantinople qu'il occupera jusqu'à sa mort le 3 juin 654.

6. La défense du pape Théodore Ier accusé d'hérésie.

Le passage de l'Opuscule théologique et polémique X que nous avons analysé dans le chapitre I[98] (et qui, rappelons-le, est adressé à Marinos et date de 645 ou 646[99]) montre clairement que le pape de Rome, loin de prononcer en vertu de sa seule autorité l'appartenance à l'Église, est lui-même soumis quant à cette appartenance au critère essentiel que Maxime reconnaît : celui de la confession de la foi orthodoxe. Alors que les positions théologiques que le pape Théodore a exprimées dans ses Lettres synodiques sont accusées par des théologiens byzantins sur deux points (ce qui montre déjà que les prises de position d'un pape en matière de foi n'étaient pas tenues *a priori* pour incontestables), Maxime ne considère pas le pape comme insoupçonnable d'hétérodoxie, mais soumet ce qu'il a écrit à un examen critique. Des comptes ont d'ailleurs été demandés au pape et aux théologiens de son entourage, puisqu'il fait mention de leur réponse ; cette dernière témoigne qu'ils ont accepté sans difficulté d'avoir à justifier leurs expressions. Rappelons le texte de Maxime :

«Assurément, ceux de la reine des villes [Constantinople] n'ont pas trouvé à redire sur autant de chapitres des Lettres synodiques de l'actuel et très saint pape que vous me l'avez écrit, mais sur deux seulement. L'un concerne la théologie ; ils lui reprochent de dire que "l'Esprit Saint procède aussi du Fils". L'autre concerne la divine Incarnation ; ils lui reprochent d'avoir écrit que "le Seigneur est exempt du péché ancestral en tant qu'homme". Sur le premier point, [ceux de Rome] ont présenté les usages concordants des Pères romains, et encore ceux de saint Cyrille d'Alexandrie, extraits de l'étude sacrée qu'il a réalisée sur saint Jean l'Évangéliste, à partir desquels ils ont montré qu'eux-mêmes n'ont pas fait du Fils la cause

---

98. *Th. Pol.*, X, PG 91, PG 91, 133D-136C.
99. Voir P. SHERWOOD, *An Annotated Date-List of the Works of Maximus the Confessor*, p. 53.

du Saint-Esprit — car ils savaient le Père cause unique de Celui-là selon la génération et de Celui-ci selon la procession —, mais qu'ils ont voulu manifester le fait [pour l'Esprit] de sortir par Lui [le Fils], et établir par là la connexion et la non-différence de l'essence. Pour le second point, ils n'ont nul besoin qu'on les défende. Car quelle incertitude y a-t-il dans cette affirmation, même si les chercheurs de prétextes le pensent à cause de leur caractère intraitable ? Il suffit en effet qu'ils disent "que [le Seigneur] n'a pas eu dans l'esprit le péché dont Adam a paru souffrir le premier, ni dans le corps l'action et l'opération du mal qui vient de celui-ci". Voilà donc ce qu'ont répondu [ceux de Rome] au sujet des choses dont on les accuse sans raison valable[100].»

On voit que Maxime conclut à l'orthodoxie de Théodore et des théologiens de son entourage après avoir constaté que les positions mises en cause sont, correctement interprétées, en accord profond avec la Tradition, évoquant notamment «les usages concordants des Pères romains, et encore ceux de saint Cyrille d'Alexandrie», le pape ayant lui-même fourni cet argument et ce critère de son orthodoxie.

7. Le voyage et le séjour de Maxime à Rome.

Après son débat public avec Pyrrhus (juillet 645), Maxime encourage les évêques d'Afrique à tenir des synodes pour condamner l'*Ecthèse*[101], ce qu'ils font en faisant part de cette condamnation à l'empereur, au pape et au patriarche de Constantinople. Puis Maxime quitte l'Afrique du Nord pour se rendre à Rome[102] où il va rester

---

100. *Th. Pol.* 10, PG 91, 133D-136B.

101. Ce qui montre que sa condamnation par le pape, quelle que soit l'autorité de ce dernier, n'est pas suffisante. Ce qui montre aussi le caractère collégial des décisions de l'Église ancienne en matière de foi.

102. On peut penser que Maxime s'est rendu à Rome en même temps que Pyrrhus. L'affirmation, à la fin de la *Dispute avec Pyrrhus*, du transcripteur de celle-ci (peut-être Anastase, le disciple de Maxime) : «Venu donc avec nous dans cette ville renommée de Rome, Pyrrhus

jusqu'en 651 ou 652. Probablement installé dans l'un des monastères grecs de la capitale[103], il a pendant les huit années de son séjour dans la capitale une intense activité consacrée à la défense de la foi orthodoxe, multipliant traités, lettres et conversations, d'autant qu'à Constantinople l'hérésie continue à prospérer : l'empereur Constant II, qui a succédé à Constantin III mort l'année même de son accession au pouvoir, soutient le monothélisme et promulgue, fin 647, le *Typos*, rédigé par Paul II, patriarche de Constantinople[104]. Maxime, qui est connu et estimé à Rome, entretient certainement des relations directes et étroites avec les théologiens romains, et probablement aussi avec le pape Théodore lui-même qui était depuis toujours un défenseur de la foi orthodoxe face au monothélisme[105].

---

remplit sa promesse» (*Pyr.*, PG 91, 353A, éd. Doucet, p. 610) reste ambiguë et n'inclut pas nécessairement Maxime. On ne peut préciser la date de son arrivée dans la capitale, mais on sait par la *Relatio motionis* qu'il s'y trouvait avec Pyrrhus au cours de l'année 646 (*Rel. mot.*, 2, PG 90, 112C). Il est peu probable que le déplacement de Maxime en Italie ait été provoqué par l'invasion de l'Afrique du Nord par les Arabes (advenue seulement en 647).

103. La *Relatio motionis* évoque ce monastère (IV, PG 90, 113D, 116A ; XI, PG 90, 124A) sous le nom de Bebbas (XI, PG 90, 124A ; d'autres manuscrits donnent Bellas et Bembas). Il est possible que ce nom soit une corruption de Sabbas, autre nom d'un monastère de l'Aventin encore appelé Cellae Novem, que le pape avait attribué à des moines africains réfugiés (voir *Vie syriaque*, 24, éd. Brock, p. 318-319), qui était l'un des trois monastères de Rome où résidaient des moines orientaux, et dont l'higoumène a participé au concile du Latran (Mansi X, 903A). Voir S. BROCK, «An Early Syriac Life of Maximus the Confessor», *Analecta Bollandiana*, 91, 1973, p. 328-329.

104. Le *Typos* interdisait de «controverser, discuter et se disputer de quelque manière sur la question d'une volonté et d'une énergie ou de deux énergies ou de deux volontés» et proclamait que «personne ne ser[ait] blâmé ou accusé pour avoir professé jusqu'à ce jour une volonté ou une énergie ou deux volontés ou deux énergies».

105. Maxime avait sans doute depuis de nombreuses années des contacts avec Rome, mais probablement par l'intermédiaire d'émissaires, son fidèle compagnon Anastase ayant notamment été envoyé en mission à Rome avant 640, comme en témoigne l'Opuscule théologique et polémique XX.

Théodore meurt le 13 mai 649. Le 5 juillet de la même année, Martin Ier est élu pape. Celui-ci était auparavant apocrisiaire de Théodore Ier et avait été notamment envoyé par lui à Constantinople pour mener en son nom des discussions avec le patriarche Paul et tenter d'obtenir de lui la condamnation de Pyrrhus ; il connaissait donc parfaitement l'affaire du monothélisme et ses protagonistes[106]. À peine installé, il convoque le synode du Latran (5-31 octobre 649), qui condamne le *Typos*. Maxime participe activement à ce synode[107] : il prépare une partie de la documentation nécessaire (notamment un florilège de textes patristiques[108]), prend part aux débats, rédige certains actes

---

106. Voir L. DUCHESNE, *L'Église au VI*[e] *siècle*, p. 435-436, 441.

107. Plusieurs évêques africains de ses amis figuraient parmi les cinq cents évêques réunis. Participaient également au synode trente-sept higoumènes, prêtres ou moines grecs, la plupart chassés d'Orient par l'invasion arabe (L. BRÉHIER, *Grégoire le Grand, les États barbares et la conquête arabe (590-757)*, p. 167).

108. Bien qu'il ne soit pas sans rapport avec lui (voir J. PIERRES, «Sanctus Maximus Confessor, princeps apologetarum synodi lateranensis anni 649», Dissertation, Rome, 1940), ce florilège ne doit pas être confondu avec celui, conservé comme Opuscule théologique et polémique XV (PG 91, 153C-184C), que Maxime constitua en 646 ou 647 à l'intention de l'évêque Étienne de Dor. Ce dernier avait été envoyé par Sophrone comme représentant à Rome. Après la mort de Sophrone, il y était retourné pour dénoncer les agissements de Serge de Joppé qui établissait en Palestine une hiérarchie monothélite parallèle. Il fut nommé par le pape, en 647, vicaire apostolique en Palestine, avec la mission de déposer les évêques ordonnés de façon non canonique et de recevoir ceux qui reviendraient à la foi orthodoxe. Cette ingérence de Rome dans les affaires de Palestine fut peu appréciée non seulement des évêques monothélites, mais des évêques restés orthodoxes. Devant les difficultés qui lui étaient faites, il fut remplacé par Jean de Philadelphie qui eut également en charge l'Église d'Antioche. Sa mission ne rencontra pas plus de succès. Voir Mansi X, 822C ; L. BRÉHIER, *Grégoire le Grand, les États barbares et la conquête arabe (590-757)*, p. 165-166 ; C. von SCHÖNBORN, «La primauté romaine vue d'Orient pendant la querelle du monoénergisme et du monothélisme (VIIe siècle)», *Istina*, 21, 1976, p. 487-490.

du synode (qui ont ensuite été traduits en latin) et, quoique simple moine, en signe les décisions[109].

Dans une lettre dont le destinataire ne nous est pas connu, écrite sans doute peu après le concile, et conservée seulement en partie comme Opuscule théologique et polémique XI[110], Maxime loue grandement l'Église de Rome et son autorité doctrinale :

«[137C] Car tous les confins de la terre habitée et ceux qui par toute la terre confessent [137D] le Seigneur de manière pure et orthodoxe regardent droit au loin, comme vers un soleil de lumière éternelle, vers la très sainte Église des Romains et vers sa confession et sa foi, recevant d'elle l'éclat resplendissant des saints dogmes des Pères, comme les ont posés en toute piété et intégrité les six saints synodes inspirés par Dieu et émanant de Lui, en proclamant dans les termes les plus explicites le symbole de la foi. Car depuis la descente vers nous du Verbe de Dieu incarné, [140A] toutes les Églises des chrétiens de partout ont tenu et ont eu la grande [Église] qui est ici comme seuls fondement (χρῆπιδα) et fondation (θεμέλιον), en tant que jamais les portes de l'enfer n'ont prévalu contre elle[111], selon la promesse même du Sauveur, mais qu'elle a les clés de la foi et de la confession orthodoxes en Lui, ouvrant à ceux qui s'approchent pieusement ce qui est réellement par nature la seule piété, mais fermant et maintenant close toute bouche hérétique qui profère au plus haut point l'injustice. Car ce que Lui, le Créateur de l'univers, notre Maître et Seigneur Jésus-Christ, les disciples et apôtres, et les saints Pères, docteurs et martyrs consacrés par leurs propres œuvres et paroles, leurs combats, leur sueur, leurs peines et leur sang, et pour finir leur injuste mort, [140B] ce qu'ils ont donc fondé et édifié, à

---

109. Voir R. RIEDINGER, «Aus den Akten der Lateran-Synode von 649», *Byzantinische Zeitschrift*, 69, 1976, p. 17-38 ; «Grammatiker-Gelehrsamkeit in den Akten der Lateran-Synode von 649», *Jahrbuch der österreichischen Byzantinistik*, 25, 1976, p. 57-61 ; «Griechische Konzilakten auf dem Wege ins lateinische Mittelalter», *Annuarium historiae Conciliorum*, 9, 1977, p. 253-301 ; «Die Lateransynode von 649 und Maximus der Bekenner», dans : F. HEINZER et C. VON SCHÖNBORN (éd.), *Maximus Confessor. Actes du Symposium sur Maxime le Confesseur*, Fribourg (Suisse), 1982, p. 111-121.

110. *Th. Pol.*, XI, PG 91, 137C-140B.

111. On notera que Maxime utilise prudemment le passé, et non le futur comme J.-M. GARRIGUES dans sa traduction.

cause de l'Église catholique et apostolique, [notre Église] à nous qui croyons en Lui, tout cela en deux paroles, sans le moindre labeur ni peine ni mort, ô immense patience et tolérance de Dieu, ils[112] s'acharnent à le renverser, et à annuler le grand, très lumineux et très célébré mystère de la religion orthodoxe des chrétiens[113].»

L'enthousiasme manifesté par Maxime dans cette lettre, qui dépasse celui manifesté dans l'Opuscule théologique et polémique XII, s'explique en grande partie par les circonstances où Maxime se trouve lorsqu'il l'écrit. Rappelons que les patriarches qui se sont succédé à Constantinople — Serge, Pyrrhus, Paul II — ont été les promoteurs ou les défenseurs des hérésies monoénergiste et monothélite, et que tous les autres patriarcats orientaux étaient gagnés à l'hérésie, tandis que les papes qui occupaient le siège de Rome pendant la même période — Honorius (dont Maxime, nous l'avons vu, considérait la position comme orthodoxe malgré son ambiguïté), Séverin, Jean IV, Théodore et Martin Ier — n'approuvaient pas ces hérésies. Jean IV a fait condamner l'*Ecthèse* par un synode tenu en février 641, et Martin Ier, à peine installé, a pris l'initiative de convoquer le synode du Latran pour condamner le *Typos* et promulguer solennellement la foi orthodoxe. Dans cette lettre, Maxime considère ce synode comme un sixième concile œcuménique, à l'égal des cinq qui constituent les piliers de la foi orthodoxe. On comprend dès lors qu'il puisse écrire que «tous les confins de la terre habitée et ceux qui par toute la terre confessent le Seigneur de manière pure et orthodoxe regardent droit au loin, comme vers un soleil de lumière éternelle[114], vers la très sainte Église des Romains et vers sa confession et sa foi, recevant d'elle l'éclat resplendissant des saints dogmes des Pères».

---

112. Il s'agit des monothélites.
113. *Th. Pol.*, XI, PG 91, 137C-140B.
114. Il y a peut-être dans le style une réminiscence de la *Lettre synodale* de son père spirituel, saint SOPHRONE DE JÉRUSALEM, qui parlait de «la très sainte Église des Romains, ou, mieux dit, du Luminaire de toutes les Églises sous le soleil» (*Ep. syn.*, PG 87, 3188D).

Maxime rapporte cependant ce fait à la situation privilégiée qu'il reconnaît à l'Église de Rome : «toutes les Églises
des chrétiens de partout ont tenu et ont eu la grande
[Église] qui est ici comme seuls fondement et fondation, en
tant que jamais les portes de l'enfer n'ont prévalu contre
elle, selon la promesse même du Sauveur, mais qu'elle a les
clés de la foi et de la confession orthodoxes en Lui.» Ce
passage contient plusieurs allusions manifestes à Mt 16, 17-
19, que Maxime interprète dans le même sens que dans
d'autres passages de son œuvre : le fondement et la
fondation de l'Église sont la droite confession de foi dans
le Christ («la pierre» sur laquelle le Christ dit qu'il bâtira
son Église[115] après avoir entendu cette foi confessée par
Pierre : «En vérité, tu es le Christ, le Fils du Dieu vivant»), et
l'Église de Rome est considérée par les autres Églises
comme fondement et fondation en tant qu'elle a toujours
solidement et fermement confessé la vraie foi[116]. Si l'on

115. Les mots grecs utilisés par Maxime pour «fondement» et
«fondation» désignent tous les deux les fondations ou la base d'un bâti-
ment.
116. Voir une formulation semblable dans *Ep. A*, Mansi X, 678B,
cité et commenté dans la section 2. L'interprétation littérale qui ferait de
l'Église de Rome elle-même le fondement des autres Églises est
dépourvue de sens, puisque, parmi les Églises locales (dont Maxime reconnaît par ailleurs la diversité et l'indépendance), l'Église de Rome
n'est pas la première à avoir été fondée, et celles qui l'ont été après elle
ne l'ont pas été à partir d'elle (l'absurdité de cette idée, il est vrai, ne l'a
pas empêchée d'être soutenue par le pape Innocent Ier [416] ; voir K.
SCHATZ, *La Primauté du pape. Son histoire, des origines à nos jours*, p.
57). V. CROCE donne une interprétation proche de la nôtre : «Les trois
métaphores de Mt 16, 18-19 — la pierre, les clés, l'invincibilité face
aux puissances infernales — sont toutes référées à la foi professée par
l'Église de Rome, fondement de la foi de tous les chrétiens» (*Tradizione e
ricerca. Il metodo teologico di san Massimo il Confessore*, p. 125). Il est
intéressant de rapprocher l'expresssion de Maxime de celle que
contiennent les propos de Sophrone de Jérusalem à Étienne de Dor
lorsqu'il l'envoya en mission à Rome pour y demander de l'aide contre
l'hérésie qui se répandait de toutes parts : «Tu iras promptement d'une
extrémité de la terre à l'autre, jusqu'à ce que tu parviennes au siège
apostolique, *là où sont les fondements* (χρηπίδες) *des doctrines
orthodoxes*, et tu instruiras les saints hommes qui y sont [...] selon la

peut voir ici l'expression de l'éminente valeur et autorité que Maxime reconnaît à l'Église de Rome en matière dogmatique, on ne saurait comprendre les expressions : «les portes de l'enfer n'ont prévalu contre elle» et «elle a les clés de la foi et de la confession orthodoxes en Lui» comme signifiant qu'il «invoque la permanence dans l'orthodoxie de l'Église de Rome[117]», ou a en vue «la pureté de la foi de la chaire de Pierre[118]» en tout temps, autrement dit qu'il reconnaît à l'Église de Rome le privilège de ne jamais se tromper, et donc une infaillibilité de principe ou même une autorité définitive en matière de foi. La première expression est au passé ; la deuxième au présent. Maxime témoigne très clairement d'une situation de fait pour les six premiers siècles[119], pour la période troublée qu'il a vécue, et pour le moment où il parle, mais ne passe pas du fait au droit[120].

---

vérité exacte, de tout ce qui se passe ici» (Déposition d'Étienne de Dor au concile du Latran, Mansi X, 896BC).

117. *Ibid.*, p. 12.

118. *Ibid.*

119. Depuis les origines jusqu'au moment où parle Maxime, à la différence des Églises orientales, l'Église de Rome s'est toujours maintenue dans la foi orthodoxe (à quelques exceptions près, parmi lesquelles ont peut citer le cas des papes Libère et Honorius). Les Orientaux reconnaissaient volontiers ce fait. Ainsi, un siècle plus tôt, l'empereur JUSTINIEN écrivait-il dans une lettre au patriarche Épiphane : «chaque fois qu'il s'est levé des hérétiques de nos côtés, c'est par une sentence et le droit jugement de ce vénérable siège [de Rome] qu'ils ont été condamnés» (*Cod. Just.*, I, 7, 1).

120. On pourrait dire, en pastichant Augustin, qu'il ne faut pas confondre *posse non errare* avec *non posse errare*. Il y a eu, dans la conscience que l'Église romaine a acquise d'elle-même dans les siècles ultérieurs, passage abusif de l'un à l'autre, et on peut penser que la constatation que Rome a toujours su, dans les premiers siècles du moins et à de rares exceptions près, prendre le parti juste a contribué à développer l'impression qu'elle était immunisée contre les hérésies (voir les judicieuses remarques de K. SCHATZ, *La Primauté du pape. Son histoire des origines à nos jours*, p. 34-37). Comme le suggère K. Schatz, la tâche de l'Église de Rome dans la conservation de la foi orthodoxe lui fut facilitée par le fait que c'est en Orient que se déroulèrent la plupart des grandes controverses théologiques, et que pour diverses raisons elle s'y engagea peu spéculativement (p. 36-37).

On notera que la valeur éminente qu'il reconnaît à l'Église de Rome est dans ce texte fortement reliée au fait qu'elle a jusqu'alors confessé la foi orthodoxe et l'a défendue contre les hérésies. Il apparaît tout au long de ce texte que c'est cette confession de la foi orthodoxe qui est déterminante aux yeux de Maxime et qui conditionne la place privilégiée qu'il reconnaît à l'Église de Rome[121]. Loin de considérer que la confession de la vraie foi serait liée à un «charisme pétrinien» du siège de Rome[122] (on notera d'ailleurs qu'il n'est pas fait mention ici du «siège de Rome» ni du «pape» de Rome, mais de «l'Église des Romains[123]»), Maxime insiste fortement dans ce texte sur le fait qu'une telle confession est relative à son accord avec toute la Tradition de l'Église. La confession de foi de l'Église de Rome — telle qu'elle s'est manifestée dans la controverse monoénergiste et monothélite, et surtout telle qu'elle vient d'être proclamée solennellement au concile du Latran — reflète «l'éclat resplendissant des saints dogmes des Pères, comme les ont posés en toute piété et intégrité les six saints synodes inspirés par Dieu et émanant de Lui» ; cette foi correspond à «ce que Lui, le Créateur de l'univers, notre Maître et Seigneur Jésus-Christ, les disciples et apôtres, et les saints Pères, docteurs et martyrs consacrés par leurs propres œuvres et paroles, leurs combats, leur sueur, leurs peines et leur sang, et pour finir leur injuste mort, ce qu'ils ont donc fondé et édifié». Et c'est dans la mesure où elle confesse cette foi-là que l'Église de Rome, de même que toute autre Église, peut être identifiée, comme le suggère la fin de la lettre, avec «l'Église catholique et apostolique, [notre Église] à nous qui croyons en Lui».

---

121. Comme le voit bien V. CROCE, *Tradizione e ricerca. Il metodo teologico di san Massimo il Confessore*, p. 125.

122. Expression qui apparaît comme un *leitmotiv* dans l'étude de J.-M. GARRIGUES («Le Sens de la primauté romaine chez saint Maxime le Confesseur»), et qui est volontiers reprise par O. CLÉMENT (*Rome autrement*).

123. Comme le fait judicieusement remarquer V. CROCE, *Tradizione e ricerca. Il metodo teologico di san Massimo il Confessore*, p. 125.

8. Le retour à Constantinople et le premier procès.

Il semble que Maxime, ayant profité d'une campagne de l'empereur Constant en Arménie, soit retourné à Constantinople en 651 ou 652 pour tenter de convaincre personnellement un certain nombre de personnalités de la capitale, dont le patriarche Paul, d'abandonner l'hérésie[124]. Il aurait logé au palais de Placidie, qui était la résidence des apocrisiaires romains[125], et bénéficié du soutien de plusieurs amis restés dans la capitale. Mais l'empereur, de retour à Constantinople, se serait inquiété de l'activité de Maxime et après avoir réuni un synode qui l'aurait condamné pour nestorianisme, l'aurait fait enfermer dans un monastère de femmes[126].

L'empereur décida de vaincre définitivement toute résistance au *Typos*. Il fit arrêter le pape Martin à Rome le 17 juin 653 par son exarque de Ravenne. Il fit probablement arrêter Maxime au même moment. Ce dernier fut mis en prison avant d'être jugé au palais impérial, en mai-juin 654[127], en présence du sénat et des patriarches Pierre de Constantinople[128] et Macédonius d'Antioche.

La *Relatio motionis*, qui rapporte ce premier procès de Maxime, offre plusieurs aperçus intéressants sur l'ecclésiologie du Confesseur. À ceux qui l'interrogent (le patrice Troïlos et Serge Eucratas), Maxime répond :

---

124. Voir S. BROCK, «An Early Syriac Life of Maximus the Confessor», p. 319, 329.

125. *Ibid.*

126. Voir *ibid.*, p. 330, 339.

127. La relation du procès de Maxime présentant Pyrrhus comme défunt (*Rel. mot.*, PG 90, 128C), et celui-ci étant mort le 3 juin, on est porté à retenir le mois de juin comme période du procès.

128. Le patriarche Paul est mort en décembre 653, pendant le procès de Martin. Pyrrhus, qui lui a succédé, est mort le 3 juin 654.

«"Moi, je n'ai pas de dogme particulier, mais celui qui est commun à l'Église catholique. — Tu n'es pas en communion avec le siège de Constantinople ? — Je ne suis pas en communion avec lui ! — Pour quelle raison n'es-tu pas en communion avec lui ? — Parce qu'ils ont rejeté les quatre saints conciles par les *Neuf chapitres* qui ont été rédigés à Alexandrie, par l'*Ecthèse* rédigée en cette ville-ci par Serge, et par le *Typos* qui a été promulgué ensuite en la sixième indiction [647]. Parce que les dogmes qu'ils avaient définis dans les *Chapitres*, ils les ont condamnés dans l'*Ecthèse* ; et ceux qu'ils avaient définis dans l'*Ecthèse*, ils les ont abolis par le *Typos*. Ils se sont jugés eux-mêmes autant de fois. Ceux-là donc qui ont été condamnés par eux-mêmes, par les Romains et par le concile qui a eu lieu ensuite en la huitième indiction [649], quel genre de mystagogie peuvent-ils célébrer et quel genre d'Esprit peut assister les actes accomplis par de tels hommes[129] ?"»

La première affirmation va dans le sens de ce que nous avons vu précédemment, à savoir que, pour Maxime, l'Église catholique est celle qui confesse la foi orthodoxe, et que son unité tient à la confession de l'unique et vraie foi.

La suite nous montre que, pour Maxime, la communion se fonde sur la confession de la foi orthodoxe. Lorsqu'une Église cesse de confesser la foi orthodoxe, la vraie communion (entendue très concrètement non seulement comme communion de foi, mais comme communion eucharistique) ne peut plus exister avec elle, car le Saint-Esprit cesse d'y être agissant, l'épiclèse eucharistique ne trouve pas de réponse, les saints dons ne sont pas consacrés, et d'une manière générale les sacrements restent sans valeur. Maxime considère ainsi que, en l'occurrence, c'est l'Église de Constantinople qui, en tant qu'elle ne confesse pas la foi orthodoxe, se trouve privée de la communion avec Dieu et séparée de l'Église catholique en communion avec laquelle sont ceux qui confessent la vraie foi.

---

129. *Rel. mot.*, VI, PG 90, 120CD.

Le fait que l'abandon de la foi orthodoxe justifie à lui seul la rupture de la communion se trouve réaffirmé dans une phase ultérieure de l'interrogatoire :

«Es-tu en communion avec l'Église d'ici ou n'es-tu pas en communion avec elle ? — Je ne suis pas en communion avec elle, répond Maxime. — Pourquoi ? — Parce qu'elle a rejeté les conciles. — Si elle a rejeté les conciles, comment se fait-il qu'ils sont cités dans les diptyques ? — De quelle utilité sont les noms si l'on rejette les dogmes[130] ?»

La suite fait apparaître que l'attachement de Maxime à l'Église de Rome tient esentiellement au fait qu'elle confesse alors la foi orthodoxe :

«Dans le silence général, le sacellaire lui dit : "Pourquoi aimes-tu les Romains et hais-tu les Grecs ?" Le serviteur de Dieu répondit : "Nous avons reçu le précepte de ne haïr personne. J'aime les Romains en tant que nous avons la même foi ; et les Grecs en tant que nous parlons la même langue[131]."»

Si Maxime reconnaît, comme nous l'avons vu, certaines prérogatives à l'Église de Rome, il ne lui reconnaît pas, contrairement à ce qu'affirment certains commentateurs[132], le privilège de ne pas pouvoir s'égarer. Dans l'affaire du monoénergisme et du monothélisme, l'Église de Rome a jusque-là confessé la vraie foi[133] ; mais il n'est pas impossible qu'elle s'en détourne ; elle se trouverait alors elle aussi privée de communion et exclue de l'Église catholique.

Ainsi ceux qui interrogent Maxime lui demandent-ils : «Et que vas-tu faire si les Romains font l'union avec les

---

130. *Ibid.*, XIII, PG 90, 128B.

131. *Ibid.*, 128C.

132. Comme J.-M. GARRIGUES, «Le Sens de la primauté romaine chez saint Maxime le Confesseur», p. 12, 18-19 ; «Le Martyre de saint Maxime le Confesseur», p. 420 n. 20.

133. Le cas d'Honorius est discutable, mais pas pour Maxime qui, nous l'avons vu, considère sa position comme orthodoxe.

Byzantins ? Voici en effet qu'hier sont arrivés les apocrisiaires de Rome[134], et demain dimanche ils communieront avec le patriarche[135].» La réponse de saint Maxime est sans ambiguïté :

«Le Saint-Esprit, par la bouche de l'Apôtre, anathématise même les anges qui prescriraient quelque chose de contraire au kérygme (Ga 1, 8[136]).»

On ne voit pas du tout dans ce passage que, comme l'affirme un commentateur, «pour Maxime la confession pétrinienne de Rome est la plus haute garantie ecclésiale de la foi», «le critère ultime de la règle de foi ecclésiale», ni même que «la confession de foi de Rome est la plus haute assistance ecclésiale pour l'acte de foi théologal» de chaque croyant[137]. Au contraire, Maxime envisage bel et bien que l'Église de Rome puisse, à la suite des Églises de Constantinople, d'Alexandrie, d'Antioche et de Jérusalem, confesser une autre foi que celle de l'Église catholique, et encourir alors d'être anathématisée par le Saint-Esprit (car

---

134. Leur mission est d'obtenir de l'empereur son accord pour la consécration du pape Eugène Ier comme successeur de Martin.

135. S'ils veulent obtenir l'agrément de l'empereur, ils devront accepter, au nom du pape, les points de doctrine qu'on leur soumettra (il n'est pas clair ici s'il s'agit du *Typos* ou d'une nouvelle proposition théologique, préparée par Pyrrhus et présentée par son successeur Pierre dans sa Lettre synodique, affirmant dans le Christ deux volontés naturelles et une volonté hypostatique, voir L. DUCHESNE, *L'Église au VIe siècle*, p. 454). Leur accord signifiera qu'ils seront en communion de foi et, par conséquent, en communion eucharistique avec l'Église de Constantinople. Ce n'est pas une pure hypothèse, comme l'affirme J.-M. GARRIGUES, puisque cette communion a effectivement eu lieu. Dans la suite de ce passage, Maxime considère que le pape lui-même ne sera engagé par ses représentants que s'ils sont porteurs d'une lettre écrite par lui à l'intention du patriarche et mentionnant explicitement son accord dogmatique. Cet argument de pure forme, peu habituel chez Maxime, montre qu'il est ici pris de court.

136. *Rel. mot.*, VII, 121BC.

137. J.-M. GARRIGUES, «Le Sens de la primauté romaine chez saint Maxime le Confesseur», p. 18 ; cf. p. 19.

il n'y aurait plus alors aucune autorité ecclésiastique terrestre qui puisse le faire[138]).

Devant cette éventualité, présentée par ses interrogateurs comme une quasi-certitude, que l'Église de Rome cesse à son tour de confesser la foi orthodoxe[139], et que par conséquent plus aucune des cinq Églises de la pentarchie ne la confesse, Maxime renvoie à la conscience personnelle du croyant comme critère ultime de la foi.

À l'objection avancée par ses accusateurs peu avant : «Toi seul es sauvé et tous les autres se perdent ?», Maxime répond :

«Personne n'a été condamné par les trois jeunes gens qui n'ont pas adoré l'idole que tous les autres adoraient. Ils ne se souciaient pas en effet de ce que les autres faisaient, mais ils se souciaient eux-mêmes de la vraie piété (Dn 3, 18). De même Daniel, jeté dans la fosse aux lions, ne condamna aucun de ceux qui n'adoraient pas Dieu en se conformant à l'ordre de Darius, mais se soucia de ce qui le concernait et préféra mourir plutôt que d'offenser Dieu et de subir les

---

138. À la différence de J.-M. GARRIGUES (voir la note suivante), V. CROCE ose se demander si la dernière réponse de Maxime «exprime [sa] conviction raisonnée que même l'Église de Rome peut déchoir de la vérité évangélique et en conséquence être condamnée par le Saint-Esprit». Mais à cette question bien posée, il apporte une réponse très embarrassée (*Tradizione e ricerca. Il metodo teologico di san Massimo il Confessore*, p. 127-128). Cette question a pourtant été tranchée par l'Église elle-même qui, quelques décennies plus tard, lors du VIe concile œcuménique (Constantinople III), condamna le pape Honorius pour hérésie. Le pape de Rome qui a participé à cette condamnation, et les papes ultérieurs, qui l'ont réitérée (voir *supra*, notes 19-21, p. 128) ont eux-mêmes admis qu'un pape pouvait tomber dans l'hérésie (voir K. SCHATZ, *La Primauté du pape. Son histoire des origines à nos jours*, p. 90). Ce point de vue était bien entendu partagé par les Orientaux, qui ont participé à cette condamnation, mais qui avant cela avaient excommunié le pape Vigile (537-555) au concile de Constantinople II (553).

139. Ce n'est pas une «fausse hypothèse» comme le pense J.-M. GARRIGUES en se montrant respectueux du dogme de l'infaillibilité pontificale («Le Sens de la primauté romaine chez saint Maxime le Confesseur», p. 18). En effet le successeur du pape Eugène, Vitalien, allait tomber d'accord avec le patriarche hérétique de Constantinople Pierre (voir *infra*, p. 171).

tourments de sa propre conscience à cause de la transgression des lois naturelles (Dn 6, 16). Quant à moi, que Dieu me donne de ne condamner personne et de ne pas dire que je suis seul à être sauvé ! Je choisis pourtant de mourir plutôt que de jeter le trouble dans ma conscience pour avoir fait dévier de quelque façon que ce soit la foi dans le Dieu unique[140].»

Un peu plus loin, Maxime précise :

«Il n'y a rien de plus violent que le blâme de la conscience, ni rien de plus franc que de suivre son avis[141].»

Ici est envisagé le cas extrême où l'Église catholique n'aurait plus d'existence terrestre que dans la conscience des croyants restés fidèles à la foi orthodoxe. Il faut cependant souligner que cette conscience n'est pas la conscience individuelle qui statuerait d'une manière totalement indépendante en matière de foi, mais une conscience inscrite dans la Tradition de l'Église et inspirée par l'Esprit Saint[142].

---

140. *Rel. mot.*, VI, PG 90, 121A.
141. *Ibid.*, XI, PG 90, 124D.
142. Comme l'écrit G. BENEVITCH : «En parlant de sa propre conscience, Maxime ne veut pas dire que notre foi est notre propre affaire. Il ne soutient pas le relativisme ni le pluralisme, comme s'il n'y avait aucune vérité objective, et comme si chaque personne avait sa propre vérité. Maxime lui-même essaie, aussi fermement qu'il peut, d'être fidèle à la Tradition orthodoxe. Sans cette fidélité et cette Tradition des Pères et des conciles, il serait impossible de comprendre la conception que Maxime a de la conscience. Maxime a proclamé que sa foi n'était pas seulement sa foi à lui, mais que c'est la foi de l'Église et des saints Pères. Il a accusé l'Église byzantine de cette époque de trahir cette foi, de rompre avec la Tradition. À ce moment de sa confession, il représentait lui-même la continuité de la Tradition de l'Église, son passé, son présent et son avenir» («*Una sancta*. Saint Maxime et le mouvement œcuménique moderne», Saint-Pétersbourg, 1997 [conférence dactylographiée]). Pour justifier que, selon Maxime, l'Église puisse se réduire à la conscience de quelques fidèles, l'auteur se réfère à ce verset de saint Paul : «Ne savez-vous pas que vous êtes un temple de Dieu, et que l'Esprit de Dieu habite en vous ?» (1 Co 3, 16). Et il rapproche la haute idée que Maxime se fait de la conscience de ce passage des *Constitutions apostoliques* (VII, 33, 3) :

9. La lettre aux moines de Cagliari.

Ayant appris que le patriarche de Constantinople Pierre, élu en juin 654 comme successeur de Pyrrhus, entendait faire approuver, par le pape Eugène Ier, sa Lettre synodique dans laquelle il affirmait dans le Christ deux énergies et volontés naturelles et une énergie et une volonté hypostatiques, soit trois énergies et trois volontés, Maxime fait écrire par son disciple Anastase une lettre aux moines de Cagliari (ville de Sardaigne, dont l'évêque avait joué un rôle important au concile du Latran), pour leur demander de se rendre à Rome et d'y prévenir le clergé et le peuple contre cette nouvelle mouture de l'hérésie. Maxime atteindra ses fins puisque le pape, consacré le 10 août 654, après quelques hésitations, rejettera cette Lettre synodique sous la pression du peuple de Rome[143], lequel avait déjà reçu les apocrisiaires romains qui en étaient porteurs par une véritable émeute.

Cette lettre, probablement datée de juin 654, bien que n'étant pas écrite par Maxime lui-même, a sans aucun doute été rédigée selon ses instructions et selon son esprit, par celui qui était son disciple fidèle depuis trente-sept ans, Anastase :

«[135C] Ne voulant pas corriger leur doctrine d'après les Pères, [les hérétiques] ont de plus forcé les apocrisiaires de l'ancienne Rome à consentir à leur propre secte. [136A] Ils prêchent une énergie par-dessus les deux énergies et volontés dans le même Jésus-Christ notre Seigneur [...]. Parce que les affaires de presque toute

---

«[Tu es béni] Toi qui montres à chaque homme, par la connaissance innée et le discernement naturel ainsi qu'avec l'encouragement de la Loi, [...] que seule demeure la conscience d'une foi intègre qui monte avec vérité à travers les cieux, et qu'elle reçoit l'assurance de la félicité à venir.» Nous reprendrons ce point dans la section 3 de la 2e partie de ce chapitre.

143. Voir L. DUCHESNE, *L'Église au VIe siècle*, p. 458 ; R. DEVREESSE, «La Vie de saint Maxime le Confesseur et ses recensions», *Analecta Bollandiana*, 46, 1928, p. 37.

l'Église catholique et apostolique fondée par Dieu sont donc, à cause de cela, en grave danger, nous vous prions et supplions en son nom, vous, très saints hommes, de ne pas la mépriser dans son épreuve mais de l'aider, elle qui peine dans les tempêtes, sachant que l'amour dans l'Esprit Saint naît en temps d'épreuve. Et nous vous prions, si cela est possible, de passer rapidement, comme si c'était pour une autre raison, auprès des hommes de l'ancienne Rome pieux et fermes comme la pierre. [136B] Eux qui, de toute évidence, sont toujours nos défenseurs et les champions très fervents de la foi. Conjurez-les avec des voix suppliantes et des larmes, au nom de tous les chrétiens, d'obtenir pour tous et pour eux-mêmes la faveur du Seigneur de conserver la foi orthodoxe sans la nouveauté récemment inventée, et de ne rien approuver en dehors de ce qui a été défini par les très saints Pères et conciles, afin que, par l'émulation de la bonne sollicitude qui fut celle des Pères et des conciles, ils poursuivent droitement, avec l'aide de Dieu, cette tâche primordiale et qu'ils aient, ainsi qu'eux, maintenant ou au jour du Jugement, comme débiteur, Dieu qu'ils ont eu certainement comme créancier en de telles choses, et qui ne donne rien d'autre que Lui-même mais Lui-même en entier, et qui donne aussi la réparation dont nous avons besoin, contre les ariens [136C] qui continuent ici. Suppliez Dieu, bienheureux, puisque nous sommes vos serviteurs dénués, pauvres et indignes[144].»

Dans cette lettre, le caractère vénérable de l'Église de Rome est souligné par sa qualification d'«ancienne Rome», expression qui, nous l'avons vu, exprime aussi avec révérence la qualité que conserve Rome d'être l'ancienne capitale de l'empire, et qui contribue le plus aux yeux des Byzantins à valoir à son Église la primauté d'honneur[145].

---

144. *Ep. Cal.*, PG 90, 135C-136C.

145. C'est cette qualité qui est mise en avant par les canons conciliaires qui affirment cette primauté (voir *supra*, n. 86 p. 143). C'est en réaction contre ce critère devenu exclusif que le pape Léon le Grand, craignant que le statut d'*ancienne* capitale ne fît perdre à Rome la primauté de son siège, a non seulement mis en avant le critère de l'apostolicité de l'Église de Rome, mais l'a centré sur la personne de Pierre et a développé l'idée que le pape était le successeur et le vicaire de celui-ci avec une primauté de droit divin (voir F. DVORNIK, *Byzance et la primauté romaine*, p. 33-50).

«L'Église catholique et apostolique» désigne ici l'Église du Christ, celle qui confesse la vraie foi, et qui court un grave danger si l'Église de Rome, acceptant la Lettre synodique du patriarche Pierre, s'écarte de la foi orthodoxe qu'elle est alors la seule des Églises de la pentarchie à confesser, étant en conséquence la seule représentante de l'Église catholique.

L'expression «les hommes de l'ancienne Rome pieux et fermes comme la pierre» est doublement intéressante.

Premièrement, elle montre qu'Anastase (et à travers lui Maxime) n'a pas en vue seulement le pape, et ne privilégie pas sa personne ni sa fonction, mais considère que l'Église est représentée aussi par tout le clergé et tout le peuple. Les événements qui vont suivre montreront d'ailleurs, face à un pape hésitant, que le peuple de Dieu est à ce moment plus sûr que lui dans sa foi. Cette importance reconnue au peuple de Dieu en matière dogmatique (jusque pour confirmer ou refuser les décision des conciles) est une caractéristique de l'Église ancienne, et se retrouve aujourd'hui encore dans les Églises orientales.

Deuxièmement, l'expression «pieux et fermes comme la pierre», qui contient une allusion claire à Mt 16, 18, montre qu'Anastase (et à travers lui Maxime) n'entend pas le mot «pierre» comme se rapportant seulement à la personne de Pierre, ni *a fortiori* au pape de Rome considéré comme son successeur[146], mais veut désigner par lui tous ceux qui confessent la foi orthodoxe. Il semble ainsi implicitement se ranger à une interprétation, répandue dans la tradition patristique, selon laquelle dans la parole du Christ : «sur cette pierre je bâtirai mon Église» (Mt 16, 18), le mot

---

146. Il est improbable, historiquement, que Pierre, qui a joué un rôle essentiel (avec Paul) dans la création de l'Église de Rome, en ait été effectivement le premier évêque (voir F. DVORNIK, *Byzance et la primauté romaine*, p. 33-34 ; K. SCHATZ, *La Primauté du pape. Son histoire, des origines à nos jours*, p. 20). Ce n'est qu'au IIIᵉ siècle qu'est apparue, à Rome, l'idée que le pape était le successeur de Pierre et que Mt 16, 18 a été appliqué à l'évêque de Rome (voir K. SCHATZ, p. 33).

«pierre» désigne la foi que vient de confesser Pierre : «Tu es le Christ, le Fils du Dieu vivant» (Mt 16, 16).

L'affirmation que les «hommes de l'ancienne Rome [...] sont toujours nos défenseurs et les champions très fervents de la foi» signifie ici qu'ils ont, dans l'affaire du mono-énergisme et du monothélisme, toujours défendu la foi orthodoxe et soutenu ceux qui, en Orient, la confessaient ; elle ne signifie pas qu'il y aurait un «charisme pétrinien de Rome pour la défense de l'orthodoxie» «de la solidité duquel Maxime n'a jamais douté», et qu'ils ne pourraient jamais s'écarter de la foi orthodoxe[147] : la raison d'être de cette lettre est précisément que Maxime craint que Rome, en acceptant la Lettre synodique de Pierre, ne se laisse gagner à l'hérésie, et demande pour cette raison aux moines de Cagliari d'intervenir pour que les Romains puissent «conserver la foi orthodoxe sans la nouveauté récemment inventée, et ne rien approuver en dehors de ce qui a été défini par les très saints Pères et conciles». Cette dernière formule montre une fois de plus comment, pour Maxime et Anastase, le critère ultime de l'orthodoxie de la foi est son accord avec la Tradition patristique et conciliaire.

10. La dispute à Bizya.

À l'issue de son procès, Maxime est exilé et emprisonné à Bizya, en Thrace. L'empereur et le patriarche espèrent encore gagner Maxime à leurs vues et lui faire accepter le *Typos*. À cet effet, ils dépêchent comme émissaires auprès de lui un évêque, Théodose, et deux patrices, Troïlos et Épiphane, qui engagent avec lui, en août-septembre 656, une discussion qui a été consignée et conservée sous le titre de *Dispute à Bizya*[148].

---

147. Comme cherche à le montrer J.-M. GARRIGUES à propos de ce texte («Le Sens de la primauté romaine chez saint Maxime le Confesseur», p. 19 ; voir aussi «Le Martyre de saint Maxime le Confesseur», p. 427 n. 34, et p. 444 n. 66).

148. On lui donne aussi le titre de *Dispute avec Théodose*.

On y retrouve plusieurs des thèmes rencontrés dans la relation du premier procès (*Relatio motionis*).

1. Maxime, qui avait affirmé que l'Esprit est absent d'une Église qui ne confesse pas la foi orthodoxe, ce qui rend vaine toute communion avec elle, affirme ici que le Christ (dont la véritable Église est le corps) en est également absent :

«il est manifestement évident que celui qui ne reçoit pas les Apôtres, les Prophètes et les Docteurs, mais qui repousse leurs paroles, repousse le Christ Lui-même[149].»

2. Maxime réaffirme aussi que la communion avec une Église présuppose l'unité de foi, la confession d'une foi non orthodoxe par cette Église excluant toute communion avec elle. On retrouve aussi l'idée que la conscience constitue pour la fidélité à la vraie foi une référence essentielle :

«Comment voulez-vous que, ayant cela[150] écrit dans le livre du cœur[151], j'entre en communion avec une Église qui proclame ces choses et que je communie avec ceux qui rejettent Celui qui est vraiment Dieu[152] ?»

3. Maxime affirme que la valeur d'un concile ou d'un synode est déterminée uniquement par son orthodoxie :

«Que l'on accepte la condamnation [de Serge et de Pyrrhus] prononcée au concile [du Latran] à Rome selon les dogmes et les canons orthodoxes, et le mur qui nous sépare sera renversé[153].»

Ce qui est pour lui important ici n'est évidemment pas que la condamnation ait été prononcée ou que le synode se

---

149. *Dis. Biz.*, IX, PG 90, 144C.
150. La foi orthodoxe.
151. Autre façon de désigner la conscience.
152. *Dis. Biz.*, XI, PG 90, 145B.
153. *Ibid.*, XII, 145C.

soit tenu à Rome, mais que ses décisions soient conformes à la foi et aux canons orthodoxes.

À l'objection de ses interlocuteurs : «Le concile de Rome n'a pas d'autorité, car il a eu lieu sans l'ordre de l'empereur[154]», Maxime répond :

«Si ce sont les ordres des empereurs qui ratifient les conciles passés, et non la foi orthodoxe, que l'on accepte aussi les conciles qui se sont opposés à l'identité d'essence, puisqu'ils ont eu lieu sous l'ordre de l'empereur ; je veux dire ceux de Tyr, d'Antioche, de Séleucie, de Constantinople, au temps d'Eudoxe l'Arien ; ceux de Nicée de Thrace, celui de Sirmium ; et bien plus tard le second concile d'Éphèse, présidé par Dioscore ; tous ceux-là furent condamnés à cause du caractère sacrilège des doctrines impies qu'ils ratifièrent. Pourquoi donc ne rejetez-vous pas le concile [d'Antioche] qui a déposé Paul de Samosate, au temps de nos saints et bienheureux Pères Denys, pape de Rome, Denys d'Alexandrie et Grégoire le Thaumaturge qui présida ce concile, puisqu'il n'a pas eu lieu sur l'ordre de l'empereur ? Quelle règle établit que seuls doivent être approuvés les conciles rassemblés sur l'ordre de l'empereur, ou en un mot que tous les conciles doivent être rassemblés sur l'ordre de l'empereur ? La pieuse règle de l'Église reconnaît comme approuvés et saints les conciles qu'a distingués leur orthodoxie[155].»

La dernière affirmation est on ne peut plus nette. Elle implique aussi que ce n'est pas l'autorité ecclésiastique (ni celle de Rome, ni celle d'aucune autre Église) qui peut décider de la valeur d'un synode et constituer le critère de la vérité de ses définitions ou de ses décisions[156].

4. L'autorité ecclésiastique tient son autorité de ce qu'elle confesse la foi orthodoxe. À l'époque de la contro-

---

154. *Ibid.*
155. *Ibid.*, 145C-148A.
156. Contrairement à ce qu'affirme J.-M. GARRIGUES juste après avoir cité ce passage : «pour [Maxime], c'est Rome qui est la garante de cette réception conciliaire et c'est sa communion qui est le critère ecclésial ultime de la foi» («Le Sens de la primauté romaine chez saint Maxime le Confesseur», p. 21). Ce commentateur est une fois de plus pris en flagrant délit de faire dire à Maxime autre chose que ce qu'il dit.

verse monothélite, le pape de Rome est le seul des patriarches de la pentarchie à confesser la foi orthodoxe[157], et c'est de ce fait essentiellement qu'il apparaît comme celui par qui la communion peut être rétablie et la réintégration de l'Église prononcée. Inversement, toute mention dans les diptyques d'un patriarche hérétique signifie que l'on s'exclut de l'Église catholique (celle qui confesse la foi orthodoxe) et de la communion avec elle.

À ses interlocuteurs qui semblent un moment disposés à accepter le concile du Latran sauf en ce qu'il condamne des personnes auxquelles ils restent attachés, Maxime dit :

«Si Dieu vous a conduits à recevoir les paroles des saints Pères, comme l'exige le canon, envoyez à ce sujet une déclaration écrite au [pape] de Rome : vous, je veux dire l'empereur, le patriarche et le synode qui dépend de lui. Car moi je ne rentre pas en communion avec vous dans les circonstances présentes, tant que l'on fait mention, au moment de la sainte anaphore, de ceux qui sont frappés d'anathème. Car je crains la condamnation de l'anathème. [...] Quelqu'un après sa mort a-t-il jamais été délivré de l'accusation qui concerne la foi et de la condamnation portée contre lui[158] ? Que l'empereur et le patriarche acceptent d'imiter la condescendance de Dieu[159] ; qu'ils adressent au pape de Rome, l'un un rescrit rogatoire, l'autre une supplique synodale ; et, sans aucun doute, du moins selon l'usage ecclésiastique, celui-ci, vous accordant cela à cause de votre droite confession de foi, se réconciliera avec vous à ce sujet[160].»

Il va de soi que le pape, étant alors le représentant de la seule Église qui confesse la foi orthodoxe, et donc le seul représentant de l'Église catholique, est le seul habilité à recevoir la confession de foi orthodoxe du patriarche de Constantinople, de son synode, et de l'empereur, et à pro-

---

157. MAXIME mentionne «la foi droite qui règne dans le Siège [des Romains]» (*Dis. Biz.*, XVIII, PG 90, 156A).
158. Maxime énonce ici le principe selon lequel l'anathème prononcé contre un hérétique ne peut être levé, même par un concile, après sa mort, s'il ne s'est repenti de son hérésie.
159. À l'égard des fidèles dont ils ont la responsabilité.
160. *Dis. Biz.*, XVI-XVII, PG 90, 153CD.

noncer, en vertu de son pouvoir de délier, leur réintégration dans la communion de l'Église. Il est aussi la seule autorité à avoir le rang requis pour faire cela par rapport à un patriarche et à un empereur. Les circonstances placent une fois de plus le siège de Rome dans une position de monopole qui rend impossible toute comparaison et donc toute évaluation de sa place en termes de hiérarchie. Mais on peut supposer que du fait de sa primauté d'honneur il possède, dans une telle situation, des prérogatives que Maxime semble lui reconnaître tant en droit qu'en fait, lorsqu'il fait référence au «canon» et à «l'usage ecclésiastique». On voit cependant par la formulation de Maxime et par la raison qu'il donne («à cause de votre droite confession de foi») qu'à ses yeux le pape n'est pas une instance supérieure à la foi, qui serait la norme ou même seulement le garant de son orthodoxie, mais, dans ses décisions, se subordonne à elle ; on voit aussi que c'est l'orthodoxie de celle-ci qui valide ses décisions et notamment conditionne la communion qu'en l'occurrence il rétablit avec les hérétiques qui ont renoncé à leur erreur.

11. La lettre au moine Anastase.

Le patriarche Eugène mourut le 2 juin 657. Sous la pression du peuple de Rome, il avait refusé la Lettre synodique du patriarche Pierre et avait gardé la foi orthodoxe. Son successeur Vitalien fut moins ferme que lui. Lors de son élection il écrivit une Lettre synodique contenant une profession de foi qui ne comportait pas la condamnation du *Typos* et parut acceptable au patriarche hérétique de Constantinople Pierre qui lui répondit favorablement. «À la suite de cela, le nom de Vitalien fut inscrit sur les diptyques de Constantinople, sans doute aussi celui de Pierre sur les diptyques de Rome[161].»

---

161. Voir L. DUCHESNE, *L'Église au VIe siècle*, p. 458-459. En 663, le pape Vitalien allait même accueillir en grande pompe à Rome

Fort de ce ralliement inespéré de la seule Église de la pentarchie à ne pas professer l'hérésie monothélite, le patriarche Pierre fait une ultime tentative de conciliation auprès de Maxime, qu'il a fait ramener à Constantinople pour s'entretenir avec lui le 18 avril 658[162]. Dans le dernier texte écrit que nous ayons de lui, Maxime relate à son disciple Anastase sa discussion avec le patriarche :

«Hier, dix-huitième du mois, qui était le jour de la sainte mi-Pentecôte, le patriarche [de Constantinople] m'a signifié ceci en disant : "De quelle Église es-tu ? de celle de Constantinople ? de Rome ? d'Antioche ? d'Alexandrie ? de Jérusalem ? Voici que toutes, avec leurs diocèses, sont unies. Si donc tu es de l'Église catholique, unis-toi, de peur qu'en innovant un chemin étranger à la Vie, tu ne subisses ce que tu n'as pas prévu." Je leur ai dit : "L'Église catholique, c'est la droite et salvifique confession de la foi dans le Dieu de l'univers, qui l'a montré en déclarant Pierre bienheureux pour les paroles par lesquelles il L'a confessé de bonne manière (Mt 16, 16-18). Mais faites en sorte que j'apprenne au moins la confession sur la base de laquelle a eu lieu l'union de toutes les Églises : je ne suis pas hostile à ce qui a eu lieu correctement[163].»

La réponse du patriarche montre qu'il professe toujours l'erreur qu'il avait exposée dans sa Lettre synodique au pape Eugène : «nous parlons de deux énergies à cause de la différence, et d'une à cause de l'union[164].» Maxime réfute

---

l'empereur Constant II et sa suite, au grand dépit, semble-t-il, du peuple de Rome, qui gardait fidèlement la mémoire du pape Martin Ier, mort martyr, sur l'ordre du même empereur, le 16 septembre 655 (*ibid.*, p. 459-460).

162. Voir V. GRUMEL, *Les Regestes des Actes du patriarcat de Constantinople*, t. I, 1, Kadikoy-Istanbul, 1932, n° 304-305 ; J.-M. GARRIGUES, *Maxime le Confesseur. La Charité, avenir divin de l'homme*, Paris, 1976, p. 74 n. 26. La date est confirmée par l'édition critique de la Dispute préparée par P. Allen et B. Neil (voir P. ALLEN, «The New Lives of Maximus the Confessor», Communication au colloque «St. Maximus the Confessor : Current Research», Oxford, 27-28 février 1997).

163. *Ep. An.*, PG 90, 132A.

164. *Ibid.*, 132AB.

cette conception et conclut : «Cela, je ne puis donc le dire, ni apprendre à confesser en contradiction avec les saints Pères. Vous qui avez le pouvoir, faites donc ce que bon vous semble[165].» Il s'entend alors répondre : «Il a paru bon à l'empereur et au patriarche que tu sois anathématisé par précepte du pape de Rome si tu n'obéis pas, et que tu supportes la mort déterminée par eux.»

Si la décision est prise par le patriarche et l'empereur de faire anathématiser Maxime «par précepte du pape de Rome», c'est parce que Maxime ne reconnaît au patriarche de Constantinople aucune autorité à la faire et qu'il a toujours au contraire reconnu, dans l'affaire du monoénergisme et du monothélisme, le pape de Rome comme autorité suprême pour la raison qu'il était le seul alors à confesser la foi orthodoxe. La décision la plus cruelle que l'on puisse prendre à l'encontre de Maxime est de le faire condamner par l'instance qui a été jusqu'alors son seul et plus fidèle soutien, et qui lui apparaît comme son dernier recours[166].

Le début de la lettre de Maxime, que nous avons longuement cité, nous permet de retrouver une prise de position que nous avons déjà plusieurs fois rencontrée chez le Confesseur : «l'Église catholique, c'est la droite et salvifique confession de la foi dans le Dieu de l'univers.» S'il est vrai que Rome professe avec toutes les autres Églises une foi hétérodoxe, alors plus aucune des Églises de la pentarchie ne peut prétendre appartenir à l'Église catholique et apostolique, s'identifier à elle et être vraiment l'Église. L'Église sur terre n'est plus alors présente que dans la conscience des fidèles qui professent encore la foi orthodoxe.

Nous voyons ici que pour Maxime non seulement une Église n'est l'Église véritable que parce qu'elle confesse la

---

165. *Ibid.*, 132BC.

166. Maxime se demande d'ailleurs si le patriarche Pierre ne lui a pas menti sur le ralliement de Rome. Il écrit à Anastase pour lui demander de rapporter cet entretien au pape lui-même et de vérifier en conséquence si telle est bien sa position (voir *ibid.*, 132C-133A).

foi orthodoxe, mais encore, comme il l'a déjà affirmé plusieurs fois, que la communion véritable entre les Églises, qui fonde en profondeur leur union et fait qu'elles sont toutes l'Église une, sainte, catholique et apostolique, ne peut être fondée que sur la base de la confession commune de la foi orthodoxe. Maxime rappelle l'interprétation de Mt 16, 16-18 qu'il a inspirée à Anastase dans sa lettre aux moines de Cagliari : la pierre que le Christ évoque lorsqu'il dit : «sur cette pierre je bâtirai mon Église», c'est la vraie foi dans le Christ qui vient d'être professée par Pierre : «Tu es le Christ, le Fils du Dieu vivant.»

C'est en confessant cette même foi, que ne professait plus aucune Église, mais en assurant par là lui-même, ainsi que ses fidèles compagnons, la continuité de l'existence de l'Église, que Maxime, après avoir été jugé une seconde fois en mai-juin 662 par un synode réuni à Constantinople[167], condamné à la flagellation et à l'amputation de la langue et de la main droite, puis déporté au pays de Lazes et interné à la forteresse de Schémaris sur l'un des monts Caucase, est mort martyr le samedi 13 août 662.

II. SYNTHÈSE DOCTRINALE

1. Les prérogatives reconnues à l'Église de Rome.

Les prises de position de saint Maxime en faveur de l'Église de Rome, de sa situation et de son rôle par rapport aux autres Églises, sont parmi les plus fortes qui soient chez les Pères grecs.

Le Confesseur ne se contente pas de considérer que l'Église de Rome est vénérable comme ayant été fondée par

---

167. Les juges furent Pierre, patriarche de Constantinople, Macédonius d'Antioche et le topotérète d'Alexandrie Théodore, assistés par plusieurs évêques.

saint Pierre et saint Paul[168], comme conservant leurs tombeaux[169], comme étant la plus grande des Églises[170] et celle
de l'ancienne capitale[171], de louer sa fidélité, depuis les origines, à la foi orthodoxe, voyant en elle «la "pierre" vraiment solide et immobile[172]», et de célébrer ses fidèles, clercs
et théologiens, qui sont «pieux et fermes comme la pierre»
et «les champions très fervents de la foi[173]».

Il lui reconnaît en outre une place et un rôle privilégiés
parmi les Églises. Il la considère comme «la première des
Églises *(princeps ecclesiarum*[174]*)*», c'est-à-dire sans doute
comme la plus ancienne et la plus grande quantitativement,
mais aussi comme celle qui occupe la première place par le
rang, celle qui vient en tête et doit être considérée en premier. On pourrait ici aller jusqu'à traduire *princeps* dans un
sens plus fort encore, puisque Maxime va jusqu'à considérer que l'Église de Rome «de Dieu le Verbe incarné Lui-
même, ainsi que de tous les saints conciles, selon les canons
et définitions sacrés, a reçu et possède en tout et pour tout,
sur toutes les saintes Églises qui sont sur la surface de la
terre, la souveraineté, l'autorité, et le pouvoir de lier et de
délier[175]». Pas plus qu'il ne précise comment il conçoit la
primauté qu'il reconnaît à l'Église de Rome, Maxime ne
précise comment il conçoit cette primauté, cette souveraineté et cette autorité qu'il lui attribue. Mais il est clair
qu'il la considère comme étant, en matière de foi, une
référence et une norme pour les autres Églises, affirmant
que «tous les confins de la terre habitée et ceux qui par
toute la terre confessent le Seigneur de manière pure et
orthodoxe regardent droit au loin, comme vers un soleil de
lumière éternelle, vers la très sainte Église des Romains et

---

168. *Ep. A*, Mansi X, 678B ; *Th. Pol.*, XII, PG 91, 144C.
169. Cf. *Pyr.*, 352D-353A, éd. Doucet, p. 609.
170. *Ep. A*, Mansi X, 678B.
171. *Ep. Cal.*, PG 90, 136A.
172. *Ibid..*
173. *Ibid.*, 136AB.
174. *Ep. A*, Mansi X, 677C.
175. *Th. Pol.*, XII, PG 91, 144C.

vers sa confession et sa foi[176]». En outre il reconnaît au pape le pouvoir de lier et de délier, c'est-à-dire de prononcer l'exclusion de l'Église et la réintégration à celle-ci[177], non seulement par rapport aux évêques de son Église, mais par rapport aux patriarches qui ont erré dans l'hétérodoxie : c'est devant lui qu'ils ont à se repentir, à confesser la foi, et c'est par sa décision qu'ils peuvent réintégrer l'Église catholique et être de nouveau admis à sa communion[178].

Ces positions de saint Maxime, récapitulées ici schématiquement[179], sont cependant susceptibles d'interprétations

---

176. *Th. Pol.*, XI, PG 91, 137C-140A.

177. *Pyr.*, 352CD, 353AB, éd. Doucet, p. 608-609.

178. *Th. Pol.*, XII, PG 91, 144A-D ; *Pyr.*, 352CD, 353AB, éd. Doucet, p. 608-609 ; *Dis. Biz.*, XVI-XVII, PG 90, 153CD.

179. Ces positions ne sont pas nouvelles, et certaines d'entre elles ont été adoptées, pour des raisons diverses et à des degrés divers, par d'autres Orientaux à l'époque de Maxime et dans les siècles précédents. Nous ne pouvons nous engager ici dans un historique et dans des comparaisons qui nous entraîneraient trop loin, d'autant que sont mis en jeu des faits et des textes qui sont sujets à controverses et qui ont déjà fait l'objet d'une abondante littérature. Parmi les études récentes les plus nuancées, on pourra se référer à : F. DVORNIK, *Byzance et la primauté romaine*, p. 21-87 ; W. DE VRIES, *Orient et Occident. Les structures ecclésiales vues dans l'histoire des sept premiers conciles œcuméniques*, p. 13-194 ; A. DE HALLEUX, «La Collégialité dans l'Église ancienne», p. 433-454 ; J. PELIKAN, *La Tradition chrétienne*, t. II, *L'Esprit du christianisme oriental, 600-1700*, p. 157-182 ; O. CLÉMENT, *Rome autrement*, p. 17-64 ; P. MARAVAL, *Le Christianisme de Constantin à la conquête arabe*, p. 189-213 ; et surtout l'excellente synthèse de K. SCHATZ, *La primauté du pape. Son histoire, des origines à nos jours*, p. 15-90. Il ressort de ces différentes études que, depuis son origine, l'Église de Rome a fait l'objet d'une grande vénération, et qu'un grand prestige et une grande autorité lui ont toujours été reconnus par les Églises d'Orient jusqu'au schisme. Cette autorité était due à trois facteurs principaux : 1) son origine apostolique particulière liée au fait que les apôtres Pierre et Paul l'ont fondée Église, ont vécu et prêché dans la capitale, y ont été martyrisés, et y ont leur tombeau ; 2) l'importance de Rome comme capitale puis comme ancienne capitale de l'empire ; 3) le fait que l'Église de Rome, à de rares exceptions près, est restée solidement attachée à la foi orthodoxe lors des conflits dogmatiques des premiers siècles et a joué un rôle essentiel dans la défense de cette foi et dans

différentes et doivent être comprises, nous l'avons vu, à la lumière, d'une part des circonstances historiques où elles ont été prises et dont elles sont indissociables, et d'autre part des précisions et des nuances que Maxime leur apporte par ailleurs.

2. Limites et conditions des prérogatives reconnues à l'Église de Rome.

Dans la première partie, nous nous sommes attachés à présenter les positions de Maxime en rapport étroit avec le

---

la solution de ces conflits. Pour ces différentes raisons, l'Église de Rome s'est vu accorder, soit par des conciles, soit par l'usage ecclésiastique, des prérogatives parmi toutes les Églises, dont il est malaisé de préciser la nature mais dont certains aspects nous sont connus par les canons conciliaires, par des déclarations du pape de Rome ayant fait l'objet d'une reconnaissance commune, ou par des faits historiques répétés témoignant d'un usage. Il semble incontestable : 1) que l'évêque de Rome s'est vu très tôt attribuer une primauté d'honneur, c'est-à-dire la première place parmi tous les évêques ; 2) que le siège de Rome a souvent été considéré (en fait, puis canoniquement par le concile de Sardique) comme une instance d'appel et de révision dans certains cas de conflits de discipline ecclésiastique ; 3) qu'il était d'usage que l'Église de Rome fût informée et consultée en cas de conflit survenant au sein des Églises d'Orient ou entre elles ; 4) que l'Église de Rome constituait une référence en matière de foi, et était souvent appelée à se prononcer, voire à trancher dans les différends dogmatiques ; 5) qu'il était particulièrement important en cas de conflit d'être reconnu par l'Église de Rome d'être en communion avec elle (sans qu'elle soit considérée pour autant comme un centre de communion) ; 6) que l'Église de Rome a tenu depuis l'origine une place éminente au sein de la solidarité dans l'Église universelle et a maintes fois témoigné de sa sollicitude à l'égard des autres Églises (cela étant parfois perçu comme une intrusion) ; 7) qu'il était d'usage que les autres Églises fissent appel à son aide dans les situations difficiles. Ces principes et ces usages ont cependant connu des variations en qualité et en intensité selon les époques et les circonstances. Les historiens considèrent en tout cas que l'autorité reconnue à Rome par les Orientaux ne fut jamais celle d'un pouvoir juridique et politique (malgré les prétentions et l'autoritarisme de quelques papes), et ne se substitua, ni même ne s'opposa fondamentalement, au principe de la collégialité et à son exercice, auquel les Orientaux restèrent toujours très attachés.

contexte historique dans lequel elles ont été formulées. Il est incontestable que la mise en valeur considérable de l'Église de Rome par Maxime est dans une large mesure tributaire de ce contexte.

Le soutien qu'il apporte aux formulations d'Honorius[180], qui l'amène à développer une argumentation qui paraît souvent forcée et qui en tout cas ne convaincra pas les Pères du VIe concile œcuménique, ne vise aucunement à justifier l'idée, étrangère à Maxime et à ses contemporains, d'une «infaillibilité pontificale», mais a pour unique but de priver les monothélites d'un appui de poids qu'ils revendiquent en faveur de leurs thèses.

L'éloge très appuyé de l'Église de Rome et l'affirmation de sa primauté que l'on trouve dans la *Lettre A* a pour but de soutenir cette Église face à l'empereur qui veut lui faire accepter l'*Ecthèse* en échange de la ratification de l'élection du pape Séverin[181].

L'insistance particulière de Maxime, dans l'Opuscule théologique et polémique XII[182], sur les notions de souveraineté et d'autorité (l'usage du premier terme étant fort peu courant chez les Orientaux), et sur le pouvoir de lier et de délier du pape, trouve pour une large part son explication dans le contexte qui concerne quelqu'un (Pyrrhus) qui a eu rang non seulement de patriarche, mais de «patriarche œcuménique» ayant la primauté d'honneur parmi les patriarches orientaux, et qui ne peut avoir à répondre de sa foi et à demander sa réintégration dans la communion de l'Église qu'à une autorité au moins égale à la sienne, dont le fondement soit reconnu et dont l'autorité soit incontestable.

La reconnaissance par Maxime, dans l'Opuscule théologique et polémique XI, de l'Église de Rome comme référence et norme en matière dogmatique[183] est fortement liée

---

180. *Th. Pol.*, XX, PG 91, 237C-245D.
181. *Ep. A*, Mansi X, 677-678.
182. *Th. Pol.*, XII, PG 91, 144C.
183. *Th. Pol.*, XI, PG 91, 137C-140B. Voir aussi *Ep. Cal.*, PG 90, 136AB.

au fait que, pendant la controverse monoénergiste et monothélite, les papes successifs de Rome (y compris, selon lui,
Honorius) ne se sont jamais écartés de la foi orthodoxe,
tandis que les patriarches orientaux étaient dans l'hérésie.

L'intérêt que Maxime avait, dans une controverse où il
était opposé à tous les patriarcats orientaux, à obtenir le
soutien de l'Église de Rome, mais aussi à mettre au maximum en valeur son autorité est évident et empêche
d'évaluer de manière précise sa conception ecclésiologique
de la place et du rôle de l'Église de Rome parmi les autres
Églises. Il est par exemple impossible de définir précisément dans quelle mesure il lui reconnaissait un privilège
(c'est-à-dire un droit ou un pouvoir que les autres
n'auraient pas eu) comme instance d'appel et de jugement,
ou comme détentrice du pouvoir de lier et de délier
puisqu'elle est alors la seule en mesure d'exercer ces rôles.
Il en va de même quant à son autorité en matière
dogmatique puisque en cette période elle détient, parmi les
Églises, l'exclusivité de la confession de la foi orthodoxe et
est seule à représenter l'Église catholique. Dans de telles
circonstances où l'Église de Rome se trouve dans une
situation de monopole, il est même difficile de parler en
toute rigueur de primauté puisque toute comparaison avec
les autres Églises et toute évaluation de sa place par rapport
à elles est impossible.

Si l'on fait maintenant retour aux textes de Maxime, on
peut remarquer tout d'abord qu'il a généralement plus en
vue l'Église de Rome elle-même que son représentant le
pape. Quand il évoque ce dernier, il évoque souvent aussi
les théologiens et les fidèles de Rome, désignés dans leur
ensemble comme «les Romains», «ceux de Rome» ou «les
hommes pieux de l'ancienne Rome[184]». L'idée que celui-là
soit le vicaire de Pierre (et *a fortiori* le vicaire du Christ) est

---

184. Cf. *Rel. mot.*, IV, PG 90, 128C ; VI, PG 90, 120D ; VI, PG 90,
121B ; *Ep. Cal.*, PG 90, 136A. À partir de cette note, les numéros entre
parenthèses après l'indication des colonnes de la PG ou de Mansi ren-
voient aux sections de la première partie (A) de ce chapitre où les passages donnés en référence ont été cités et commentés.

absente de la pensée de Maxime. Comme beaucoup de Pères, Maxime, en évoquant le fondement apostolique de l'Église de Rome, se réfère à la fois à saint Pierre et à saint Paul[185]. Lorsqu'il évoque «la pierre» sur laquelle est solidement fondée l'Église, comme la plupart des Pères il n'a pas en vue la personne de Pierre, mais sa droite confession de foi dans le Christ[186] ; et il considère que c'est contre cette droite confession de foi que les portes de l'enfer ne prévaudront pas[187]. Lorsqu'il loue tel ou tel pape, Maxime laisse apparaître que la valeur qu'il lui reconnaît tient moins à sa fonction qu'à sa piété[188] et à sa fidélité à la foi orthodoxe[189]. Il affirme très clairement que c'est en tant qu'elle confesse la foi orthodoxe qu'il aime l'Église de Rome[190]. Et c'est l'orthodoxie de la position doctrinale de Rome qui est invoquée en faveur de son fondement apostolique particulier, et non celui-ci en faveur de celle-là[191].

L'idée que le pape serait pour l'Église un principe d'unité, ou un centre visible d'unité est étrangère à la pensée de Maxime. Pour lui, le principe de l'unité de l'Église, c'est le Christ[192]. De même la source de la vérité des dogmes de l'Église est-elle le Christ Lui-même[193].

Maxime reconnaît et apprécie hautement le rôle fondamental qu'ont joué depuis les origines de l'Église, pour la défense du dogme notamment, l'Église de Rome et les

---

185. *Pyr.*, 352D-353A, éd. Doucet, p. 609 (5).

186. *Ep. Cal.*, PG 90, 136A (9) ; *Ep. An.*, PG 90, 132A (11).

187. On trouve la confirmation de cette interprétation de la parole du Christ dans la Lettre XIII : «[...] la pieuse confession [de la foi] contre laquelle les bouches perverses des hérétiques, ouvertes comme les portes de l'enfer, ne prévaudront jamais» (*Ep.*, XII, PG 91, 512B)

188. *Th. Pol.*, XII, PG 91, 143A (1).

189. Voir *Th. Pol.*, XV, PG 91, 168A.

190. *Rel. mot.*, XIII, PG 90,128C (8).

191. Comme le remarque J. PELIKAN, «"Council or Father or Scripture" : The concept of Authority in the Theology of Maximus the Confessor», p. 287.

192. Voir *Thal.*, 48, PG 90, 433C, CCSG 7, p. 333.

193. *Ibid.*, PG 90, 433CD, CCSG 7, p. 333.

papes qui étaient à leur tête (il témoigne par exemple d'une grande estime pour le pape Léon Ier en raison de son action déterminante pour le triomphe de l'orthodoxie au concile de Chalcédoine[194]), et il manifeste l'espoir qu'ils continueront à jouer ce rôle. Pour lui cependant il n'y a pas d'infaillibilité *a priori* du pape. Lorsqu'on lui annonce que celui-ci vient d'accepter l'hérésie à laquelle adhèrent les autres patriarches, cela ne lui paraît pas impossible[195].

Il affirme que l'Église de Rome est à la tête des Églises ; il n'en reste pas moins que, à ses yeux, toutes les Églises sont fondamentalement sur un pied d'égalité[196], et qu'aucune ne prévaut sur les autres[197].

La hiérarchie que Maxime établit entre les Églises et leurs représentants a pour critère fondamental le fait qu'ils confessent ou non la foi orthodoxe[198]. Les Églises qui confessent la foi orthodoxe appartiennent à, ou plus précisément sont l'Église catholique ; celles qui ne la confessent pas sont en dehors de celle-ci. L'Église de Rome est assimilée par lui à l'Église catholique[199] en tant qu'elle confesse — et même à ce moment de l'histoire est seule à confesser — la foi orthodoxe[200].

L'Église catholique est là où est confessée la foi orthodoxe. Chaque pape, patriarche, ou évêque qui est à la tête d'une Église préside à la foi[201].

Dans la période troublée que vit Maxime, le pape est, depuis la mort de Sophrone, le seul parmi les patriarches de la pentarchie à confesser la foi orthodoxe. De là vient le rôle privilégié que lui reconnaît Maxime dans la défense et l'illustration de cette foi. Mais il ne possède en principe aucun privilège dans la définition de cette foi. Les décisions

---

194. Voir *Th. Pol.*, XV, PG 91, 168A.
195. *Rel. mot.*, VII, PG 91, 121BC (8); *Ep. An.*, PG 91, 132A (11).
196. *Th. Pol.*, XII, PG 91, 143B (1).
197. *Ibid.*
198. *Ibid.*, 143BC (1).
199. *Ibid.*, 144A (4).
200. *Ibid.*, 144B (4).
201. *Th. Pol.*, XX, PG 91, 245BC (1).

en matière de foi sont prises collégialement par des conciles ou des synodes, et la validité de ces synodes dépend de l'accord que donne à leur tenue et à leurs décisions l'ensemble des évêques, des métropolites et des patriarches[202].

En dehors même de ces synodes, les prises de position dogmatiques du pape, comme celles de tout autre patriarche, doivent être reçues par l'ensemble des Églises confessant la foi orthodoxe et donc sont soumises à leur approbation. Plusieurs textes ou faits que nous avons cités montrent qu'il était d'usage dans l'Église ancienne que tout patriarche, mais aussi tout pape nouvellement élu fît part de la teneur de sa foi à ses confrères par l'envoi d'une Lettre synodique et la soumît à leur accord, lequel conditionnait la validité de sa consécration et permettait à la communion de s'établir. Un texte de Maxime montre même que les positions théologiques du pape, loin de paraître normatives et indiscutables, étaient discutées par les théologiens d'autres Églises et que celui-ci trouvait normal d'avoir à s'en justifier[203].

Les décisions en matière de discipline ecclésiastique se prennent également collégialement[204].

Qu'elles soient dogmatiques ou disciplinaires, les décisions de Rome, comme celles de toute autre Église, doivent être en accord avec la foi orthodoxe, les conciles et les canons[205].

Si l'Église de Rome est celle «qui, de Dieu le Verbe incarné Lui-même, ainsi que de tous les saints synodes, selon les canons et définitions sacrés, a reçu et possède en tout et pour tout, sur toutes les saintes Églises de Dieu qui sont sur toute la surface de la terre, la souveraineté, l'autorité et le pouvoir de lier et de délier[206]», ce ne peut être, comme le texte lui-même l'indique, que sur la base de

---

202. *Pyr.*, 352CD, éd. Doucet, p. 608-609 (5).
203. *Th. Pol.*, X, PG 91, 133D-136C (6).
204. *Ep.*, XII, PG 91, 464CD (3).
205. *Th. Pol.*, XII, PG 91, 144C (4) ; *Dis. Biz.*, XII, PG 90, 145C (10) ; XVI-XVII, 153CD (10).
206. *Th. Pol.*, XII, PG 91, 144C (4).

«la pierre» qu'est la confession de la vraie foi dans le Christ, et dans la limite de ce que les conciles et les canons ont défini, c'est-à-dire de ce que toutes les Églises ont collégialement voulu et accepté. Les notions de souveraineté, d'autorité et de pouvoir de lier et de délier (c'est-à-dire d'exclure de l'Église ou de réintégrer dans l'Église) doivent être comprises dans le contexte qui était le leur à l'époque, tant dans la conscience de l'Église d'Occident que des Églises d'Orient, où ces notions n'avaient pas les connotations politiques et juridiques qu'elles ont prises dans la représentation que la papauté romaine a acquise par la suite (à partir du IXe siècle surtout) de sa place et de sa fonction[207]. On ne saurait arguer que le pouvoir de lier et de délier appartiendrait au pape exclusivement, parce qu'il aurait été confié par le Christ à Pierre (Mt 16, 19) et que le pape serait le successeur de Pierre : outre que Maxime ne voit pas dans le pape un successeur ni *a fortiori* un vicaire de Pierre (ce dernier étant cité soit en relation avec Paul en tant que fondateur de l'Église de Rome, soit par rapport à sa confession de la vraie foi dans le Christ), il ne saurait oublier que le pouvoir de lier et de délier a été confié par le Christ à tous les apôtres également (Mt 18, 18) et est possédé par tous les évêques. Pour lui d'ailleurs, fondamentalement, c'est le Christ qui est «la porte» par laquelle doivent entrer dans l'Église ceux qui désirent la vie véritable[208].

Aux yeux de Maxime, ce qui fonde l'union (ou la réunion) et la communion avec l'Église, c'est la confession de la foi orthodoxe ; ce qui cause et maintient la rupture de cette communion, c'est la profession d'une foi hétérodoxe[209]. Le rôle du pape tel qu'il est présenté dans le cas de Pyrrhus (qui en l'occurrence, rappelons-le, ne peut avoir

---

207. Voir K. SCHATZ, *La Primauté du pape. Son histoire, des origines à nos jours*, Paris, 1992.

208. *Thal.*, 48, PG 90, 433C, CCSG 7, p. 333.

209. *Th. Pol.*, XII, PG 91, 144A-D (4) ; *Pyr.*, 353AB, éd. Doucet, p. 609 (5); *Rel. mot.*, VI, PG 90, 120CD (8) ; XIII, 128B (8) ; *Dis. Biz.*, XI, PG 90, 145B (10) ; *Ep. An.*, PG 90, 132A (11).

affaire qu'à un pair) est de prononcer l'exclusion ou la réintégration par rapport à l'Église et à la communion non par une décison arbitraire ou procédant de sa seule autorité, mais en tant que témoin et garant, au nom de l'Église, de cette confession de foi qui se fait en sa présence, mais, comme le souligne Maxime, avant tout devant Dieu et devant les apôtres[210] ; il est lui-même soumis dans son pouvoir de lier et de délier à la confession de la foi orthodoxe[211], laquelle détermine sa propre appartenance à l'Église catholique et apostolique et conditionne son autorité.

L'Église de Rome est une référence et une norme en matière de foi pour autant qu'elle confesse la foi orthodoxe définie par le Christ, les apôtres, les Pères et les conciles[212]. C'est dans cette mesure seulement qu'elle s'identifie à l'Église catholique[213], principe également valable pour toute autre Église ; en effet, l'Église catholique, c'est la confession de la foi orthodoxe[214].

3. La confession de la foi orthodoxe
comme critère ecclésiologique essentiel.

Pour conclure, nous voudrions souligner quatre points qui nous paraissent particulièrement importants et intéressants dans la pensée ecclésiologique de Maxime.

a) *La confession de la foi orthodoxe*
comme critère ecclésiologique.

On a pu remarquer que Maxime insiste particulièrement et à plusieurs reprises sur la confession de la foi orthodoxe.

---

210. *Th. Pol.*, XII, PG 91, 144B (4) ; *Pyr.*, PG 91, 252D-253A, éd. Doucet, p. 609 (5).
211. *Th. Pol.*, X, 133D-136B (6) ; XII, PG 91, 144B (4).
212. *Th. Pol.*, XI, PG 91, 137C-140B (7).
213. *Ibid.*, 140AB (7) ; cf. *Dis. Biz.*, 9, PG 90, 144C (10).
214. *Ep. An.*, PG 90, 132A (11).

Cette insistance se comprend naturellement par le fait qu'une partie importante de sa vie (de 633 à 662) a été tout entière consacrée à la défense de la foi orthodoxe, et que, avant même de mourir martyr pour cette foi, il a donné pour elle tous les moments de son existence et toutes les forces de son être.

La confession de la foi orthodoxe conditionne à ses yeux, nous l'avons vu, le rôle privilégié qu'il reconnaît en fait et en principe à l'Église et au pape de Rome.

Plus fondamentalement, c'est elle qui conditionne l'appartenance ou la non-appartenance à l'Église, l'exclusion hors de celle-ci ou la réintégration à elle, et donc la communion ou la non-communion avec elle. Ce principe vaut pour les personnes par rapport à l'Église, mais aussi pour les Églises particulières par rapport à l'Église catholique.

Si la communion témoigne de l'union, la concrétise et la manifeste au plus haut point, l'union à l'Église catholique n'est pas déterminée ni conditionnée par la communion (laquelle est une fin et ne saurait être un moyen), mais par la confession de la vraie foi.

Pour Maxime, la communion est communion au Christ et dans le Christ, et cette communion se fait d'abord dans la confession commune de la vraie foi en Lui. Si le Christ n'est pas confessé correctement, la communion avec Lui et avec ceux qui Le confessent de façon orthodoxe devient impossible. On trouve plusieurs fois affirmée dans l'œuvre de Maxime que la confession de la vraie foi conditionne de manière absolue la communion[215], car celui qui ne confesse pas le Christ correctement, c'est-à-dire en conformité avec la Tradition, se place en dehors de Lui : «celui qui ne reçoit pas les Apôtres, les Prophètes et les Docteurs *[c'est-à-dire les Pères]* mais qui repousse leurs paroles repousse le Christ Lui-même[216].» La communion qui s'accomplit et se manifeste au plus haut degré de réalité et de perfection dans la

---

215. Voir *Rel. mot.*, VI, PG 90, 120CD ; *Dis. Biz.*, IV, PG 90, 140C-140D ; XXV, PG 90, 161D-164A.
216. *Dis. Biz.*, IX, PG 90, 144C.

communion eucharistique au corps et au sang du Christ, suppose plus encore la vraie foi, car si l'on ne confesse pas la vraie foi, on «renverse et annule le grand, très lumineux et très célébré mystère du culte orthodoxe des chrétiens[217]», l'appel au Saint-Esprit dans l'épiclèse de la sainte liturgie reste sans réponse, en conséquence les saints dons ne sont pas consacrés, et en conséquence il ne peut pas y avoir de communion véritable[218].

b) L'accord avec la Tradition comme critère de l'orthodoxie de la foi.

La foi orthodoxe comme critère d'appartenance à l'Église n'est pas définie par une Église particulière, par son clergé, son pape, son patriarche, ou ses fidèles, mais par toute la Tradition de l'Église catholique. Le critère de l'orthodoxie de la foi est, Maxime l'affirme à maintes reprises dans les textes que nous avons examinés[219], mais aussi dans toute son œuvre[220], son accord avec la Tradition, telle qu'elle est exprimée par l'enseignement de l'Écriture, des apôtres, des conciles et des Pères. Non seulement les prises de position dogmatiques des papes et des patriarches et des évêques, mais les conciles eux-mêmes doivent être reçus et ratifiés à l'aune de la foi orthodoxe[221] telle qu'elle est définie par la Tradition en toutes ses composantes.

---

217. Cf. *Th. Pol.*, XI, PG 91, 140B.
218. *Rel. mot.*, VI, 90, 120CD (8).
219. *Th. Pol.*, X,136A (6) ; *Ep. Cal.*, PG 90, 136B (9) ; *Dis. Biz.*, IX, PG 90, 144C (10) ; XII, 145C-148A (10).
220. On trouvera de nombreuses références et une excellente analyse dans : J. PELIKAN, «"Council or Father or Scripture" : The Concept of Authority in the Theology of Maximus the Confessor», p. 277-288, partiellement repris dans *La Tradition chrétienne*, t. II, *L'Esprit du christianisme oriental, 600-1700*, p. 9-39. Voir aussi la très bonne étude de V. CROCE, *Tradizione e ricerca. Il metodo teologico di san Massimo il Confessore*.
221. *Dis. Biz.*, XII, PG 91, 145C, 148A (10).

Dans l'Église, affirme Maxime, «nous sommes enseignés tout à la fois par la sainte Écriture, l'Ancien et le Nouveau Testament, les saints docteurs et les conciles[222]». La Tradition est constituée par l'enseignement que le Christ a donné Lui-même à Ses disciples, et que ceux-ci ont transmis «à leurs successeurs, les Pères de l'Église catholique établis par Dieu[223]». Maxime accorde notamment une très grande importance à l'enseignement des Pères[224]. Pour lui, comme le remarque J. Pelikan, «identifier la doctrine orthodoxe de l'Église catholique signifie s'en tenir à ce que les Pères ont transmis par la Tradition[225]», ou, comme le note V. Croce, «selon Maxime, la tradition est essentiellement "tradition patristique[226]"». Maxime admet que les paroles des Pères sont «la loi et la norme de l'Église» et affirme : «quant à nous, nous suivons les Pères en tout[227].» Il convient, dit-il, «d'affirmer l'enseignement orthodoxe des très saints Pères, [...] eux qui ont transmis aux saintes Églises apostoliques de Dieu ce qu'il faut penser et dire» au sujet de Dieu[228]. Face aux arguments des hérétiques, il dit :

«Qu'ils nous démontrent d'abord cela à partir de ce qu'ont déterminé les Pères. De la sorte, la conception de leurs opinions propres trouvera quelque crédit et ratification. Si cela leur est impossible, qu'ils les rejettent et se conforment avec nous à cela seul qu'ont

---

222. *Rel. mot.*, IX, PG 90, 124A. Ces différents éléments tels que les conçoit Maxime sont longuement analysés dans la très bonne étude de V. CROCE, *Tradizione e ricerca. Il metodo teologico di san Massimo il Confessore.*

223. *Th. Pol.*, XV, PG 91, 160C.

224. Voir V. CROCE, *Tradizione e ricerca. Il metodo teologico di san Massimo il Confessore*, p. 83-101.

225. *La Tradition chrétienne*, t. II, *L'Esprit du christianisme oriental, 600-1700*, p. 22.

226. *Tradizione e ricerca. Il metodo teologico di san Massimo il Confessore*, p. 89. L'expression de Maxime se trouve en *Ep.*, XVII, PG 91, 581D ; cf. *Th. Pol.*, XIX, PG 91, 205A, 224B.

227. Cf. *Pyr.*, PG 91, 296D-297B, éd. Doucet, p. 552-553. Sur le dernier point, voir aussi *Th. Pol.*, XIX, PG 91, 224D-225A ; *Ep.*, XIII, PG 91, 532C.

228. *Th. Pol.*, XVI, PG 91, 209AB.

pieusement décidé les Pères théophores de l'Église catholique et les cinq conciles œcuméniques[229].»

Celui qui admet ce qui est conforme à la foi orthodoxe se montre en accord avec les Pères ; inversement, «celui qui ne croit pas ainsi n'accepte pas les Pères qui l'ont affirmé, et il est clair qu'il en suit d'autres[230]».

La confession de la vraie foi conditionne, nous l'avons vu, l'appartenance à l'Église, la communion, la réception du Saint-Esprit et l'union au Christ et l'appartenance à Son corps. Elle nous concerne donc vitalement et notre salut en dépend, c'est pourquoi la défense de la foi orthodoxe n'est pas pour Maxime une discussion dogmatique abstraite, mais une question de vie et de mort. Ainsi écrit-il :

«Surtout le grand, le premier remède pour notre salut, l'héritage lumineux de la foi, c'est de confesser du cœur et des lèvres ce que les Pères nous ont enseigné, de suivre ceux qui au commencement ont été les témoins oculaires et les ministres du Verbe[231].»

Bien que Maxime affirme que, pour qu'une affirmation dogmatique puisse être considérée comme conforme à la foi orthodoxe, il faut qu'elle soit conforme à l'enseigne-ment «ou d'un concile, ou d'un Père ou de l'Écriture[232]», aucune de ces composantes de la Tradition n'a pour lui d'autorité absolue prise isolément, mais seulement en accord avec les autres, et avec le tout. Comme le fait remarquer J. Pelikan, pour Maxime, «l'Écriture a une autorité suprême, mais seulement si elle est interprétée d'une façon spirituelle et orthodoxe. Les Pères sont nor-matifs, mais seulement s'ils sont en harmonie avec les autres et avec l'Écriture dans laquelle ils ont puisé. Les conciles sont décisifs, mais seulement en tant que voix de l'unique

---

229. *Th. Pol.*, IX, PG 91, 128B.
230. *Th. Pol.*, XVII, PG 91, 209CD.
231. *Ep.*, XII, PG 91, 465D-468A.
232. *Th. Pol.*, XV, PG 91, 180C.

doctrine apostolique, prophétique et patristique[233]».
Maxime pourrait ici souscrire au principe bien connu
énoncé par saint Vincent de Lérins : «Dans l'Église catholique, il faut veiller soigneusement à s'en tenir à ce qui a été
cru partout, toujours et par tous[234]», principe qu'il énonce
lui-même sous des formes différentes mais de même sens,
écrivant par exemple que la règle de la foi catholique est
«l'opinion» ou «la croyance commune des chrétiens[235]»,
que cette foi est «ce qui est par tous et partout fermement
confessé et cru de façon orthodoxe, en conformité avec ce
qu'ont exposé les Docteurs établis par Dieu[236]», ou encore
que «la discordance caractérise ce qui est hétérodoxe, la
concordance ce qui est orthodoxe[237]».

c) Ce qu'est l'Église catholique.

Un autre point particulièrement intéressant de la pensée
de Maxime est la conception qu'il se fait de l'Église catholique. L'Église catholique pour lui ne s'identifie *a priori* ni
avec l'Église locale, ni avec telle Église particulière[238], ni
avec l'Église universelle ; la problématique de l'ecclésiologie moderne sur les rapports de l'Église locale et de
l'Église universelle lui est étrangère, de même que la
conception latine selon laquelle l'Église catholique serait
l'Église universelle en tant que somme ou totalité des
Églises locales. «L'Église catholique» est pour Maxime
«l'Église fondée par Dieu[239]», l'Église du Christ, dont Il est

---

233. «"Council or Father or Scripture" : The Concept of Authority in
the Theology of Maximus the Confessor», p. 287.
234. *Comm.*, I, 2.
235. *Th. Pol.*, XXV, PG 91, 272A; 272C.
236. *Th. Pol.*, VII, PG 91, 73B.
237. *Th. Pol.*, XV, PG 91, 179A.
238. Il distingue dans sa façon de s'exprimer «l'Église catholique» et
les Églises locales (pour la désignation de celles-ci, voir par exemple :
Th. Pol., VII, PG 91, 77B ; X, PG 91, 136C ; XIX, PG 91, 229C ; XX,
PG 91, 237C ; *Dis. Biz.*, XIII, PG 90, 148A).
239. *Ep. Cal.*, PG 90, 136A.

la pierre d'angle (Ep 2, 20[240]), ou encore dont Il est la tête et qui est Son corps (Col 1, 18.24[241]), qu'Il a Lui-même établie sur la base de la droite confession de la foi en Lui[242], et qui est une et unique[243]. Elle se caractérise fondamentalement, en tant que catholique, par le fait qu'elle confesse la foi orthodoxe, comme nous avons pu le voir dans plusieurs des textes que nous avons analysés[244], et de manière particulièrement nette dans cette affirmation proférée devant le patriarche Pierre et relatée dans la *Lettre au moine Anastase* : «L'Église catholique, c'est la droite et salvifique confession de foi dans le Dieu de l'univers[245].» La plupart des autres passages du *corpus* maximien qui utilisent l'expression «Église catholique» le font dans un contexte où la foi orthodoxe est mise en avant et opposée à des conceptions hérétiques[246]. Par exemple, Maxime évoque de manière caractéristique quelqu'un qui «se tient ferme sur le roc inébranlable de la foi ancestrale et ne respire rien d'autre que la foi en Dieu que prêche l'Église catholique de Dieu[247]». Ou encore, il écrit à des sœurs vivant dans la région de Carthage, autrefois gagnées à l'hérésie et récemment revenues à la foi orthodoxe :

«Je suis sûr que vous êtes vraiment affermies dans le bien, que votre âme ne trébuche pas hors de la droite et pieuse confession de la

---

240. Cf. *Thal.*, 63, PG 90, 501AB, CCSG 7, p. 431.
241. Voir *ibid.*, PG 90, 672BC, CCSG 22, p. 155.
242. Voir *Ep. An.*, PG 90, 132A (11).
243. Voir *Thal.*, 63, PG 90, 685C, CCSG 22, p. 177.
244. *Th. Pol.*, XII, 144AB (4) ; *Th. Pol.*, XI, PG 91, 140B (7) ; *Ep.*, XII, PG 91, 464D (3); *Rel. mot.*, VI, PG 90, 120C (8) ; *Ep. Cal.*, PG 90, 136A (9) ; *Ep. An.*, PG 90, 132A (11).
245. *Ep. An.*, PG 90, 132A.
246. Voir *Th. Pol.*, XI, PG 91, 140AB ; VII, PG 91, 84A, 88C ; VIII, PG 91, 89CD, 92D ; IX, PG 91, 116B, 128B ; XII, PG 91, 141A, 143CD, 144A ; XV, PG 91, 160C ; XVII, PG 91, 209D ; *Ep.*, XI, PG 91, 461BC ; XII, PG 91, 464D, 465AB ; XIII, PG 91, 532CD ; XVII, PG 91, 580C, 581CD ; XVIII, PG 91, 584D-584A ; *Ep. Cal.*, PG 90, 136A ; *Rel. mot.*, VI, PG 90, 120C. En *Ep.*, XV, PG 91, MAXIME cite un passage de saint Basile de Césarée où l'expression a la même connotation.
247. *Ep.*, XI, PG 91, 461BC.

foi pure et sans faille dans le Christ et de l'espérance en Lui, par la grâce de Dieu qui vous a appelées à Le craindre et vous a unies au corps vivant, harmonieux et sans souillure de la sainte Église catholique et apostolique ; [...] en elle la doctrine pieuse, droite, vraie et salutaire de la foi apostolique est prêchée en toute sa force et en toute piété[248].»

Les Pères qui confessent et défendent la foi orthodoxe le font au nom de l'Église catholique et pour qu'elle subsiste[249] ; c'est «à cause de l'Église catholique et apostolique» qu'ont œuvré «les apôtres, les saints Pères, les docteurs et les martyrs, consacrés par leurs propres actes et paroles, leur combat, leur sueur, leurs peines, leur sang, et pour finir leur injuste mort[250]». Inversement, ceux qui professent des doctrines hérétiques s'opposent à l'Église catholique et travaillent à sa destruction[251]. À l'un de ses accusateurs qui lui dit : «En affirmant ces choses, tu as mis le schisme dans l'Église !», Maxime répond : «Si celui qui dit les paroles des saintes Écritures et des saints Pères met le schisme dans l'Église, celui qui supprime les dogmes des saints, que fera-t-il à l'Église qui sans eux ne peut même pas exister[252] ?» On peut donc affirmer qu'il y a chez Maxime une «identification de l'Église catholique avec la droite profession de foi[253]», que pour lui «c'est la confession de la foi orthodoxe qui [la] fonde et [la] constitue[254]».

«Catholique» (καθολικός) ne signifie donc pas «universel» (οἰκουμενικός) : Maxime, comme les anciens Pères, distingue bien les deux notions et se montre en accord avec leur usage ancien. En effet, comme le remarque perti-

---

248. *Ep.*, XVIII, PG 91, 584D-585A

249. Voir *Th. Pol.*, VII, PG 91, 84A ; IX, PG 91, 128B ; *Th. Pol.*, XV, PG 91, 160C.

250. *Th. Pol.*, XI, PG 91, 140AB.

251. Voir *Th. Pol.*, VIII, PG 91, 89CD ; XII, PG 91, 143D.

252. *Rel. mot.*, V, PG 90, 117D.

253. V. CROCE, *Tradizione e ricerca. Il metodo teologico di san Massimo il Confessore*, p. 70 ; voir aussi p. 71-72, 79-80.

254. *Ibid.*, p. 80.

nemment G. Florovsky, «dans les documents les plus anciens, le terme ἐκκλησία καθολική n'a jamais été employé dans un sens quantitatif, pour désigner l'expansion géographique de l'Église : il visait plutôt l'intégrité de la foi ou de la doctrine, la fidélité de la "Grande Église" à la tradition plénière et primitive, en opposition aux tendances sectaires des hérétiques, qui se sont séparés de cette plénitude originelle, suivant chacun sa ligne particulière et particulariste, signifiait donc plutôt "orthodoxe" qu'"universelle[255]".» La catholicité, tout en se distinguant de l'universalité, l'inclut cependant dans un certain sens. Si l'Église catholique est universelle, son universalité n'est pas une universalité géographique ni de juridiction ou d'autorité, mais une universalité qui englobe, dans le temps et dans l'espace, l'ensemble des vérités qui toujours et partout constituent la foi orthodoxe[256], et aussi tous ceux qui

---

255. «Le Corps du Christ vivant», *Cahiers théologiques de l'actualité protestante*, HS 4, 1948, p. 24. Voir aussi V. LOSSKY, *À l'image et à la ressemblance de Dieu*, chap. IX, «Du troisième attribut de l'Église», p. 170-173. V. LOSSKY écrit notamment : «La catholicité nous apparaît comme un attribut inaliénable de l'Église en tant qu'elle possède la Vérité» (p. 170).

256. Il ne s'agit pas d'un ensemble quantitatif qui s'accroîtrait avec le temps. Comme l'écrit G. FLOROVSKY : «Aujourd'hui, l'Église ne connaît pas le Christ mieux qu'elle ne L'a connu dès le début. La vérité est donnée, en effet, tout entière à la fois. Mais c'est l'appréhension de la vérité qui est progressive. Ce qui se développe dans les âges de l'existence chrétienne, ce n'est pas la vérité elle-même mais le témoignage de l'Église» («Le Corps du Christ vivant», p. 45). Cela correspond très exactement à la conception de Maxime. On admet généralement que Maxime a apporté à la christologie des développements importants. Lui-même pourtant a clairement conscience de n'apporter au dogme chrétien aucune innovation (voir *Th. Pol.*, XIX, PG 91, 224D-225A). Au début de l'une de ses principales lettres théologiques, il écrit : «Je ne dirai rien qui vienne de moi ; j'enseignerai seulement ce que disent les saints Pères sans rien y changer» (*Ep.*, XV, PG 91, 544D). Il souligne que «tous les conciles d'hommes saints et orthodoxes n'ont introduit absolument aucune définition de foi par l'introduction de leurs formules propres [...] ; non, ils ont prêché la même foi [...] mais en l'élucidant, comme pour en revoir le détail et la remettre sur le métier à cause de ceux qui la comprenaient de travers» (*Th.*

toujours et partout ont confessé et continuent à confesser cette foi[257]. C'est par cette confession commune de cette même foi à la même Trinité et au même Christ que les Églises locales et leurs fidèles se trouvent unis dans la même Église catholique[258] ; c'est par cette confession qui unit les chrétiens dispersés dans le monde entier et dans les siècles, que comme l'écrit Maxime,

«[l'Église catholique] rassemble en elle tout ce qui est sous le ciel, et continue d'ajouter ce qui reste à ce qu'elle a déjà réuni, en manifestant par l'Esprit, d'une extrémité de la terre à l'autre, une seule âme et une seule langue, par l'unanimité de la foi et l'accord dans son expression[259]».

Mais il faut en même temps avoir conscience qu'à un moment historique donné, lorsque l'hérésie s'est répandue dans toutes les Églises ou presque — ce qui s'est vu plusieurs fois et ce qui est une éventualité que le Christ Lui-même envisage : «Le fils de l'homme, lorsqu'Il viendra, trouvera-t-Il la foi sur terre ?» (Lc 18, 8) — l'Église catholique peut se trouver réduite à quelques fidèles, voire, à la limite, à un seul. Ainsi V. Lossky écrit-il : «Chaque partie, la plus minime de l'Église — voire un fidèle — peut être dite "catholique". Lorsque saint Maxime, auquel la tradition ecclésiastique attribue le titre de Confesseur, répondit à ceux qui voulaient le forcer à communier avec

---

Pol., XXII, PG 91, 257A-260C). Voir J. PELIKAN, «"Council or Father or Scripture" : The Concept of Authority in the Theology of Maximus the Confessor», p. 286.

257. Saint CYRILLE DE JÉRUSALEM rassemble ces différents sens dans la définition qu'il donne de l'Église catholique (*Cat.*, XVIII, 23, PG 33, 1044A).

258. Sur la confession de la foi orthodoxe comme principe d'unité dans l'Église, voir *Myst.*, I, PG 90, 668A, Sotiropoulos, p. 199 ; *Thal.*, 53, PG 90, 501B, CCSG 7, p. 431. Pour MAXIME, la confession de la foi est principe d'unité avant la communion, puisqu'elle conditionne celle-ci (cf. *Rel. Mot.*, VI, PG 90, 120CD ; *Dis. Biz.*, IV, PG 90, 140C-140D ; XXV, PG 90, 161D-164A). Voir V. CROCE, *Tradizione e ricerca. Il metodo teologico di san Massimo il Confessore*, p. 69.

259. *Ep.*, XVIII, PG 91, 584A.

les monothélites : "Si même l'univers entier (l'οἰϰουμένη) communiait avec vous, moi seul je ne communierai pas", il opposait sa catholicité à une œcuménicité présumée hérétique[260].»

En confessant et en défendant la foi orthodoxe, Maxime a bien conscience de confesser et de défendre «le dogme [...] qui est commun à l'Église catholique[261]», c'est-à-dire la foi que les apôtres, les Pères, les conciles, le clergé et les fidèles orthodoxes ont toujours et partout confessée. Celui qui confesse la foi orthodoxe intègre ou réintègre l'Église catholique et sa communion[262] ; celui qui professe une doctrine qui n'est pas conforme à la foi orthodoxe s'exclut de l'Église catholique[263] et doit en être exclu[264]. Ce principe vaut pour les personnes, mais aussi pour les Églises particulières : elles appartiennent à l'Église catholique, où plutôt s'identifient à elle en tant qu'elles confessent la foi orthodoxe ; elles en sont exclues (même si elles continuent institutionnellement à être des Églises et à porter le nom

---

260. À l'image et à la ressemblance de Dieu, chap. IX, «Du troisième attribut de l'Église», p. 173. On peut en trouver un autre exemple dans l'exclamation de saint Basile de Césarée, à un moment particulièrement grave de la lutte pour le dogme : «Qui n'est pas avec moi n'est pas avec la Vérité» (cité par V. LOSSKY, ibid., p. 178).

261. Rel. mot., VI, PG 90, 120C.

262. Voir Th. Pol., XII, 144B (4) (concernant Pyrrhus) ; Ep., XII, PG 91, 464D, 465AB (concernant les sœurs d'Alexandrie réfugiées dans la région de Carthage).

263. Voir Th. Pol., XII, 144A (4).

264. Voir Th. Pol., VII, PG 91, 88C, où MAXIME, parlant des hérétiques, écrit : «rejetons avec sagesse ceux qui s'opposent tant à eux-mêmes, que les uns aux autres et qu'à la Vérité ; jetons-les courageusement hors de notre maison, la sainte Église catholique et apostolique de Dieu ; et n'en laissons pas la moindre entrée à ceux qui, contre la foi orthodoxe, machinent, tels des brigands, de déplacer les bornes posées par les Pères.» Dans Th. Pol., VIII, PG 91, 92A, Maxime dit que par le combat qu'il mène, il cherche «à chasser courageusement ceux qui s'élèvent contre le Seigneur par leurs paroles et leurs doctrines, et à les éliminer de la bonne terre, c'est-à-dire notre Seigneur Lui-même et la foi orthodoxe». La bonne terre symbolise ici l'Église, identifiée tout à la fois au Christ et à la foi qui Le confesse droitement.

d'Église) si elles professent des doctrines étrangères à la foi orthodoxe telle qu'elle a été définie par les apôtres, les Pères et les conciles. Ainsi Maxime identifie-t-il l'Église de Rome à l'Église catholique pour la seule raison qu'elle confesse la foi orthodoxe[265] et est même, pendant la période de la controverse monothélite, la seule à la professer (et lorsque les apocrisiaires romains semblent prêts à accepter la doctrine hérétique du patriarche Pierre, Maxime estime que «les affaires de presque toute l'Église catholique et apostolique fondée par Dieu sont à cause de cela en grave danger[266]»). Inversement, les Églises de Constantinople, d'Antioche, d'Alexandrie, de Jérusalem sont en dehors de l'Église catholique et en dehors de sa communion (bien qu'elles soient en communion entre elles) pour la raison qu'elles adhèrent à l'hérésie[267]. Considérées en tant qu'elles confessent la foi orthodoxe, les Églises apparaissent inversement toutes comme étant «les saintes Églises catholiques[268]».

Si les portes de l'enfer ne peuvent pas prévaloir contre l'Église établie par le Christ, ce n'est pas parce qu'une Église particulière la représenterait qui ne pourrait jamais tomber dans l'hérésie en vertu d'un charisme, d'un pouvoir ou d'un privilège particuliers, car, nous l'avons dit, aucune Église particulière ne s'identifie *a priori* ni définitivement à l'Église. Toutes les Églises, l'histoire l'a montré, ont été à un moment ou à un autre dans l'hérésie et donc en dehors de l'Église catholique. À certains moments même, toutes les Églises étaient dans l'hérésie et l'Église catholique n'existait plus qu'en quelques fidèles qui continuaient à confesser la foi orthodoxe. Si donc les portes de l'enfer ne peuvent prévaloir contre l'Église, c'est par la grâce de Dieu qu'elle reçoit en tant que corps dont le Christ

---

265. Voir *Th. Pol.*, XII, 144A (4). Par ailleurs elle est désignée comme une Église locale parmi les autres (voir *Th. Pol.*, XX, PG 91, 237C ; *Dis. Biz.*, XIII, PG 90, 148A).

266. *Ep. Cal.*, PG 90, 136A.

267. Voir *Ep. An.*, PG 91, 132A.

268. *Th. Pol.*, XVI, PG 91, 209B.

est la tête[269], ou en tant qu'épouse du Christ. Maxime écrit ainsi que «l'Église catholique, l'épouse du Seigneur», Lui-même «la garde en sécurité pour que nous soyons sauvés de l'agression des ennemis[270]». L'Église catholique ne peut perdre son intégrité ni sa catholicité parce que, fondamentalement, elle est une réalité mystique qui s'identifie au corps du Christ. Cette vision idéale de l'Église apparaît au début du chapitre 63 des *Questions à Thalassios* :

«L'Église de Dieu, digne de toute louange, est un candélabre d'or, pur et sans souillure, intact et inaltéré, non diminué, réceptacle de la vraie lumière qui ne tarit jamais. Car, dit-on, l'or est inaltéré ; il ne noircit ni ne rouille quand on l'enterre, ni ne diminue au creuset. [...] Telle se trouve sur tous ces points la glorieuse Église de Dieu comme la nature très pure de l'or. Elle est inaltérée en tant que n'ayant rien du tout de mélangé ni d'étranger dans le mystère de la théologie selon la foi ; pure en tant que resplendissante et lumineuse par l'éclat de ses vertus ; sans souillure en tant que n'étant souillée par aucune saleté des passions ; intacte en tant que les esprits du mal ne la touchent pas, et en tant qu'elle n'est pas noircie par les circonstances matérielles, par le venin des vices ; non diminuée ou amoindrie dans la fournaise des persécutions qu'elle subit à certains moments, ni éprouvée par le soulèvement répété des hérésies, dans sa parole ou dans sa vie, donc dans sa foi et sa façon de se comporter, ne subissant pas le moindre fléchissement sous le poids des épreuves[271].»

d) La conscience comme critère ultime
de l'appartenance à l'Église catholique.

Un dernier point particulièrement intéressant de la pensée de Maxime, dont l'originalité a déjà attiré l'attention, est l'affirmation que la conscience est le critère ultime de la confession de la vraie foi, et donc, le critère ultime de l'appartenance à l'Église catholique et apostolique. Cette

---

269. Voir *Thal.*, 63, PG 90, 672B-D, CCSG 22, p. 155-157.
270. Cf. *Th. Pol.*, VIII, PG 91, 92D.
271. *Thal.*, 63, PG 90, 672B-673B, CCSG 22, p. 155-157.

affirmation s'exprime en particulier dans cette formule : «Il n'y a rien de plus violent que le blâme de la conscience, ni rien de plus franc que de suivre son avis[272].» Ce que nous avons dit précédemment nous permet de mieux comprendre comment Maxime conçoit la conscience. Celle-ci, nous l'avons déjà noté, n'est pas la conscience individuelle, la conscience étroitement liée à la volonté propre ou à ce que Maxime appelle la *gnômè*, qui est une conscience particularisante, et par laquelle l'individu tend à se mettre lui-même en valeur, à affirmer son originalité ou sa supériorité, et aussi à s'opposer aux autres, ce qui est parmi les hommes la principale source des divisions et des oppositions[273]. La conscience qu'évoque Maxime est une conscience spirituelle, dont les valeurs de référence sont celles de la Tradition, et qui est éclairée par Dieu. Maxime, nous l'avons vu, souligne à plusieurs reprises que les principes qu'il défend, à la différence de ceux des hérétiques, n'ont pas pour but de se distinguer ni de s'opposer, ne sont pas des inventions individuelles, ne reflètent pas ses idées particulières, ne poursuivent pas la réalisation d'un projet propre[274], mais se conforment en tout point à l'Écriture, aux conciles et aux Pères[275], et veulent témoigner d'une réalité qui le dépasse et à laquelle il se soumet. Bref, sa conscience personnelle reflète la conscience ecclésiale, celle de l'Église catholique, derrière laquelle elle s'efface avec humilité et à laquelle elle se fait totalement transparente. «Moi, proclame Maxime, je n'ai pas de dogme particulier, mais celui qui est commun à l'Église catholique. Et je n'ai jamais élevé la voix pour dire un dogme qui me serait particulier[276].» Cette conscience ecclésiale n'est pas une conscience naturelle : elle se forme dans l'Église catholique

---

272. *Rel. mot.*, XI, PG 90, 124D (8).
273. Voir notamment *Ep.*, II, PG 91, 396B-400B.
274. Voir *Th. Pol.*, XIX, PG 91, 224D-225A.
275. Voir par exemple *Ep.*, XV, PG 91, 544D : «Je ne dirai rien qui vienne de moi ; j'enseignerai seulement ce que disent les saints Pères sans rien y changer.»
276. *Rel. mot.*, VII, PG 90,120C.

même, dans la fidélité à son enseignement, dans la conformation humble (dont témoigne fréquemment Maxime) à la Tradition, et dans une vie spirituelle où l'ascèse permet au cœur et à l'esprit d'être purifiés et en conséquence d'être éclairés par la grâce[277]. Maxime, prenant pour exemple les Pères, se plaît à souligner que, dans leur défense et illustration de la foi orthodoxe, ils étaient «inspirés par Dieu[278]», ne parlaient pas d'eux-mêmes, mais par le Christ qui les habitait : le Christ «est devenu l'âme de leur âme en manifestant à tous par toutes leurs œuvres, paroles et pensées, que celles-ci ne venaient pas d'eux-mêmes, mais que le Christ se substituait Lui-même à eux selon la grâce[279]». De sorte que l'autorité des Pères n'est pas la leur propre, mais plutôt celle de «la Vérité qui parle et a parlé à travers eux[280]».

Ces réflexions de V. Lossky expriment assez bien ce qui caractérise la conscience catholique des Pères, et celle à laquelle Maxime lui-même, cerné par les hérésies, fait appel comme à une référence ultime : «Est conscient de la Vérité celui qui n'est plus le sujet de sa propre conscience. Alors, la Vérité que l'on confesse se présente dans son objectivité : non pas comme une opinion propre, comme "ma propre théologie", mais comme le propre de l'Église, le *kath'olon*, comme la Vérité catholique. [...] C'est la conscience de quelques-uns, ce sont quelques consciences qui font triompher la Vérité dans l'ensemble de l'Église, parce qu'elles sont pures de toute subjectivité : car c'est la conscience de ceux qui ne parlent pas en leur propre nom, mais au nom de l'Église, en posant l'Église comme sujet unique des consciences personnelles multiples. Si l'on veut appliquer la notion de conscience à la réalité ecclésiale, il faudra donc y trouver plusieurs consciences personnelles mais un seul sujet de conscience, une seule "conscience de soi-même"

---

277. Voir notre étude : *La Divinisation de l'homme selon saint Maxime le Confesseur*, p. 437 s.
278. *Pater*, PG 90, 881B, CCSG 23, p. 38.
279. *Amb. Th.*, Prol., PG 91, 1033A.
280. *Amb. Io.*, 42, PG 91, 1341A.

qui est l'Église. Dans ce sens, les Pères de l'Église et tous ceux qui marchent dans leurs pas en se libérant de toutes leurs limitations individuelles, sont les pères de la conscience de l'Église[281].»

281. À *l'image et à la ressemblance de Dieu*, chap. X : «La conscience catholique», p. 190-192.

Bibliographie

À quelques exceptions près, ne sont mentionnées ici que les œuvres et les études qui ont été citées. On trouvera une bibliographie plus complète sur Maxime dans notre étude *La Divinisation de l'homme selon saint Maxime le Confesseur*, p. 691-733.

I. SOURCES

1. Maxime le Confesseur.

a. Œuvres.

Amb. Io.   *Ambigua ad Ioannem = Ambiguorum liber (Ambigua)*, 6-71. Texte édité par F. Oehler dans J.-P. MIGNE (éd.), *Patrologiae cursus completus, Series graeca*, t. XCI (= PG 91), 1061A-1417C.
Traduction par E. Ponsoye dans SAINT MAXIME LE CONFESSEUR, *Ambigua*, Paris-Suresnes, 1994, p. 123-372.

Amb. Th.   *Ambigua ad Thomam = Ambiguorum liber (Ambigua)* 1-5. Texte édité par F. Oehler, PG 91, 1032A-1060D.
Traduction par E. Ponsoye dans SAINT MAXIME LE CONFESSEUR, *Ambigua*, Paris-Suresnes, 1994, p. 101-121.

Asc.   *Liber asceticus.* Texte édité par F. Combefis dans J.-P.MIGNE (éd.), *Patrologiae cursus completus, Series graeca*, t. XC (= PG 90), 912-956.
Traduction par P. Deseille dans *L'Évangile au désert. Des premiers moines à saint Bernard*, «Chrétiens de tous les temps» n° 10, Paris, 1965, p. 161-191.

Cap. X.   *Capita X.* Texte édité par F. Combefis, PG 90, 1185-1189.
Traduction du texte de la *Philocalie grecque* (= *Centurie III sur la théologie et l'économie*, 16-25), t. II, Athènes, 1958, p. 94-95, par J. Touraille dans *Philocalie des Pères neptiques*, t. VI, Bellefontaine, 1985, p. 129-130, repris dans *La Philocalie*, t. I, Paris, 1995, p. 462-463.

Cap. XV.   *Capita XV.* Texte édité par F. Combefis, PG 90, 1177-1185.
Traduction du texte de la *Philocalie grecque* (= *Centurie III sur la théologie et l'économie*, 1-15), t. II, Athènes, 1958, p. 91-94, par J. Touraille dans *Philocalie des Pères neptiques*, t. VI, Bellefontaine, 1985, p. 125-129, repris dans *La Philocalie*, t. I, Paris, 1995, p. 459-462.

Char.   *Capita de caritate.* Texte édité par A. Ceresa-Gastaldo dans MASSIMO CONFESSORE, *Capitoli sulla carità*, «Verba seniorum, Collana di Testi e Studi Patristici N. S.» n° 3, Rome, 1963.
Traduction (du texte de la PG 90, 960-1080) et notes par J. Pégon dans MAXIME LE CONFESSEUR, *Centuries sur la charité*, «Sources chrétiennes» n° 9, Paris, 1945.
Traduction du texte de la *Philocalie grecque*, t. II, Athènes, 1958, p. 3-51, par J. Touraille dans *Philocalie des Pères neptiques*, t. VI, Bellefontaine, 1985, p. 19-77, repris dans *La Philocalie*, t. I, Paris, 1995, p. 373-420.

Dis. Biz.   *Disputatio Bizyae.* Texte édité par F. Combefis, PG 90, 136-172.
Traduction par J.-M. Garrigues, dans J.-M. GARRIGUES, «Le martyre de saint Maxime le Confesseur», *Revue thomiste*, 76, 1976, p. 427-443, 446-447.

Ep.   *Epistulae XLV.* Texte édité par F. Combefis, PG 91, 364-649.
Traduction par E. Ponsoye dans SAINT MAXIME LE CONFESSEUR, *Lettres*, Paris, 1998.

Ep. 8 fin   *Fin de la Lettre 8.* Texte édité par R. Devreesse dans R. DEVREESSE, «La Fin inédite d'une lettre de saint Maxime : un baptême forcé de juifs et de samaritains à Carthage en 632», *Revue des sciences religieuses*, 17, 1937, p. 34-35.

Ep. An.   *Epistula ad Anastasium monachum discipulum.* Texte édité par F. Combefis, PG 90, 132A-133A.
Traduction par J.-M Garrigues dans J.-M. GARRIGUES, «Le Martyre de saint Maxime le Confesseur», *Revue thomiste*, 76, 1976, p. 444-445.

Ep. A   *Ex epistola sancti Maximi scripta ad abbatem Thalassium de iis quae apocrisarii fecerunt 638.* Texte dans J. D. MANSI, *Sacrorum conciliorum nova et amplissima collectio*, X, Florence, 1764, col. 677-678.
Traduction partielle par J.-M. Garrigues dans J.-M. GARRIGUES, «Le Sens de la primauté romaine chez saint Maxime le Confesseur», *Istina*, 21, 1976, p. 8.

Ep. 2 Th.   *Epistula secunda ad Thomam.* Texte édité par R. Canart dans R. CANART, «La "Deuxième Lettre à Thomas" de saint Maxime le Confesseur», *Byzantion*, 34, 1964, p. 427-445.
Traduction : *ibid.*

Myst.   *Mystagogia.* Texte édité par G. C. Sotiropoulos dans C. G. SOTIROPOULOS, Ἡ μυσταγωγία τοῦ ἁγίου Μαξίμου τοῦ Ὁμολογητοῦ, Athènes, 1978.
Traduction (du texte de la PG 91, 657-718) par M. Lot-Borodine dans *Irénikon*, 13, 1936, p. 466-472, 595-597, 717-720 ; 14, 1937, p. 66-69, 182-185, 282-284, 444-448 ; 15, 1938, p. 71-74, 185-186, 276-278, 390-391, 488-492, reprise (avec un doublet au chapitre V et une interpolation au chapitre XXIII) dans *L'Initiation chrétienne*, Paris, 1963, p. 251-291.

Pater   *Expositio orationis dominicae.* Texte édité par P. Van Deun dans *Maximi Confessoris opuscula exegetica duo*, «Corpus Christianorum, Series Graeca» n° 23, Turnhout, 1991, p. 27-73.
Traduction (du texte de la PG 90, 872-909) par A. Riou dans A. RIOU, *Le Monde et l'Église selon Maxime le Confesseur*, Paris, 1973, p. 214-239.
Traduction du texte de la *Philocalie grecque*, t. II, Athènes, 1958, p. 187-202, par J. Touraille dans *Philocalie des*

Pères neptiques, t. VI, Bellefontaine, 1985, p. 247-266, repris dans *La Philocalie*, t. I, Paris, 1995, p. 549-565.

Ps. 59. *Expositio in psalmum LIX*. Texte édité par P. Van Deun *Maximi Confessoris opuscula exegetica duo*, «Corpus Christianorum, Series Graeca» n° 23, Turnhout, 1991, p. 3-22.

Pyr. *Disputatio cum Pyrrho*. Texte édité par M. Doucet dans M. DOUCET, «Dispute de Maxime le Confesseur avec Pyrrhus», thèse dactylographiée, Montréal, 1972, p. 542-610.
Traduction : *ibid*., p. 620-697.

Qu. D. *Quaestiones et dubia*. Texte édité par J. H. Declerck dans *Maximi Confessoris Quaestiones et dubia*, «Corpus Christianorum, Series Graeca» n° 10, Turnhout, 1982.
Traduction par E. Ponsoye dans SAINT MAXIME LE CONFESSEUR, *Quaestiones et dubia* (à paraître).

Rel. mot. *Relatio motionis*. Texte édité par F. Combefis, PG 90, 109-129.
Traduction par J.-M. Garrigues, dans J.-M. GARRIGUES, «Le Martyre de saint Maxime le Confesseur», *Revue thomiste*, 76, 1976, p. 415-424.

Thal. *Quaestiones ad Thalassium*. Texte édité par C. Laga et C. Steel dans *Maximi Confessoris «Quaestiones ad Thalassium»*, I, (qu. I-LV), «Corpus Christianorum, Series Graeca» n° 7, Turnhout, 1980 ; *Maximi Confessoris «Quaestiones ad Thalassium»*, II, (qu. LVI-LXV), «Corpus Christianorum, Series Graeca» n° 22, Turnhout, 1990.
Traduction (du texte, établi par F. Combefis, de la PG 90, 244-785) par E. Ponsoye dans SAINT MAXIME LE CONFESSEUR, *Questions à Thalassios*, Paris-Suresnes, 1992.

Th. Ec. *Capita theologica et œconomica (I-II)*. Texte édité par F. Combefis, PG 90, 1084-1173.
Traduction de la Centurie I par A. Riou dans A. RIOU, *Le Monde et l'Église selon Maxime le Confesseur*, Paris, 1973, p. 240-261.
Traduction du texte de la *Philocalie grecque*, t. II, Athènes, 1958, p. 52-90, par J. Touraille dans *Philocalie des Pères neptiques*, t. VI, Bellefontaine, 1985, p. 81-124, repris dans *La Philocalie*, t. I, Paris, 1995, p. 421-459.

Theop.   *Quaestiones ad Theopemptum.* Texte édité par M. Gitlbauer dans M. Gitlbauer, *Die Ueberreste griechischer Tachygraphie im Codex Vaticanus Graecus 1809*, erster Fascikel, «Denkschriften der kaiserlichen Akademie der Wissenschaften, Philosophisch-historische Classe» n° 28, 2, Vienne, 1878, p. 85-89, n° XI .

Th. Pol.   *Opuscula theologica et polemica.* Texte édité par F. Combefis, dans la PG 91, 9-280.

1. *Ad Marinum presbyterum.* PG 91, 9-37.
2. *Ad eundem ex tractatu de operationibus et voluntaribus.* PG 91, 40-45.
3. *Ex eodem tractatu caput 51.* PG 91, 45-56.
4. *Ad Georgium presbyterum ac hegumenum.* PG 91, 56-61.
5. *Adversus eos qui dicunt dicendam unam Christi operationem.* PG 91, 64-65.
6. *De eo quod scriptum est : «Pater si fieri potest transeat a me calix».* PG 91, 65-69.
7. *Tomus dogmaticus ad Marinum diaconum.* PG 91, 69-89.
8. *Exemplum epistulae ad episcopum Nicandrum.* PG 91, 89-112.
9. *Ad catholicos per Siciliam constitutos.* PG 91, 112-132.
10. *Ad Marinum Cypri presbyterum.* PG 91, 133-137.
11. *Ex epistula Romae scripta.* PG 91, 137-140.
12. *Diffloratio ex epistula ad Petrum illustrem.* PG 91, 141-146.
13. *De duabus Christi naturis.* PG 91, 145-149.
14. *Variae definitiones.* PG 91, 149-153.
15. *Spiritalis tomus ac dogmaticus.* PG 91, 153-184.
16. *De duabus unius Christi nostri voluntatibus.* PG 91, 184-212.
17. *Distinctionum quibus res dirimuntur definitiones.* PG 91, 212.
18. *Unionum definitiones.* PG 91, 213-216.
19. *Theodori Byzantini diaconi quaestiones cum Maximi solutionibus.* PG 91, 216-228.
20. *Tomus dogmaticus ad Marinum presbyterum.* PG 91, 228-245.
21. *De qualitate, proprietate et differentia seu distinctione ad Theodorum presbyterum in Mazario.* PG 91, 245-257.
22. *Fragmenta duo.* PG 91, 257-260.

23. *Capita de substantia seu essentia et natura, deque hypostasi et persona.* PG 91, 260-268.

24. *Fieri non posse ut dicatur una in Christo voluntas.* PG 91, 268-269.

25. *Capita X de duplici voluntate Domini.* PG 91, 269-273.

26. *Ex quaestionibus a Theodoro monacho illi propositis.* PG 91, 276AB, 280AB.

Traduction des Opuscules 3, 4, 6, 7, 16, 20, 24 par M.-H. Congourdeau dans MAXIME LE CONFESSEUR, *L'Agonie du Christ*, Paris, 1996.

Traduction intégrale par E. Ponsoye dans SAINT MAXIME LE CONFESSEUR, *Opuscules théologiques et polémiques*, Paris, 1998.

Vita Virg.	*Vita Virginis.* Texte géorgien édité par M. J. Van Esbroeck dans MAXIME LE CONFESSEUR, *Vie de la Vierge*, «Corpus Scriptorum Christianorum Orientalium» n° 478, Scriptores Iberici, t. XXI, Louvain, 1986. Traduction : *ibid.*, n° 479, t. XXII, Louvain, 1986.

b. Sources biographiques.

Acta Sanct.	*Acta sanctorum*, t. XXXVII, Augusti, 3, Paris-Rome, 1867, p. 118-132.
Ep. Cal.	*Epistula Anastasii discipuli ad monachos Calaritanos.* Texte édité par F. Combefis, PG 90, 133-136 = PL 129, 623-626 (traduction d'Anastase le Bibliothécaire). Traduction par J.-M. Garrigues dans J.-M. GARRIGUES, «Le Martyre de saint Maxime le Confesseur», *Revue thomiste*, 76, 1976, p. 425-427.
Ep. Theod.	*Epistula Anastasii apocrisarii ad Theodosium Gangrensem.* Texte édité par R. Devreesse dans R. DEVREESSE, «La lettre d'Anastase l'Apocrisiaire sur la mort de saint Maxime le Confesseur et ses compagnons d'exil», *Analecta Bollandiana*, 73, 1955, p. 5-16. Traduction par J.-M. Garrigues dans J.-M. GARRIGUES, «Le Martyre de saint Maxime le Confesseur», *Revue thomiste*, 76, 1976, p. 447-449.
Epit.	*Epitome.* Texte dans S. L. EPIFANOVIC, *Materialy k izuceniju zizni i tvorenij prep. Maksima Ispovednika* [Maté-

riaux pour l'étude de la vie et des œuvres de saint Maxime le Confesseur], Kiev, 1917, p. 21-22.

Gesta   *Gesta in primo exsilio seu dialogus Maximi cum Theodosio ep. Caesareae in Bithynia.* Texte édité par F. Combefis, PG 90, 136-172.

Hypomn.   *Theodori Spudaei Hypomnesticon.* Texte dans R. DE-VREESSE, «Le Texte grec de l'"Hypomnesticum" de Théodore Spoudée. Le supplice, l'exil et la mort des victimes illustres du monothélisme», *Analecta Bollandiana*, 53, 1935, p. 49-80.
Traduction par J.-M. Garrigues dans J.-M. GARRIGUES, «Le Martyre de saint Maxime le Confesseur», *Revue thomiste*, 76, 1976, p. 450-452.

Mansi   J. D. MANSI, *Sacrorum conciliorum nova et amplissima collectio*, Florence, 1764.

S. Max. vita   *Sancti Maximi vita ac certamen.* Texte édité par F. Combefis, PG 90, 68-109. Complément dans R. DEVREESSE, «La Vie de saint Maxime le Confesseur et ses recensions», *Analecta Bollandiana*, 46, 1928, p. 18-23.

Vita   *Vita.* Texte dans S. L. EPIFANOVIC, *Materialy k izuceniju zizni i tvorenij prep. Maksima Ispovednika* [Matériaux pour l'étude de la vie et des œuvres de saint Maxime le Confesseur], Kiev, 1917, p. 23-25.

Vita Pas.   *Vita et passio Maximi.* Texte édité par S. L. EPIFANOVIC, *op. cit.*, p. 1-10.

2. Auteurs anciens.

AMBROISE DE MILAN
De Spir. Sancto   *De Spiritu Sancto.* PL 16, 731-850.
De Trin.   *De Trinitate.* PL 17, 537-576.
In Luc.   *Sur saint Luc.* Éd. G. Tissot, SC 45 et 52, Paris, 1971 et 1976.

ANASTASE LE BIBLIOTHÉCAIRE
Ad Io. diac.   *Ad Ioannem diaconum.* PL 129, 557-562.

ATHANASE D'ALEXANDRIE

Ad Serap.	*Epistulae ad Serapionem.* PG 26, 529-676.
Contr. Ar.	*Orationes contra Arianos.* PG 26, 12-468.

ATHANASE (PSEUDO-)
Contr. Apoll.	*De incarnatione contra Apollinarium.* PG 26, 1093-1165.

AUGUSTIN D'HIPPONE
Ad Simpl.	*De diversis quaestionibus ad Simplicianum.* PL 40, 101-148.
Contr. duas ep. pelag.	*Contra duas epistolas pelagianorum.* PL 44, 549-638.
Contr. Jul.	*Contra Julianum.* PL 44, 641-874.
Contr. Max.	*Contra Maximinum,* PL 42, 743-814.
De lib. arb.	*De libero arbitrio.* PL 32, 1221-1310.
De nat. et grat.	*De natura et gratia.* PL 44, 247-290.
De nupt. et conc.	*De nuptiis et concupiscentia.* PL 44, 413-474.
De pecc. mer. et remiss.	*De peccatorum meritis et remissione.* PL 44, 109-186.
De pecc. origin.	*De peccato originali.* PL 44, 359-410.
De perfect. iust.	*De perfectione justitiae hominis.* PL 44, 291-318.
De spir. et litt.	*De spiritu et littera.* PL 44, 201-246.
De Trin.	*De Trinitate.* PL 42, 819-1098.
Ep.	*Epistulae.* PL 33, 61-1994.
Tract. in Io.	*Tractatus in euaangelium Ioannis.* PL 35, 1379-1976.
Serm.	*Sermones.* PL 38-39, 23-1638.

BASILE DE CÉSARÉE
Adv. Eunom.	*Adversus Eunomium.* Éd. B. Sesboüé et G.-M. de Durand, SC 299, 305, Paris, 1982, 1983.
De Spir. Sancto	*De Spiritu Sancto.* Éd. B. Pruche, SC 17 bis, Paris, 1968.
Ep.	*Epistulae.* Éd. Y. Courtonne, «Collection des universités de France», Paris, 1957 (t. I), 1961 (t. II), 1966 (t. III).

BASILE/DIDYME
Adv. Eunom.	*Adversus Eunomium, IV-V.* PG 29, 672-773.

CYRILLE D'ALEXANDRIE
Ador.	*De adoratione in spiritu et veritate.* PG 68, 133-1125.

Apol. contra Theod.	*Apologeticus contra Theodoretum.* PG 76, 391-452.
Chr. un.	*Quod unus sit Christus.* Éd. G.-M. de Durand, SC 97, Paris, 1964.
Contr. Nest.	*Contra Nestorium.* PG 76, 9-248 ; ACO, t. I, 1, 6, p. 13-106.
De Trin.	*De Trinitate.* Éd. G.-M. de Durand, SC 231, 236, 246, Paris, 1976, 1977, 1978.
Ep.	*Epistulae.* PG 77, 9-390 et ACO, t. I, 1-8.
Inc. unig.	*De incarnatione unigeniti dialogus.* Éd. G.-M. de Durand, SC 97, Paris, 1964.
In Io.	*Commentarius in Ioannem.* PG 73, 9-1056, et 74, 105-756.
Thes.	*Thesaurus de Trinitate.* PG 75, 9-656.

CYRILLE D'ALEXANDRIE (PSEUDO-)

De Trin.	*De Trinitate.* PG 77, 1120-1173.

CYRILLE DE JÉRUSALEM

Cat.	*Catecheses.* PG 33, 369-1060.

DENYS L'ARÉOPAGITE (PSEUDO-)

Cael. hier.	*De caelesti hierarchia.* Éd. G. Heil, SC 58 bis, Paris, 1970.
De div. nom.	*De divinis nominibus.* PG 3, 585-984.
De myst. theol.	*De mystica theologia.* PG 3, 997-1048.
Eccl. hier.	*De ecclesiastica hierarchia.* PG 3, 396-569.
Ep.	*Epistulae.* PG 3, 1065-1120.

DIADOQUE DE PHOTICÉ

Cap. cent.	*Capita centum de perfectione spirituali.* Éd. E. Des Places, SC 5 ter, Paris, 1966.

DIODORE DE TARSE

Fragm. in Gen.	*Fragmenta in Genesim.* PG 33, 1561-1580.
Fragm. in Rom.	*Fragmenta in Rom.* Éd. I. A. Cramer, *Catenae Graecorum Patrum in N. T.*, IV, Oxon, 1844.

DOROTHÉE DE GAZA

Doctr.	*Doctrinae diversae.* Éd. L. Régnault et J. de Préville, SC 92, Paris, 1963.

GEORGES MÉTOCHITÈS

De proc. Spir. Sancti	*De processione Spiritus Sancti.* PG 141, 1405-1420.

GRÉGOIRE DE NAZIANZE

Ep. theol.	*Epistulae theologicae.* Éd. P. Gallay et M. Jourjon, SC 208, Paris, 1974.
Or.	*Orationes.*
	XX. Éd. J. Mossay, SC 270, Paris, 1980, p. 56-84.
	XXII. Éd. J. Mossay, SC 270, Paris, 1980, p. 218-258.
	XXIX. Éd. P. Gallay, SC 250, Paris, 1978, p. 176-225.
	XXX. Éd. P. Gallay, SC 250, Paris, 1978, p. 226-275.
	XXXI. Éd. P. Gallay, SC 250, Paris, 1978, p. 276-343.
	XXXIX. Éd. C. Moreschini, SC 358, Paris, 1990, p. 150-197.
	XL. Éd. C. Moreschini, SC 358, Paris, 1990, p. 198-311.

GRÉGOIRE DE NYSSE

Contr. Eunom.	*Contra Eunomium.* Éd. W. Jaeger, *Gregorii Nysseni opera* (= GNO), Leyde, 1960, 2 vol.
De hom. op.	*De hominis opificio.* PG 44, 128-256.
Ep.	*Epistulae.* Éd. P. Maraval, SC 363, Paris, 1990.
Ex comm. not.	*Ex communibus notionibus.* Éd. F. Mueller, GNO, t. III, 1, Leyde, 1958, p. 19-33.
In bapt. Christ.	*In baptismum Christi.* PG 46, 577-600.
Or. cat.	*Oratio catechetica.* Éd. L. Méridier, «Textes et documents», Paris, 1908.
Tres dei.	*Ad Ablabium, Quod non sint tres dei.* Éd. F. Mueller, GNO, t. III, 1, Leyde, 1958, p. 37-57.

GRÉGOIRE LE GRAND

Dialogi	*Dialogi de vita et miraculis patrum Italicorum.* Éd. A. de Vogüé et P. Antin, SC 251, 260, 265, Paris, 1978, 1979, 1980.
In evang. hom.	*Homiliae XL in Evangelia,* PL 76, 1075-1312.
Moral.	*Moralia in Job.* PL 75, 515-76, 782.

HILAIRE DE POITIERS

De Trin.	*De Trinitate.* PL 10, 25-472. Traduction française de Mgr A. Martin, *La Trinité*, Paris, 1981, 3 vol.

IGNACE D'ANTIOCHE
Ad Rom.   Epistula ad Romanos. Éd. P.-T. Camelot, SC 10, Paris, 1969, p. 106-118.

IRÉNÉE DE LYON
Adv. haer.   Adversus haereses. Livre III, Éd. A. Rousseau et L. Doutreleau, SC 211, Paris, 1974 ; livre IV, Éd. sous la direction de A. Rousseau, SC 100, Paris, 1965 ; livre V, Éd. A. Rousseau, L. Doutreleau et C. Mercier, SC 153, Paris, 1969.
Dem.   Demonstratio apostolicae praedicationis. Éd. A. Rousseau, SC 406, Paris, 1995.

JEAN XI BEKKOS
De depos.   De depositione. PG 141, 949-1009.
De pace   De pace. PG 141, 925-941.

JEAN CASSIEN
De inst. coenob.   De institutis coenobiorum. Éd. J.-C. Guy, SC 109, Paris, 1965.

JEAN CHRYSOSTOME
Hom. in Rom.   Homiliae in epistolam ad Romanos. PG 60, 391-682.
Hom. in Mt.   Homiliae in Matthæum. PG 57-58.

JEAN DAMASCÈNE
De fide orth.   De fide orthodoxa. Éd. B. Kotter, «Patristische Texte und Studien» (= PTS) n° 12, Berlin, 1973.

JÉRÔME
Dial. adv. Pelag.   Dialogus adversus Pelagianos. PL 23, 517-618.

JUSTINIEN
Novel.   Novellae. Éd. R. Schöll et G. Kroll, Berlin, 1912.

LÉON LE GRAND
Serm.   Sermones 38 (LI)-64 (LVII). Éd. R. Dollé, SC 74, Paris, 1961.

MACAIRE L'ÉGYPTIEN
Hom. (Coll. II)   Homiliae spirituales (Collectio II). Éd. H. Dörries, E. Klostermann et M. Kroeger, *Die 50 geistlichen Homilien des Makarios*, «Patristische Texte und Studien» n° 4, Berlin, 1964. Supplément à la Collection II (Hom. 51-57). Éd. G. L. Mariott,

Makarii Anecdota. Seven Unpublished Homilies of Macarius, Cambridge, 1919.

Hom. (Coll. III)   *Homiliae* (Collectio III). Éd. V. Desprez, SC 275, Paris, 1980.

MARC D'ÉPHÈSE

Cap. syll.   *Capita syllogistica.* Éd. L. Petit, PO 17, Paris, 1923.

Conf. fid.   *Confessio fidei.* Éd. L. Petit, PO 17, Paris, 1923.

MARC L'ERMITE

De bapt.   *De baptismo.* PG 65, 985-1028.

NIL CABASILAS

De proc. Spir.   *De processione Spiritus Sancti.* Éd. P. Kislas
Sanct   (en préparation).

ORIGÈNE

In Mt.   *Commentarium in Mt. libri.* Éd. E. Klostermann et E. Benz, GCS X, Berlin, 1935.

PHOTIUS

Epit.   *Epitomè.* PG 102, 92-400.

SOPHRONE DE JÉRUSALEM

Ep. syn.   *Epistula synodica.* PG 87, 3148-3200.
Or.   *Orationes.* PG 87, 3201-3364.

THÉODORE DE MOPSUESTE

De Incarn.   *De Incarnatione.* Éd. Swete, *Theodori episcopi Mopsuestini in epistolas B. Pauli Commentarii*, t. II, Cambridge, 1882.

In Eph.   *Commentarii in Eph.* Éd. H. B. Swete, *Theodori episcopi Mopsuesteni in epistolas beati Pauli commentarii*, t. I, Cambridge, 1880.

In Rom.   *Fragmenta in epistula ad Romanos.* PG 66, 787-876.

THÉODORET DE CYR

Ep   *Epistulae.* PG 83, 1173-1412.
In Rom.   *Interpretatio epistolae ad Romanos.* PG 82, 44-225.

VINCENT DE LÉRINS

Comm.   *Commonitorium.* PG 50, 637-686.

3. Textes symboliques.

ACO	*Acta Conciliorum Oecumenicorum.* I-III (Éphèse-Chalcédoine), éd. E. Schwartz, J. Straub, Berlin, 1927-1982 ; IV (Constantinople II), éd. J. Straub, Berlin, 1970-1974. Seria secunda, I (Latran) et II, 1-2 (Latran et Constantinople III), éd. R. Riedinger, Berlin, 1990-1992.
Conc. œcum.	J. ALBERIGO *et al.* (éd.), *Les Conciles œcuméniques*, t. II, *Les Décrets*, Paris, 1994.
Const. apost.	*Les Constitutions apostoliques.* Éd. M. Metzger, SC 320, 329, 336, Paris, 1987.
Denzinger	H. DENZINGER, Symboles et définitions de la foi catholique *(Enchiridion symbolorum)*, Paris, 1996.
Mansi	J. D. MANSI, *Sacrorum conciliorum nova et amplissima collectio*, Florence, 1759 s.

II. ÉTUDES

1. Maxime le Confesseur.

ALLEN (P.), «The New Lives of Maximus the Confessor», communication au colloque «St. Maximus the Confessor : Current Research», Oxford, 27-28 février 1997.

ASENSIO (F.), «¿Tradicion sobre un pecado sexual en el paraiso?», *Gregorianum*, 31, 1950, p. 375-383.

BALTHASAR (H. U. VON), *Kosmische Liturgie. Das Weltbild Maximus' des Bekenners*, zweite, völlig veränderte Auflage, Einsiedeln, 1961.

BERTHOLD (G. C.), «The Cappadocian Roots of Maximus the Confessor», dans F. HEINZER et C. VON SCHÖNBORN (éd.), *Maximus Confessor, Actes du Symposium sur Maxime le Confesseur*, Fribourg, Suisse, 1982, p. 51-59.

—, «Did Maximus the Confessor Know Augustine ?», *Studia Patristica*, XVII/1, 1982, p. 14-17.

—, «Maximus the Confessor and the *Filioque*», *Studia Patristica*, XVIII/1, 1985, p. 113-117.

BOOJAMRA (J.), «Original Sin According to St. Maximus the Confessor», *St. Vladimir's Theological Quarterly*, 20, 1976, p. 19-30.

BRÉHIER (L.), *Grégoire le Grand, les États barbares et la conquête arabe (590-757)*, dans A. FLICHE et V. MARTIN (éd.), *Histoire de l'Église*, t. V, Paris, 1947.

BROCK (S.), «An Early Syriac Life of Maximus the Confessor», *Analecta Bollandiana*, 91, 1973, p. 299-346.

CROCE (V.), *Tradizione e ricerca. Il metodo teologico di san Massimo il Confessore*, «Studia Patristica Mediolanensia» n° 2, Milan, 1974.

DALMAIS (I.-H.), «Le Vocabulaire des activités intellectuelles, volontaires et spirituelles dans l'anthropologie de saint Maxime le Confesseur», dans *Mélanges offerts au P. M.-D. Chenu*, Paris, 1967, p. 189-202.

DEVREESSE (R.), «La Vie de saint Maxime le Confesseur et ses recensions», *Analecta Bollandiana*, 46, 1928, p. 5-49.

—, «Le Texte grec de l'"Hypomnesticum" de Théodore Spoudée. Le supplice, l'exil et la mort des victimes illustres du monothélisme», *Analecta Bollandiana*, 53, 1935, p. 49-80.

—, «La lettre d'Anastase l'Apocrisiaire sur la mort de saint Maxime», *Analecta Bollandiana*, 73, 1955, p. 5-16.

DIEHL (C.), *L'Afrique byzantine, Histoire de la domination byzantine en Afrique*, t. II, Paris, 1896.

DOUCET (M.), «Dispute de Maxime le Confesseur avec Pyrrhus», Introduction, texte critique, traduction et notes, thèse ronéotypée, Montréal, 1972.

DUCHESNE (L.), *L'Église au VIᵉ siècle*, Paris, 1926.

GARRIGUES (J.-M.), *Maxime le Confesseur. La charité, avenir divin de l'homme*, Paris, 1976.

—, «Le Martyre de saint Maxime le Confesseur», *Revue thomiste*, 76, 1976, p. 410-452.

—, «Le Sens de la primauté romaine chez saint Maxime le Confesseur», *Istina*, 21, 1976, p. 6-24.

GATTI (M.-L.), *Massimo il Confessore. Saggio di bibliografia generale ragionata e contributi per una ricostruzione scientifica del suo pensiero metafisico e religioso*, Milan, 1987.

GEANAKOPLOS (D.-J.), «Some Aspects of the Influence of the Byzantine Maximos the Confessor on the Theology of East and West», *Church History*, 38, 1969, p. 150-163.

GRUMEL (V.), «Notes d'histoire et de chronologie sur la vie de saint Maxime le Confesseur», *Échos d'Orient*, 26, 1927, p. 24-32.

—, «Maxime de Chrysopolis ou Maxime le Confesseur», *Dictionnaire de théologie catholique*, t. X, 1928, col. 448-459.

—, «Recherches sur l'histoire du monothélisme», *Échos d'Orient*, 27, 1928, p. 6-16, 257-277 ; 28, 1929, p. 19-34, 272-282 ; 29, 1930, p. 16-28.

HEFÉLÉ (C.-J.) et LECLERCQ (H.), *Histoire des conciles*, Paris, 1907-1931, 9 vol.

HEINZER (F.), «L'Explication trinitaire de l'Économie chez Maxime le Confesseur», dans F. HEINZER et C. VON SCHÖNBORN (éd.), *Maximus Confessor, Actes du Symposium sur Maxime le Confesseur*, Fribourg, Suisse, 1982, p. 159-172.

HEINZER (F.) et VON SCHÖNBORN (C.) (éd.), *Maximus Confessor, Actes du Symposium sur Maxime le Confesseur, Fribourg, 2-5 septembre 1980*, «Paradosis» n° 27, Fribourg, Suisse, 1982.

JUGIE (M.), *Theologia dogmatica christianorum orientalium ab Ecclesia catholica dissidentium*, t. II, *Theologiae dogmaticae graeco-russorum expositio*, Paris, 1933.

KARAYIANNIS (V.), *Maxime le Confesseur, Essence et énergies de Dieu*, Paris, 1993.

KEKILIDZE (C.), «Remarques sur les sources géorgiennes de la vie de saint Maxime le Confesseur», *Trudy de l'académie de Kiev*, 1913, p. 1-41, 451-482 (en russe). Recension par P. PEETERS dans *Analecta Bollandiana*, 32, 1913, p. 456-459.

LACKNER (W.), «Zu Quellen und Datierung der Maksimovitsa (BHG[3] 1234)», *Analecta Bollandiana*, 85, 1967, p. 285-316.

—, «Der Amtstitel Maximos des Bekenners», *Jahrbuch der österreichen Byzantinistik*, 20, 1971, p. 63-65.

LARCHET (J.-Cl.), «Le Baptême selon saint Maxime le Confesseur», *Revue des sciences religieuses*, 65, 1991, p. 51-70.

—, Introduction à SAINT MAXIME LE CONFESSEUR, *Questions à Thalassios*, traduction et notes par E. Ponsoye, Paris-Suresnes, 1992, p. 7-44.

—, Introduction à SAINT MAXIME LE CONFESSEUR, *Ambigua*, traduction et notes par E. Ponsoye, commentaires par le P. D. Staniloae, Paris-Suresnes, 1994, p. 9-84.

—, *La Divinisation de l'homme selon saint Maxime le Confesseur*, Paris, 1996.

—, Introduction à SAINT MAXIME LE CONFESSEUR, *Lettres*, traduction et notes par E. Ponsoye, Paris, 1998.

—, Introduction à SAINT MAXIME LE CONFESSEUR, *Opuscules théologiques et polémiques*, traduction et notes par E. Ponsoye, Paris, 1998.

—, «Ancestral Sin According to St Maximus the Confessor : a Bridge between the Eastern and Western Conceptions», *Sobornost/ECR*, 1998/1.

LOUTH (A.), «St. Maximus the Confessor between East and West», *Studia Patristica*, XXXIII, 1997, p. 332-345.

MONTMASSON (E.), «La Chronologie de la vie de saint Maxime le Confesseur», *Échos d'Orient*, 13, 1910, p. 149-154.

MURPHY (F.-X.) et SHERWOOD (P.), *Constantinople II et III*, dans G. DUMEIGE (éd.), *Histoire des conciles œcuméniques*, t. III, Paris, 1973.

PEETERS (P.), «Une vie grecque du pape saint Martin Ier», *Analecta Bollandiana*, 51, 1933, p. 225-262.

PEITZ (M. W.), «Martin I und Maximus Confessor», *Historisches Jahrbuch der Görresgesellschaft*, 38, 1917, p. 213-236, 429-458.

PELIKAN (J.), «Council or Fathers or Scripture : The Concept of Authority in the Theology of Maximus the Confessor», dans *The Heritage of the Early Church*, «Orientalia Christiana Analecta» n° 195, Rome, 1973.

—, «The Place of Maximus Confessor in the History of Christian Thought», dans F. HEINZER et C. VON SCHÖNBORN (éd.), *Maximus Confessor, Actes du Symposium sur Maxime le Confesseur*, Fribourg, Suisse, 1982, p. 387-402.

—, *La Tradition chrétienne*, t. II, *L'Esprit du christianisme oriental, 600-1700*, Paris, 1994.

PIERRES (J.), «Sanctus Maximus Confessor, princeps apologetarum synodi lateranensis anni 649 (Pars historica)», Dissertation, Rome, Gregoriana, 1940.

PIRET (P.), «Christologie et théologie trinitaire chez Maxime le Confesseur, d'après sa formule des natures "desquelles, en lesquelles et lesquelles est le Christ"», dans F. HEINZER et C. VON SCHÖNBORN (éd.), *Maximus Confessor, Actes du Symposium sur Maxime le Confesseur*, Fribourg, Suisse, 1982, p. 215-222.

—, *Le Christ et la Trinité selon Maxime le Confesseur*, Paris, 1983.

RIEDINGER (R.), «Aus den Akten der Lateran-Synode von 649», *Byzantinische Zeitschrift*, 69, 1976, p. 17-38.

—, «Grammatiker-Gelehrsamkeit in den Akten der Lateran-Synode von 649», *Jahrbuch der österreichischen Byzantinistik*, 25, 1976, p. 57-61.

—, «Griechische Konzilakten auf dem Wege ins lateinische Mittelalter», *Annuarium historiae conciliorum*, 9, 1977, p. 253-301.

—, «Die Lateransynode von 649 und Maximus der Bekenner», dans F. HEINZER et C. VON SCHÖNBORN (éd.), *Maximus Confessor, Actes du Symposium sur Maxime le Confesseur*, Fribourg, Suisse, 1982, p. 111-121.

RIOU (A.), *Le Monde et l'Église selon Maxime le Confesseur*, Paris, 1973.

SCHÖNBORN (C. VON), «Plaisir et douleur dans l'analyse de saint Maxime d'après les *Quaestiones ad Thalassium*», dans F. HEINZER et C. VON SCHÖNBORN (éd.), *Maximus Confessor, Actes du Symposium sur Maxime le Confesseur*, Fribourg, Suisse, 1982, p. 273-284.

—, voir HEINZER (F.) - VON SCHÖNBORN (C.).

SFAMENI GASPARO (G.), «Aspetti di "doppia creazione" nell'antropologia di Massimo il Confessore», *Studia Patristica*, XVIII/1, 1985, p. 127-134.

SHERWOOD (P.), «Notes on Maximus the Confessor», *The American Benedictine Review*, 1, 1950, p. 347-356.

—, *An Annotated Date-List of the Works of Maximus the Confessor*, «Studia Anselmiana» n° 30, Rome, 1952.

—, *The Earlier Ambigua of St. Maximus the Confessor and his Refutation of Origenism*, «Studia Anselmiana» n° 36, Rome, 1955.

—, *St. Maximus the Confessor, The Ascetic Life. The Four Centuries on Charity*, Introduction, traduction et notes, «Ancient Christian Writers» n° 21, Londres, 1955.

—, «Maximus and Origenism. ΑΡΧΗ ΚΑΙ ΤΕΛΟΣ», *Berichte zum XI internationalen Byzantinisten-Kongress München 1958*, III, 1, Munich, 1958.

—, «Constantinople III», dans G. DUMEIGE (éd.), *Histoire des conciles œcuméniques*, t. III, Paris, 1973, p. 131-272.

SOTIROPOULOS (H.), «Ἡδονὴ - ὀδύνη κατὰ τὸν ἅγιον Μαξιμον τὸν Ὁμολογητήν», *Ἐκκλησία*, 1973, p. 531-532, 577-578.

THUNBERG (L), *Microcosm and Mediator, The Theological Anthropology of Maximus the Confessor*, Lund, 1965 ; 2ᵉ éd., Chicago-La Salle, 1995.

TSIRPANLIS (C. N.), «Acta sancti Maximi», *Θεολογία*, 43, 1972, p. 106-115.

VÖLKER (W), *Maximus Confessor als Meister des geistlichen Lebens*, Wiesbaden, 1965.

2. Maxime et la tradition patristique.

ALTANER (B.), «Augustinus in der griechischen Kirche bis auf Photius», *Texte und Untersuchungen*, 83, 1967, p. 57-98, repris dans *Kleine patristische Schriften*, Berlin, 1967, p. 57-98.

BECK (H.-G.), *Kirche und theologische Literatur in byzantinischen Reich*, Munich, 1959.

BERTHOLD (G. C.), «Cyril of Alexandria and the *Filioque*», *Studia Patristica*, XIX, Louvain, 1989, p. 143-147.

BOLOTOV (B.), «Thèses sur le *Filioque*», trad. française, *Istina*, 1972/3-4, p. 261-289.

CAMELOT (Th.), «La Tradition latine sur la procession du Saint-Esprit *a Filio* ou *ab utroque*», *Russie et chrétienté*, 3-4, 1950, p. 179-192.

—, «Saint Cyprien et la primauté», *Istina*, 4, 1957, p. 421-434.

CASPARI (P.), «Alte und neue Quellen zur Geschichter des Tauf symbols und der Glaubensregel», *Christiana*, 1879.

Clarification du conseil pontifical pour la promotion de l'unité des chrétiens intitulée «Les Traditions grecque et latine concernant la procession du Saint-Esprit», texte français dans *La Documentation catholique*, 2125, 1995, p. 941-945.

CLÉMENT (O.), *L'Église orthodoxe*, Paris, 1991.

—, *Rome autrement*, Paris, 1997.

CONTE (P.), *Chiesa e primato nelle lettere di papi del secolo VII*, Milan, 1971.

DESEILLE (P.), «Saint Augustin et le *Filioque*», *Messager de l'exarchat du Patriarche russe en Europe occidentale*, 109-112, 1982, p. 59-72.

DURAND (G. M. DE), Introduction à CYRILLE D'ALEXANDRIE, *Dialogues sur la Trinité*, t. 1, SC 231, p. 17-86.

DVORNIK (F.), *Byzance et la primauté romaine*, Paris, 1964.

FLOROVSKY (G.), «Le Corps du Christ vivant», *Cahiers théologiques de l'actualité protestante*, HS 4, 1948, p. 9-57.

GARRIGUES (J.-M.), «Le Sens de la procession du Saint-Esprit dans la tradition latine du premier millénaire», *Contacts*, 23, 1971, p. 283-309.

—, «Procession et ekporèse du Saint-Esprit», *Istina*, 17, 1972, p. 345-366.

—, «Point de vue catholique sur la situation actuelle du problème du *Filioque*», dans L. VISHER (éd.), *La Théologie du Saint-Esprit dans le dialogue entre l'Orient et l'Occident* (Document foi et constitution n° 103), Paris, 1981, p. 165-178.

—, «Le Sens de la primauté romaine chez saint Maxime le Confesseur», *Istina*, 21, 1976, p. 6-24.

— *L'Esprit qui dit "Père !" et le problème du «Filioque»*, Paris, 1981.

—, «À la suite de la clarification romaine : le *Filioque* affranchi du "filioquisme"», *Irenikon*, 59, 1996, p. 189-212.

GAUDEL (A.), «Péché originel», *Dictionnaire de théologie catholique*, t. XII, Paris, 1933, col. 275-606.

GILL (J.), *The Council of Florence*, Cambridge, 1959.

GLEZ (G.), «Primauté du pape», *Dictionnaire de théologie catholique*, t. XIII, Paris, 1936, col. 247-344.

GRILLMEIER (A.), *Le Christ dans la tradition chrétienne*, t. II/2, *L'Église de Constantinople au VIᵉ siècle*, Paris, 1993.

GRUMEL (V.), *Les Regestes des Actes du patriarcat de Constantinople*, t. I, 1, Kadikoy-Istanbul, 1932.

HALLEUX (A. DE), «Palamisme et scolastique. Exclusivisme dogmatique ou pluriformité théologique ?», *Revue théologique de Louvain*, 4, 1973, p. 409-442, repris dans A. DE HALLEUX, *Patrologie et œcuménisme*, Louvain, 1990, p. 782-815.

—, «Palamisme et tradition», *Irénikon*, 48, 1975, p. 479-493, repris dans A. DE HALLEUX, *Patrologie et œcuménisme*, Louvain, 1990, p. 816-830.

—, «Du personnalisme en pneumatologie», *Revue théologique de Louvain*, VI, 1975, p. 3-30, repris dans A. DE HALLEUX, *Patrologie et œcuménisme*, Louvain, 1990, p. 396-423.

—, «Cyrille, Théodoret et le *Filioque*», *Revue d'histoire ecclésiastique*, 74, 1979, p. 597-625.

—, «"Manifesté par le Fils". Aux origines d'une formule pneumatologique», *Revue théologique de Louvain*, 20, 1989, p. 3-31, repris dans A. DE HALLEUX, *Patrologie et œcuménisme*, Louvain, 1990, p. 338-366.

—, «La Collégialité dans l'Église ancienne», *Revue théologique de Louvain*, 24, 1993, p. 433-454.

HARNACK (A.), *Lehrbuch der Dogmengeschichte*, Tübingen, 1909-1910, 4e éd., 3 vol.

HENDRICKS (E.), Introduction à *Œuvres de saint Augustin*, XV, *La Trinité*, Paris, 1955.

«Instruction pastorale de l'épiscopat catholique en Grèce», *Les Quatre Fleuves*, 9, 1979, p. 75-78.

LARCHET (J.-Cl.), «Nature et fonction de la théologie négative selon Denys l'Aréopagite», *Le Messager orthodoxe*, 116, 1991, p. 3-34.

—, Introduction à GRÉGOIRE PALAMAS, *Traités apodictiques*, Paris-Suresnes, 1995.

—, *Thérapeutique des maladies sprituelles*, Paris, 1997, 3e éd.

LHUILLIER (P.), «Problèmes primatiaux au temps du concile de Chalcédoine», *Messager de l'exarchat du Patriarche russe en Europe occidentale*, 77, 1972, p. 35-62.

—, «La Législation du concile de Sardique sur le droit d'appel dans la tradition byzantine», *Messager de l'exarchat du Patriarche russe en Europe occidentale*, 80, 1972, p. 201-230.

—, «Le Décret du concile de Chalcédoine sur les prérogatives du siège de la très sainte Église de Constantinople», *Messager de l'exarchat du Patriarche russe en Europe occidentale*, 101-104, 1979, p. 33-69.

LOSSKY (V.), *Essai sur la théologie mystique de l'Église d'Orient*, Paris, 1944.

—, «La Procession du Saint-Esprit dans la doctrine trinitaire orthodoxe», dans *À l'image et à la ressemblance de Dieu*, Paris, 1967, p. 67-93.

—, «Du troisième attribut de l'Église», dans *À l'image et à la ressemblance de Dieu*, Paris, 1967, p. 167-179.

—, «La Conscience catholique», dans *À l'image et à la ressemblance de Dieu*, Paris, 1967, p. 181-192.

MARAVAL (P.), *Le Christianisme de Constantin à la conquête arabe*, Paris, 1997.

MARGERIE (B. DE), «Vers une relecture du concile de Florence grâce à la reconsidération de l'Écriture et des Pères grecs et latins», *Revue thomiste*, 86, 1986, p. 31-81.

MERLIN (N.), *Saint Augustin et les dogmes du péché originel et de la grâce*, Paris, 1931.

MEYENDORFF (J.), «La Procession du Saint-Esprit chez les Pères orientaux», *Russie et chrétienté*, 2, 1950, p. 158-178.

—, «La Primauté romaine dans la tradition canonique jusqu'au concile de Chalcédoine», *Istina*, 4, 1957, p. 463-482.

—, *Initiation à la théologie byzantine*, Paris, 1975.

—, *Unité de l'empire et division des chrétiens*, Paris, 1993.

MOTTE (L.), «Ambroise et Augustin», dans P. RANSON (éd.), *Saint Augustin*, Lausanne, 1988, p. 218-236.

ORPHANOS (M. A.), *The Procession of the Holy Spirit According to Certain Greek Fathers*, Athènes, 1979, partiellement traduit dans «La Procession du Saint-Esprit selon certains Pères grecs postérieurs au VIIIᵉ siècle», dans L. VISHER (éd.), *La Théologie du Saint-Esprit dans le dialogue entre l'Orient et l'Occident*, Paris, 1981, p. 29-53.

ORTIZ DE URBINA (J.), «Patres graeci de sede romana», *Orientalia Christiana Periodica*, 39, 1963, p. 95-154.

PALMIERI (A.), «Filioque», *Dictionnaire de théologie catholique*, t. V, Paris, 1913, col. 2209-2343.

—, «Esprit Saint», *Dictionnaire de théologie catholique*, t. V, Paris, 1913, col. 676-829.

PAPADAKIS (A.), *Crisis in Byzantium. The «Filioque» Controversy in the Patriarchate of Gregory II of Cyprus* (1283-1289), New York, 1983.

PRESTIGE (G. L.), *Dieu dans la pensée patristique*, Paris, 1955.

RANSON (P.), «Le Lourd Sommeil dogmatique de l'Occident», *Saint Augustin*, Lausanne, 1988, p. 22-34.

RODZIANKO (V.), «*Filioque* in Patristic Thought», *Studia Patristica*, 2, 1955, p. 295-308.

ROMANIDIS (J.), *Franks, Romans, Feudalism and Doctrine*, Brookline, 1981, partiellement traduit dans «Le *Filioque*», dans P. RANSON (éd.), *Saint Augustin*, Lausanne, 1988, p. 197-217.

SCHATZ (K.), *La Primauté du pape. Son histoire, des origines à nos jours*, Paris, 1992.

SCHÖNBORN (C. VON), *Sophrone de Jérusalem : vie monastique et confession dogmatique*, Paris, 1972.

—, «La Primauté romaine vue d'Orient pendant la querelle du monoénergisme et du monothélisme (VIIᵉ siècle)», *Istina*, 21, 1976, p. 476-490.

SCHULZE (B.), «Patriarch Gregorios II von Cypern über das *Filioque*», *Orientalia christiana periodica*, 51, 1985, p. 178-186.

STRAUBINGER (H.), «Die Lehre des Patriarchen Sophronius von Jerusalem über die Trinität, die Inkarnation und die Person Christi. Mit besonderer Berücksichtigung seiner Beziehungen zu Maximus Confessor in ihren Hauptpunkten zugleich verglichen mit den Sätzen des heiligen Thomas», *Der Katholik*, 87, 1907, p. 81-109, 175-189.

VRIES (W. DE), *Orient et Occident. Les structures ecclésiales vues dans l'histoire des sept premiers conciles œcuméniques*, Paris, 1974.

ZIZIOULAS (J.), *L'Eucharistie, l'évêque et l'Église durant les trois premiers siècles*, Paris, 1994.

ZOERNIKAV (A.), *Sur la procession du Saint-Esprit*, Saint-Pétersbourg, 1797.

Table des matières

Théologie et sciences religieuses
Cogitatio fidei

Collection dirigée par Claude Geffré

L'essor considérable des sciences religieuses provoque et stimule la théologie chrétienne. Cette collection veut poursuivre la tâche de *Cogitatio fidei*, c'est-à-dire être au service d'une intelligence critique de la foi, mais avec le souci d'une articulation plus franche avec les nouvelles méthodes des sciences religieuses qui sont en train de modifier l'étude du fait religieux.

103. R. MEHL
Vie intérieure et transcendance de Dieu

104. P.-M. BEAUDE
L'Accomplissement des Écritures

105. A. SHORTER
Théologie chrétienne africaine

106. S. BRETON
Unicité et monothéisme

107. M. AMIGUES
Le Chrétien devant le refus de la mort

108. Travaux du CERIT
dirigés par M. MICHEL
Pouvoir et vérité

109. F. MUSSNER
Traité sur les juifs

110. CL GEFFRÉ (éd.)
La Liberté religieuse dans le judaïsme, le christianisme et l'islam

111. J. DORÉ (éd.)
L'Ancien et le Nouveau

112. Y. CONGAR
Diversité et communion

113. M. MICHEL
La Théologie aux prises avec la culture

114. P. BEAUCHAMP
Le Récit, la Lettre et le Corps. Essais bibliques

115. P. EICHER
La Théologie comme science pratique

116.-117 E. JÜNGEL
Dieu mystère du monde, t. I et II

118. A.-M. DUBARLE
Le Péché originel : perspectives théologiques

119. Y. CONGAR
Martin Luther, sa foi, sa réforme

120. CL GEFFRÉ
Le Christianisme au risque de l'interprétation

121. CL GEFFRÉ (éd.)
Théologie et choc des cultures

122. B. FORTE
Jésus de Nazareth, Histoire de Dieu, Dieu de l'histoire

123. J. MOLTMANN
Trinité et royaume de Dieu. Contributions au traité de Dieu

124. J. LADRIÈRE
L'Articulation du sens I. Discours scientifique et parole de la foi

125. J. LADRIÈRE
L'Articulation du sens II. Les Langages de la foi

126. Travaux du CERIT
dirigés par M. MICHEL
La Théologie à l'épreuve de la vérité

127. Ch.-A. BERNARD
Théologie affective

128. W. KASPER
Le Dieu des chrétiens

129. J.-F. MALHERBE
Le Langage théologique à l'âge de la science. Lecture de Jean Ladrière

130. B. WELTE
Qu'est-ce que croire?

131. D. K. OCVIRK
La Foi et le Credo. Essai théologique sur l'appartenance chrétienne

132. D. BOURG
Transcendance et discours. Essai sur la nomination paradoxale de Dieu

133. J. GREISCH
L'Âge herméneutique de la raison

134. G. ALBERIGO et J.-P. JOSSUA (éd.)
La Réception de Vatican II

135. S. BRETON
Deux mystiques de l'excès : J.-J. Surin et Maître Eckhart

136. E. SCHÜSSLER-FIORENZA
En mémoire d'elle

137. G. GUTIÉRREZ
La Force historique des pauvres

138. Travaux du CERIT
dirigés par D. BOURG
L'Être et Dieu

139. Gh. LAFONT
Dieu, le temps et l'être

140. J. SOBRINO
Jésus en Amérique latine

141. A. BIRMELÉ
Le Salut en Jésus-Christ

142. H. BOURGEOIS, P. GIBERT, M. JOURJON
L'Expérience chrétienne du temps

143. J.-M. R. TILLARD
Église d'Églises

144. L.-M. CHAUVET
Symbole et sacrement

145. Y. LABBÉ
Essai sur le monothéisme trinitaire

146. J. MOLTMANN
Dieu dans la création

147. P. GAUTHIER
Newman et Blondel

148. J. L. SEGUNDO
Jésus devant la consience moderne

149. H. LEGRAND (éd.)
Les Conférences épiscopales

150. M. MESLIN
L'Expérience humaine du divin

151. J. L. SEGUNDO
Le Christianisme de Paul

152. J. CAILLOT
L'Évangile de la communication

153. M. LIENHARD
L'Évangile et l'Église chez Luther

154. A. GRILLMEIER
Le Christ dans la tradition chrétienne, t. II / 1

155. X. TILLIETTE
Le Christ de la philosophie

156. A. FOSSION
La Catéchèse dans le champ de la communication

157. CL BOFF
Théorie et pratique

158. W. KASPER
La Théologie et l'Église

159. H. WALDENFELS
Manuel de théologie fondamentale

160. B. SESBOÜÉ
Pour une théologie œcuménique

161. J. JOUBERT
Le Corps sauvé

162. F. KERR
La Théologie après Wittgenstein

163. J. ANSALDI
L'Articulation de la foi, de la théologie et des Écritures

$\cdots$ SAGIM $\cdots$

Achevé d'imprimer en mai 1998
sur rotative Variquik par l'imprimerie
SAGIM à Courtry (77)

Imprimé en France

N° d'édition : 10789
N° d'impression : 2901
Dépôt légal : juin 1998